W0208345

DVB

SAMMLUNG DIETERICH BAND 354

Die griechische Sagenwelt

APOLLODORS
MYTHOLOGISCHE
BIBLIOTHEK

DIETERICH'SCHE
VERLAGSBUCHHANDLUNG
LEIPZIG

Originaltitel: Bibliotheke
Aus dem Griechischen von Christian Gottlob Moser
und Dorothea Vollbach
Mit einem Nachwort von Ilse Becher

© 1988 Dieterich'sche Verlagsbuchhandlung Leipzig

ISBN 3-7350-0012-6

Inhalt

ERSTER TEIL

Uranos war der erste Beherrscher der ganzen Welt. Nach seiner Vermählung mit Gaia zeugte er zuerst die Hekatoncheiren Briareos, Gyes und Kottos, ungeheuer große und starke Riesen, je mit hundert Händen und fünfzig Köpfen. Nach diesen gebar ihm Gaia die Kyklopen Arges, Steropes und Brontes, von denen jeder nur ein Auge mitten auf der Stirn hatte. □ Aber diese fesselte Uranos und warf sie in den Tartaros, einen finsteren Ort im Hades, der eben so weit von der Erde als diese vom Himmel entfernt ist. Wiederum zeugte er mit Gaia Söhne, die sogenannten Titanen, Okeanos, Koios, Hyperion, Kreios, Iapetos und den jüngsten von allen Kronos; und er zeugte auch Töchter, die sogenannten Titaniden: Tethys, Rhea, Themis, Mnemosyne, Phoibe, Dione und Theia. □

Gaia, erzürnt über die Mißhandlung ihrer Kinder, die in den Tartaros geworfen waren, überredete die Titanen zur Empörung gegen ihren Vater und gab zu diesem Zwecke dem Kronos eine stählerne Sichel, worauf sich die Titanen, mit Ausnahme des Okeanos, empörten. Kronos schnitt seinem Vater die Schamteile ab und warf sie ins Meer. Aus den Tropfen des rinnenden Blutes entstanden die Erinyen Alekto, Tisiphone und Megaira. Nunmehr entthronten sie den Vater, brachten die in den Tartaros geworfenen Brüder wieder herauf und übergaben dem Kronos die Herrschaft. □

Dieser jedoch fesselte sie aufs neue und sperrte sie in den Tartaros ein. Jetzt vermählte er sich mit seiner Schwester Rhea, verschlang aber die Kinder, die ihm geboren wurden, nachdem ihm Gaia und Uranos geweissagt hatten, er werde durch eins seiner eigenen Kinder vom Throne gestoßen werden. So verschlang er seine erstgeborene Tochter Hestia, danach Demeter und Hera, nach diesen den Pluton und den Poseidon. □ Hierüber aufgebracht, begab sich Rhea, als sie mit Zeus schwanger ging, nach Krete. Hier gebar sie in der Dikteïschen Höhle den Zeus und übergab ihn zur Erziehung den Kureten und den Nymphen Adrastea und Ida, den Töchtern des Melisseus. Letztere nährten den Knaben mit der Milch der Amaltheia; die Kureten aber hüteten bewaffnet das Kind in der Höhle und schlugen mit den Lanzen auf die Schilde, damit Kronos das Geschrei des Kindes nicht hören konnte. Rhea aber wikkelte einen Stein in Windeln und gab diesen, statt des neugeborenen Knaben, dem Kronos zum Verschlingen. □

Als Zeus zum Manne herangewachsen war, wußte er die Metis, des Okeanos Tochter, für seine Zwecke zu gewinnen; und diese gab dem Kronos ein Brechmittel ein. Dadurch gezwungen, brach Kronos zuerst den Stein heraus, dann die Kinder, welche er verschlungen hatte. Zusammen mit denen begann jetzt Zeus den Krieg gegen Kronos und die Titanen. Zehn Jahre hatten sie schon gekämpft, da verhieß Gaia dem Zeus den Sieg, wenn er die in den Tartaros Eingekerkerten zu seinen Bundesgenossen machte. Auf dieses Orakel hin tötete Zeus die Kampe, welche die Gefesselten bewachte, und bewirkte so ihre Befreiung. □

Hierfür gaben die Kyklopen dem Zeus Donner, Blitz und Donnerkeil, dem Pluton einen Helm, dem Poseidon einen Dreizack. So bewaffnet, überwältigten diese die Titanen, kerkerten sie im Tartaros ein und stellten die Hekatoncheiren als Wächter auf. Sie selbst losten um die Herrschaft, wobei Zeus die Herrschaft im Himmel, Poseidon die im Meere und Pluton die in der Unterwelt zufiel. □

Indessen hatten die Titanen Nachkommenschaft bekommen. Es stammten von Okeanos und Tethys die Okeaniden Asia, Styx, Elektra, Doris, Eurynome, Amphitrite und Metis; von Koios und Phoibe – Asteria und Leto; von Hyperion und Theia – Eos, Helios und Selene; von Kreios und Eurybia, der Tochter des Pontos, – Astraios, Pallas und Perses; von Iapetos und Asia – Atlas, der auf seinen Schultern das Himmelsgewölbe trägt, ferner Prometheus und Epimetheus, schließlich Menoitios, welchen Zeus im Titanenkriege mit dem Donnerkeil traf und in den Tartaros einkerkerte. □ Von Kronos und der Philyra stammte der zwei Naturen in sich vereinigende Kentaur Cheiron ab, von der Eos und dem Astraios die Winde und die Gestirne; von Perses und Asteria die Hekate; von dem Pallas und der Styx die Nike, Kratos, Zelos und die Bia. Das Wasser der Styx, das aus einem Felsen in der Unterwelt fließt, machte Zeus zu seiner Eidesformel, eine Ehrenauszeichnung, durch welche Zeus die Styx für ihre hilfreichen Dienste belohnte, die sie ihm mit ihren Kindern im Kampf gegen die Titanen geleistet hatte. □

Weiter: Von Pontos und der Gaia stammten Phorkos, Thaumas, Nereus, Eurybia und Keto ab. Von Thaumas und Elektra – die Iris und die Harpyien Aëllo und Okypete; von Phorkos und Keto die Phorkiden, auch Gorgonen genannt. Von diesen wird in der Geschichte des Perses die Rede sein. □ Sodann von Nereus und Doris die Nereïden. Ihre Namen sind folgende: Kymothoë, Speio, Glaukonome, Nausithoë, Halië, Erato, Sao, Amphitrite, Eunike, Thetis, Eulimene, Agaue, Eudore, Doto, Pherusa, Galateia, Aktaie, Pontomedusa, Hippothoë, Lysianassa □ Kymo, Eïone, Halimede, Plexaure, Eukrante, Proto, Kalypso, Panope, Kranto, Neomeris, Hipponoë, Ianeira, Polynome, Autonoë, Melite, Dione, Nesaïe, Dero, Euagore, Psamathe, Eumolpe, Ione, Dynamene, Keto und Limnoreia. □

Zeus vermählte sich nun mit Hera und zeugte die Hebe, die Eileithyia und den Ares. Nebenbei aber vermischte er sich noch mit vielen Sterblichen und Unsterblichen des anderen Geschlechts. Mit Themis, der Tochter des Uranos, zeugte er Töchter, die Horen: Eirene, Eunomia, Dike und außerdem die Moiren: Klotho, Lachesis und Atropos; mit Dione zeugte er die Aphrodite; mit Eurynome, einer Tochter des Okeanos, die Chariten: Aglaia, Euphrosyne, Thaleia; mit der Styx die Persephone; mit der Mnemosyne die Musen, zuerst Kalliope, dann Kleio, Melpomene, Euterpe, Erato, Terpsichore, Urania, Thaleia und Polymnia. □

Von Kalliope und Oiagros oder, wie eine andere Sage will, von Apollon stammt Linos ab, welchen Herakles tötete; außerdem Orpheus, jener Meister auf der Kithara und im Gesang, der durch seine Lieder Steine und Bäume in Bewegung setzte. Als seine Gattin Eurydike durch den Biß einer Schlange gestorben war, stieg er in den Hades hinab, um sie wieder heraufzuführen. Er bewog auch wirklich den Pluton zu dem Versprechen, sie zurückzugeben. □ Er mußte jedoch die Bedingung eingehen, sich auf dem Rückweg nicht umzudrehen, bevor er sein Haus erreicht habe. Allein er hatte kein Vertrauen, wandte sich um, sah seine Gattin, sie aber kehrte wieder zum Hades zurück. Orpheus ist es auch, der die Mysterien des Dionysos erfunden hat. In der Gegend von Pïeria fand er schließlich, von den Mainaden zerrissen, sein Grab. □

Kleio war verliebt in Pïeros, den Sohn des Magnes. Diese Liebe hatte die grollende Aphrodite angefacht, weil Kleio ihr die Liebe zu Adonis zum Vorwurf gemacht hatte. Der Knabe Hyakinthos, die Frucht der Liebe der Kleio zu Pïeros, wurde von Thamyris, dem Sohn des Philammon und der Nymphe Argiope, geliebt, das erste Beispiel leidenschaftlicher Neigung eines Mannes zu einem anderen Mann. □ Den Hyakinthos tötete später, ohne es zu wollen, Apollon, der selbst in ihn verliebt war, mit dem Diskos.

Thamyris, der sich durch Schönheit und sein Spiel auf der Kithara auszeichnete, ließ sich in einen musikalischen Wettbewerb mit den Musen ein, und zwar unter der Bedingung, daß er sich jeder einzelnen von ihnen in Liebe nähern dürfe, wenn er sich als der Bessere erweisen würde, jene aber ihm nehmen dürften, was sie wollten, falls er besiegt werden sollte. Die Musen waren ihm überlegen und nahmen ihm die Augen und das Kitharaspiel. □ Von Euterpe und dem Flusse Strymon stammte Rhesos, welchen Diomedes vor Troia tötete. Einige geben ihm auch die Kalliope zur Mutter. Von der Thaleia und dem Apollon stammten die Korybanten ab, von Melpomene und Acheloos die Seirenen, von welchen in der Geschichte des Odysseus die Rede sein wird. □

Hera gebar ohne Zutun eines Mannes den Hephaistos; nach Homers Aussage jedoch ist auch er ein Sohn des Zeus. Dieser warf ihn aus dem Himmel, als er der gefesselten Hera beistehen wollte. Zeus hatte sie nämlich zur Strafe aus dem Olympos herabgehängt, weil sie dem Herakles auf seiner Heimfahrt nach der Eroberung von Troia einen Sturm geschickt hatte. Hephaistos fiel auf Lemnos zur Erde und wurde, jedoch mit gelähmten Füßen, von Thetis noch gerettet. □

Zeus hatte auch Umgang mit Metis, wenn sie sich auch in verschiedene Gestalten verwandelte, um seinen Umarmungen zu entgehen. Als sie schwanger wurde, verschlang er sie schnell, weil sie gesagt hatte, sie werde nach der jetzt bevorstehenden Geburt eines Mädchens einen Knaben gebären, der die Herrschaft über den Himmel bekommen würde. Weil er das fürchtete, verschlang er sie. Als aber die Zeit der Geburt gekommen war, schlug ihm Prometheus oder, wie andere behaupten, Hephaistos mit einer Axt vor den Kopf, und es entsprang dem Haupte des Gottes an dem Flusse Triton Athena in voller Rüstung. □

Von den Töchtern des Koios stürzte sich Asteria, in eine Wachtel verwandelt, selbst ins Meer, weil sie der Umarmung des Zeus entgehen wollte; nach ihr bekam eine Stadt, die zuerst Asteria, nachher Delos genannt wurde, ihren Namen. Leto wurde wegen ihres Umgangs mit Zeus von Hera über die ganze Erde verfolgt, bis sie endlich nach Delos kam, wo sie zuerst die Artemis, sodann von dieser bei der Geburtsarbeit unterstützt, den Apollon gebar. □

Artemis blieb als Liebhaberin der Jagd Jungfrau. Apollon, von Pan, einem Sohne des Zeus und der Thymbris, in der Wahrsagekunst unterrichtet, kam nach Delphoi, wo damals Themis weissagte. Hier wollte der Wächter des Orakels, die Schlange Python, nicht gestatten, daß er sich der Kluft der Weissagungen näherte; doch Apollon tötete ihn und übernahm selbst das Orakel. □ Nicht lange danach brachte er auch den

Tityos um. Dieser war ein Sohn des Zeus und der Tochter des Orchomenos, Elare, welche Zeus nach der Umarmung aus Furcht vor Hera unter der Erde verborgen hatte. Ihren riesengroßen Sohn, Tityos, mit welchem sie schwanger gegangen war, brachte Zeus ans Tageslicht herauf. Dieser Riese kam nach Pytho, sah hier die Leto und wollte sie, zitternd vor brennendem Verlangen, in seine Umarmung ziehen; sie aber rief ihre Kinder zu Hilfe, die ihn mit ihren Pfeilen niederschossen. Die Strafe blieb auch nach dem Tode nicht aus: Geier nagen im Hades an seinem Herzen. □

Zu den von Apollon Getöteten gehört auch des Olympos Sohn, Marsyas. Dieser hatte die Doppelpfeife gefunden, welche Athena weggeworfen hatte, weil sie ihr Gesicht verunstaltete, und ließ sich nun mit Apollon in einen musikalischen Wettstreit ein. Die beiden waren übereingekommen, daß der Sieger mit dem Besiegten nach Belieben schalten und walten dürfte. Als die Zeit der Entscheidung gekommen war, begann Apollon den Wettkampf damit, daß er die Kithara umgekehrt spielte, und er hieß den Marsyas, dasselbe zu tun. Weil dieser es nicht konnte, war Apollon der Sieger und hängte den Marsyas an einer ihn überragenden Fichte auf, streifte ihm mit einem Messer die Haut ab und brachte ihn auf diese Weise um. □

Den Orion tötete Artemis in Delos. Man hält ihn für einen erdgeborenen Riesen; Pherekydes läßt ihn von Poseidon und Euryale abstammen. Poseidon jedenfalls war es, der ihm die Gabe verlieh, über das Meer hinzuschreiten. Dieser Orion vermählte sich zuerst mit Side, welche aber von Hera in den Hades geworfen wurde, weil sie der Göttin den Vorzug der Schönheit hatte streitig machen wollen. Wiederum begab er sich nach Chios und warb um die Hand der

Merope, der Tochter des Oinopion. Oinopion aber machte ihn betrunken, blendete ihn, während er im Schlafe lag, und warf ihn ans Ufer. □ Der aber gelangte zur Schmiede des Hephaistos, raubte dort einen Knaben, lud ihn auf seine Schulter und ließ sich von ihm den Weg gegen Morgen zeigen. Dort angekommen, traf ihn ein Strahl der Sonne, der ihn wieder sehend machte; und nun eilte er schleunigst zu Oinopion zurück. □ Aber diesem hatte indessen Poseidon eine von Hephaistos gebaute unterirdische Wohnung bereitet.

Den Orion entführte die Eos, welche sich in ihn verliebt hatte, und brachte ihn nach Delos. Sie wurde nämlich von Aphrodite beständig zu Liebschaften verleitet, weil sie mit Ares heimlichen Umgang gehabt hatte. Orion aber kam um, wie einige sagen, weil er die Artemis zum Diskoswerfen aufgefordert hatte. Nach Meinung anderer wurde er von den Pfeilen der Artemis erlegt, weil er der Opis, einem der Mädchen, welche aus den Gegenden jenseits des Boreas gekommen waren, Gewalt angetan hatte. □ Poseidon vermählte sich mit Amphitrite, der Tochter des Okeanos, und zeugte mit ihr den Triton und die Rhode, die später Helios zur Gattin nahm. □

Pluton war in Persephone verliebt und raubte sie heimlich, wobei ihm Zeus seinen Beistand lieh. Ihre Mutter, Demeter, lief deswegen auf der ganzen Erde umher und suchte sie mit Fackeln bei Tag und bei Nacht. Als sie nun von den Hermioniern erfuhr, daß Pluton sie geraubt habe, verließ sie, voll Zorn auf die Götter, den Himmel. Sie nahm die Gestalt einer gewöhnlichen Frau an und kam so nach Eleusis. □

Hier setzte sie sich zuerst auf den von ihr so genannten Felsen Agelastos, neben den Brunnen, welcher Kallichoros heißt; dann begab sie sich zu Keleos, dem damaligen König der Eleusinier. Im Inneren des Palastes fand sie Frauen, welche sie einluden, sich zu ihnen zu setzen; und hier entlockte eine alte Frau namens Iambe der Göttin durch Scherze ein Lächeln. Daher sollen, sagt man, die an den Thesmophorien bei den Frauen üblichen Scherze ihren Ursprung haben. □

Metaneira, die Gattin des Keleos, hatte einen kleinen Knaben. Demeter übernahm dessen Erziehung und wollte ihn unsterblich machen. Deshalb legte sie den Säugling die Nächte über ins Feuer und befreite ihn auf diese Weise rundherum vom sterblichen Fleische. Da nun Demophon, so hieß der Knabe, von Tag zu Tag auffallend wuchs, beobachtete Metaneira heimlich die Handlungen der Göttin. Als sie ihn nun im Feuer versteckt liegen sah, schrie sie laut auf, woraufhin der Knabe vom Feuer verzehrt wurde. Jetzt gab sich die Göttin zu erkennen. □ Dem älteren Sohne der Metaneira, Triptolemos, schenkte sie einen mit geflügelten Drachen bespannten Wagen und gab ihm Weizen, den er bei seiner Fahrt durch den Himmel über den ganzen Erdboden säte. Panyassis nennt den Triptolemos einen Sohn des Eleusin, denn zu diesem, so sagt er, sei Demeter gekommen. Pherekydes dagegen nennt ihn einen Sohn des Okeanos und der Gaia.

Zeus hatte indessen dem Pluton befohlen, die Kore zurückzuschicken; da gab ihr Pluton, damit sie nicht längere Zeit bei ihrer Mutter verweilte, den Kern einer Granatfrucht zu essen, den sie auch verzehrte, weil sie nicht voraussah, was damit zusammenhing. Askalaphos, der Sohn des Acheron und der Gorgyra, trat in dieser Sache als Zeuge gegen sie auf, und Demeter wälzte dafür auf ihn im Hades einen schweren Felsen. Persephone aber war fortan gezwungen, ein Drittel jedes Jahres bei Pluton zu verweilen, die übrige Zeit brachte sie bei den Göttern zu. Soviel von Demeter. □

Gaia, erzürnt über das Schicksal der Titanen, gebar von Uranos die Giganten, ungeheure, unüberwindliche Riesen. Sie hatten gräßliche Gesichter, und von ihrem Haupte und Kinn wallte langes, dichtes Haar herab. Statt der Füße hatten sie geschuppte Drachenschwänze. Ihr Geburtsort war Phlegra, wie einige meinen; andere sagen Pallene. Diese schleuderten nun Felsen gegen den Himmel und zusammengebundene Baumstämme, □ wobei sich vor allen Porphyrion auszeichnete und Alkyoneus, welcher auch unsterblich war, doch nur so lange, wie er auf demjenigen Teil der Erde kämpfte, auf welchem er geboren war. Dieser war es auch, der die Rinder des Helios aus Erytheia wegtrieb. Nun war an die Götter ein Orakelspruch ergangen, daß keiner der Giganten von Göttern vernichtet werden könnte und daß diese nur dann sterben würden, wenn ein Sterblicher mitkämpfte. Gaia hatte dies in Erfahrung gebracht und suchte deswegen ein Heilmittel, um sie auch für Sterbliche unverletzlich zu machen. Zeus aber verbot der Eos, der Selene und dem Helios zu scheinen, schnitt selbst das Heilkraut ab und ließ den Herakles durch die Athena zur Teilnahme am Kampfe auffordern. □ Dieser erlegte zuerst durch einen Pfeilschuß den Alkyoneus, der sich aber, sobald er die Erde berührte, mit erneuter Lebenswärme und Kraft erhob. Nun gab Athena dem Herakles den Rat, ihn aus Pallene wegzuschleppen. Er tat es, und Alkyoneus starb. Jetzt ging Porphyrion hitzig auf Herakles und Hera los, um mit jedem einzeln zu kämpfen. Doch Zeus flößte ihm schnell ein Verlangen nach Hera ein. Als nun Porphyrion ihren umhüllenden Schleier zerriß, um ihr Gewalt anzutun, schrie sie um Hilfe.

Da traf ihn Zeus mit dem Donner, und Herakles tötete ihn vollends mit seinen Pfeilen. □

Unter den übrigen wurde dem Ephialtes durch Apollon das linke, durch Herakles das rechte Auge ausgeschossen. Den Eurytos tötete Dionysos mit dem Thyrsosstab, den Klytios nach der Sage Hekate, eher wohl Hephaistos durch Würfe mit glühenden Eisenklumpen. Auf den fliehenden Enkelados warf Athena die Insel Sikelia, dem Pallas schnitt sie die Haut ab und bedeckte damit während der Dauer der Schlacht ihren eigenen Körper. □ Polybotes, von Poseidon über das Meer verfolgt, kam nach Kos; Poseidon riß ein Stück dieser Insel ab und warf es auf ihn. Dieses Stück heißt jetzt Nisyron. Hermes, in der Schlacht mit dem Helme des Hades bewaffnet, tötete den Hippolytos, Artemis den Gration, die Moiren den Agrios und Thoon, die mit ehernen Keulen kämpften. Die übrigen schmetterte Zeus mit Donnerkeilen nieder; und alle, die auf diese Weise gefällt waren, erschoß Herakles mit seinen Pfeilen. □

Als nun die Götter den Sieg über die Giganten erfochten hatten, ließ sich Gaia, noch heftiger erzürnt, von Tartaros umarmen und gebar ihm in Kilikia den Typhon. Dieser, halb Mensch, halb Tier von Gestalt, übertraf alle bisherigen Kinder der Gaia an Größe und Stärke. Von oben herab bis zu den Lenden war er ein Riese von menschlicher Gestalt, und zwar so unermeßlich groß, daß er alle Berge überragte und sein Haupt oft auch die Sterne berührte. Dabei hatte er Hände, die, ausgestreckt, vom Aufgang der Sonne bis zu ihrem Niedergang reichten. Aus diesen ragten hundert Drachenköpfe hervor. □ Von den Lenden abwärts hatte er übermäßig große Knäuel von Vipern, deren Geschlängel sich mit großem Gezisch selbst bis zum

Haupte hinauf erstreckte. Sein ganzer Leib war gefiedert. Struppiges Haar an Haupt und Kinn flatterte im Winde. Feuer sprühte aus seinen Augen. Solch ungeheures Scheusal war Typhon. Zusammengeballte Felsen zum Himmel hinaufschleudernd, fuhr er los, mit Zischen und Geschrei, eine kochende Feuermasse aus seinem Munde strudelnd. □ Als ihn die Götter gegen den Himmel heranstürmen sahen, flohen sie eiligst nach Aigyptos und verwandelten sich in Tiergestalten, weil er sie verfolgte. Zeus warf mit Donnerkeilen nach Typhon, solange er noch ferne war. Als er aber näher kam, erschreckte er ihn mit einer eisernen Sichel, brachte ihn zum Fliehen und verfolgte ihn bis zum Berge Kasios, der Syria überragt. Dort sah er ihn mit Wunden bedeckt und ließ sich mit ihm in ein Handgemenge ein. □ Typhon aber, umflochten von seinen Viperngewinden, hielt ihn von sich entfernt, entriß ihm die Sichel, schnitt ihm die Sehnen an Händen und Füßen ab, lud ihn auf die Schultern und brachte ihn über das Meer nach Kilikia. In der Korykischen Höhle angelangt, warf er ihn ab, legte auch die Sehnen, in ein Bärenfell gewickelt, dort nieder und stellte die Delphyne als Wächterin auf, einen jungen weiblichen Drachen, halb Tier, halb Mensch. Allein Hermes und Aigipan stahlen die Sehnen und fügten sie dem Zeus heimlich wieder zusammen. □ Da raffte sich Zeus, im Gefühle der wiedererlangten eigentümlichen Kraft, plötzlich auf, fuhr auf einem Wagen mit Flügelpferden aus dem Himmel herab, schleuderte mit Donnerkeilen und verfolgte den Typhon bis auf einen Berg mit Namen Nysa, wo die Moiren den Verfolgten überlisteten. Denn überredet von ihnen, kostete er von den eintägigen Früchten. Gerade deshalb wurde er wieder verfolgt und kam nach Thrake, wo er in der Gegend des

Berges Haimos, nochmals kämpfend, mit ganzen Bergen um sich warf. □ Diese aber wurden durch den Donnerkeil auf ihn zurückgeschleudert, so daß er auf dem Berge sehr viel Blut spie. Eben hiervon soll der Berg den Namen Haimos erhalten haben. Er wurde nun schließlich gezwungen, durch das Sikelische Meer zu fliehen, und Zeus warf in Sikelia den Aitna auf ihn, einen außerordentlich hohen Berg, aus dem noch bis auf unsere Zeiten von den geschleuderten Blitzen, wie man sagt, Feuer in die Höhe geblasen wird. □ Doch hiervon sei mit diesem genug von uns gesagt.

Prometheus formte Menschen aus Wasser und Erde und gab ihnen, von Zeus unbemerkt, Feuer, indem er es in einem hohlen Pflanzenstengel verbarg. Als Zeus es merkte, befahl er dem Hephaistos, seinen Leib an den Kaukasos, einen Berg in Skythia, anzuschmieden. So angeschmiedet, brachte Prometheus viele Jahre in Banden zu. Während dieser Zeit kam täglich ein Adler geflogen und fraß die Lappen seiner Leber ab, die sich jedoch des Nachts jedesmal wieder nachbildeten. □

Diese Strafe für den Raub des Feuers erlitt Prometheus, bis Herakles ihn später befreite, wie wir in der Geschichte des Herakles berichten werden. Prometheus hatte einen Sohn, Deukalion. Dieser beherrschte die Gegend um Phthia als König und vermählte sich mit Pyrrha, der Tochter des Epimetheus und der Pandora, der ersten Frau, die die Götter geformt hatten. □ Als nun Zeus beschlossen hatte, das eherne Geschlecht zu vertilgen, baute Deukalion auf den Rat des Prometheus einen Kasten, belud ihn mit allem, was zum Leben nötig war, und stieg mit Pyrrha hinein. Nun goß Zeus viel Regen vom Himmel herab und überschwemmte den größten Teil von Hellas, so daß alle Menschen zugrunde gingen, bis auf wenige, die auf die nächsten hohen Berge geflohen waren. Damals gingen sogar die Thessalischen Gebirge auseinander, und alle Gegenden außerhalb des Isthmos und der Peloponnes waren überschwemmt. □ Deukalion aber trieb in seinem Kasten neun Tage und ebenso viele Nächte hindurch auf diesem Meer umher, landete endlich auf dem Parnassos, stieg hier aus, weil der Platzregen aufgehört hatte, und opferte dem Zeus als dem, der bei der Flucht geholfen hat. Zeus schickte den Hermes zu ihm und erlaubte ihm zu erbitten, was er wollte. Da äußerte jener den Wunsch, es sollten ihm zur Gesellschaft wieder Menschen entstehen. Zeus gewährte es, und auf seinen Befehl hob nun Deukalion Steine auf und warf sie über seinen Kopf nach hinten. Die Steine, welche Deukalion warf, wurden Männer, die von Pyrrha geworfenen Frauen, wonach diese Menschen auch, bildlich gesprochen, ihren Namen erhalten haben. □

Deukalion bekam auch Kinder von Pyrrha; zuerst den Hellen, der jedoch, wie einige sagen, ein Sohn von Zeus war; sodann den Amphiktyon, der nach dem Kranaos über Attika herrschte, endlich eine Tochter namens Protogeneia, die von Zeus einen Sohn, Aëthlios, bekam. Von Hellen und der Nymphe Orseïs stammten Doros, Xuthos und Aiolos ab. □ Hellen nannte, welche sich selbst Griechen nannten, nach sich Hellenen. Unter seine Söhne verteilte er das Land. Xuthos, der die Peloponnes bekommen hatte, zeugte mit Krëusa, der Tochter des Erechtheus, den Achaios und den Ion, von denen die Achaier und Ionier ihren Namen erhalten haben. Doros hatte die Gegend jenseits der Peloponnes erhalten und nannte die Einwohner nach sich Dorer. Aiolos endlich, der über die Gegend um Thessalia herrschte, nannte die Einwohner

Aiolier. In seiner Ehe mit Enarete, der Tochter des Deïmachos, zeugte er sieben Söhne: Kretheus, Sisyphos, Athamas, Salmoneus, Deïon, Magnes, Periëres, und fünf Töchter: Kanake, Alkyone, Peisidike, Kalyke und Perimede. □

Von Perimede und Acheloos stammen Hippodamas und Orestes ab; von Peisidike und Myrmidon – Antiphos und Aktor. Alkyone heiratete Keÿx, des Heosphoros Sohn. Beide kamen durch ihren Stolz zu Fall. Er nannte nämlich seine Frau Hera, sie ihren Mann Zeus. Zur Strafe verwandelte sie Zeus in Vögel, sie in einen Meereisvogel, ihn in eine Seemöwe. □

Kanake gebar von Poseidon den Hopleus und Nereus, den Epopeus und Aloeus und den Triops. Aloeus vermählte sich mit der Tochter des Triops, Iphimedeia. Diese verliebte sich aber in Poseidon, streifte deswegen beständig am Meere umher, schöpfte mit den Händen die Wogen und füllte damit ihren Schoß. Poseidon zeugte auch wirklich mit ihr zwei Söhne: den Otos und Ephialtes, die Aloadai genannt werden. □ Diese wuchsen alle Jahre eine Elle in die Breite und eine Klafter in die Höhe. Als sie nun neun Jahre alt waren und somit neun Ellen breit und neun Klafter hoch, faßten sie den Entschluß, die Götter zu bekriegen, stellten den Ossa auf den Olympos und auf den Ossa den Pelion und drohten, mittels dieser Berge in den Himmel hinaufzusteigen. Auch wollten sie das Meer auf die Berge gießen und so, nach ihrer prahlerischen Behauptung, das Meer zum festen Lande, das Land zum Meere machen. □ Nun warben sie, Ephialtes um Hera, Otos um Artemis. Den Ares hatten sie gebunden, doch Hermes konnte ihn wieder befreien, und Artemis räumte die Aloadai auf Naxos durch List aus dem Wege; sie verwandelte sich nämlich in eine Hirschkuh und sprang mitten zwischen ihnen durch. Beide hatten zugleich auf das Tier gezielt und durchbohrten sich so gegenseitig mit ihren Wurfspießen. □

Von Kalyke und Aëthlios stammte Endymion, der mit aiolischen Ansiedlern, die er aus Thessalia geführt hatte, Elis bevölkerte. Auch er soll, wie einige sagen, ein Sohn des Zeus sein. Wegen seiner großen Schönheit entbrannte Selene für ihn, und Zeus gewährte ihm eine Bitte. Er benutzte diese Erlaubnis dazu, sich immerwährenden Schlaf, Unsterblichkeit und ewige Jugend zu erbitten. □

Von Endymion und der Nymphe Neïs oder, wie einige sagen, der Iphianassa stammt Aitolos. Dieser hatte den Sohn des Phoroneus, Apis, ermordet und floh deswegen in die Gegend von Kures, wo er die Söhne der Phthia und des Apollon – Doros, Laodokos und Polypoites, die ihn gastfreundlich aufgenommen hatten, tötete. Die Gegend benannte er nach sich Aitolia. □ Von Aitolos und Pronoë, des Phorbos Tochter, stammten Pleuron und Kalydon, von denen die gleichnamigen Städte in Aitolia ihre Namen erhielten. Pleuron vermählte sich mit Xanthippe, des Doros Tochter, und zeugte einen Sohn, Agenor, und dann die Töchter Sterope, Stratonike und Laophonte. □ Von Kalydon und Aiolia, der Tochter des Amythaon, kommen her die Epikaste und Protogeneia; von letzterer und dem Ares – Oxylos. Agenor, Pleurons Sohn, vermählte sich mit Epikaste, des Kalydon Tochter, und zeugte den Porthaon und die Demonike, aus deren Verbindung mit Ares – Euenos, Molos, Pylos und Thestios abstammen. □

Euenos zeugte Marpessa, welche Idas, der Sohn des Aphareus, raubte, als Apollon gerade um sie warb. Hierzu hatte er von Poseidon einen geflügelten Wagen bekommen. Euenos verfolgte ihn mit seinem Wagen; als er aber an den Fluß Lykormas gekommen war, ohne daß er ihn hatte einholen können, tötete er seine Pferde und stürzte sich selbst in den Fluß. Von ihm bekam der Fluß den Namen Euenos. □ Idas aber gelangte nach Messene. Da begegnete ihm Apollon und entriß ihm die Jungfrau. Den Streit, wer von beiden die Jungfrau heiraten würde, schlichtete Zeus, indem er der Jungfrau befahl, selbst zu wählen, welchem von beiden sie angehören wollte. Aus Furcht, Apollon könnte sie verlassen, wenn sie alterte, wählte sie den Idas zum Gemahle. □

Thestios bekam von Eurythemis, der Tochter der Kleobaia, an weiblicher Nachkommenschaft die Althaia, Leda und Hypermnestra, an männlicher den Iphiklos, Euippos, Plexippos und Eurypylos. □

Von Porthaon und Euryte, des Hippodamas Tochter, stammten die Söhne Oineus, Agrios, Alkathoos, Melas, Leukopeus und die Tochter Sterope, aus deren Ehe mit Acheloos die Seirenen stammen sollen. □

Oineus, der als König über Kalydon herrschte, bekam von Dionysos das erste Senkreis des Weinstocks. In seiner Ehe mit Althaia, des Thestios Tochter, zeugte er den Toxeus, den er selbst tötete, weil er über den Graben gesprungen war. Außer diesem zeugte er den Thyreus und Klymenos und eine Tochter, Gorge, welche Andraimon zur Gattin nahm; sodann die Deïaneira, die jedoch Althaia, nach Meinung anderer, von Dionysos bekommen haben soll. Diese verstand es, die Pferde zu lenken, und übte sich in den Waffen. Um ihre Hand kämpften Herakles und Acheloos. □

Althaia bekam ferner von Oineus einen Sohn, Meleagros, der auch als Sohn des Ares gilt. Als dieser sieben Tage alt war, so erzählt man, traten die Moiren herzu und sagten: Meleagros wird sterben, wenn das auf dem Herde brennende Scheit verbrannt ist. Althaia hörte das, riß das brennende Scheit vom Herde und legte es in einen Kasten. Meleagros, der ein unverwundbarer und heldenmütiger Mann geworden war, starb auf folgende Weise. □ Oineus hatte die Erstlinge der jährlichen Früchte, die in der Gegend gewachsen waren, allen Göttern zu Ehren geopfert und einzig die Artemis vergessen. Die grollende Göttin ließ deswegen einen ungeheuer großen und starken Eber los, der nicht nur das Bestellen des Landes verhinderte, sondern auch weidende Viehherden und die Menschen zerriß, die ihm in den Weg kamen. Gegen diesen Eber bot Oineus alle Helden aus Hellas auf und versprach dem, der die Bestie töten würde, das abgezogene Fell als Preis. □ Die zu dieser Eberjagd Versammelten waren folgende: Meleagros, des Oineus, Dryas, des Ares Sohn, beide aus Kalydon; Idas und Lynkeus, des Aphareus Söhne, aus Messene; Kastor und Polydeukes, Söhne des Zeus und der Leda, von Lakedaimon; Theseus, des Aigeus Sohn, von Athenai; Admetos, des Pheres Sohn, von Pherai; Ankaios und Kepheus, die Söhne des Lykurgos, aus Arkadia; □ Iason, Aisons Sohn, aus Iolkos; Iphikles, Sohn des Amphitryon, aus Thebai; Peirithus, Sohn des Ixion, aus Larissa; Peleus, des Aiakos Sohn, aus Phthia; Telamon, des Aiakos Sohn, aus Salamis; Eurytion, des Aktors Sohn, aus Phthia; Atalante, des Schoineus Tochter, aus Arkadia; Amphiaraos, der Sohn des Oikles, aus Argos. Schließlich noch die Söhne des Thestios. □ Als diese alle zusammengekommen waren, beherbergte sie Oineus neun Tage lang. Am zehnten kam dem Kepheus und Ankaios und einigen andern der Gedanke, es sei doch unter ihrer Würde, mit einer Frau auf die Jagd zu gehen. Allein Meleagros, der zwar schon eine Frau hatte, Kleopatra, die Tochter des Idas und der Marpessa, jedoch auch mit Atalante Kinder zu zeugen wünschte, ruhte nicht, bis sie sich entschlossen, mit dieser auf die Jagd auszuziehen. □ Als sie nun den Eber umstellt hatten, wurden Hyleus und Ankaios von dem Tiere getötet. Den Eurytion tötete Peleus aus Versehen mit seinem Spieße. Den Eber aber schoß zuerst Atalante mit dem Bogen in den Rücken, dann schoß Amphiaraos ihm ins Auge. Nun traf ihn Meleagros in die Weichen, tötete ihn so und gab das Fell der Atalante. Die Söhne des Thestios hielten das für eine Schande, daß in Gegenwart von Männern eine Frau den Preis davontragen sollte, entrissen ihr deswegen das Fell und behaupteten, es komme ihnen nach dem Vorrechte des Geschlechtes zu, falls nicht Meleagros darauf Anspruch erheben sollte. Da ergrimmte Meleagros, schlug die Söhne des Thestios tot und gab das Fell wieder der Atalante. Althaia aber, tief betrübt über den gewaltsamen Tod ihrer Brüder, zündete jenes Holzscheit an, und Meleagros starb augenblicklich. □

Andere wiederum meinen, daß Meleagros nicht auf diese Weise gestorben sei. Während die Söhne des Thestios um das Tier stritten, weil es Iphiklos zuerst getroffen hatte, brach – so erzählt man – ein Krieg zwischen den Kureten und den Kalydoniern aus. Meleagros machte sich auf und tötete einige von den Söhnen des Thestios. Althaia fluchte ihm deswegen, und er blieb von da an zornig zu Hause. □ Als aber die Feinde nun schon die Mauern bedrohten und die Bürger ihn flehentlich baten, eilte er, von seiner Gattin mit Mühe beredet, zur Hilfe hinaus und starb kämpfend, nachdem er auch die übrigen Söhne des Thestios getötet hatte.

Nach dem Tode des Meleagros erhängten sich Althaia und Kleopatra, und die Frauen, welche den Toten beklagten, wurden in Vögel verwandelt. □ Nach dem Tode der Althaia vermählte sich Oineus mit Periboia, des Hipponoos Tochter, die er nach der Aussage des Verfassers der ›Thebaïde‹ als Ehrenpreis erhalten hatte, nachdem Olenos, eine Stadt in Aitolia, gefallen war. Nach Hesiodos dagegen wäre Periboia durch ihren Vater Hipponoos von der achaischen Stadt Olenos aus zu Oineus, der gerade nicht in Hellas war, geschickt worden, aber mit dem Auftrage, daß sie getötet werde, weil sie von Hippostratos, dem Sohne des Amarynkeus, geschändet worden war. Andere schließlich behaupten, Hipponoos habe seine eigene Tochter auf die Nachricht, daß sie von Oineus schwanger sei, zu diesem hingeschickt. Wie dem auch sei, Tydeus wurde dem Oineus von ihr geboren. Doch gibt Peisandros die Gorge als dessen Mutter an, indem Oineus nach Zeus' Willen zu seiner eigenen Tochter in Liebe entbrannt sei.

Als Tydeus ein kräftiger Mann geworden war, mußte er landesflüchtig werden, weil er, wie einige sagen, den Bruder des Oineus, Alkathoos, getötet hatte; nach dem Berichte des Verfassers der ›Alkmaionide‹ wegen der Ermordung der Söhne des Melas, welche sich gegen Oineus aufgelehnt hatten: Pheneus, Euryalos, Hyperlaos, Antiochos, Eumedes, Sternops, Xanthippos, Sthenelos; nach Meinung des Pherekydes schließlich, weil er seinen eigenen Bruder Olenias umgebracht hatte. Agrios wollte die Strafe an ihm vollziehen, da floh er nach Argos und kam zu Adrastos, verehelichte sich mit dessen Tochter Deïpyle und zeugte den Diomedes. □

Tydeus überzog nun zusammen mit Adrastos Thebai

mit Krieg, wurde aber von Melanippos verwundet und starb. Die Söhne des Agrios, Thersites, Onchestos, Prothoos, Keleutor, Lykopeus und Melanippos, entrissen dem Oineus die Herrschaft und übertrugen sie ihrem Vater. Außerdem sperrten sie den noch lebenden Oineus ein und mißhandelten ihn mit Schlägen. □ Doch Diomedes kam später mit Alkmaion heimlich aus Argos zurück und tötete alle Söhne des Agrios, mit Ausnahme des Onchestos und Thersites, denn diese waren eiligst nach der Peloponnes geflohen. Das Reich übertrug er, da Oineus schon alt war, dessen Schwiegersohne, Andraimon. Den Oineus selbst brachte er nach der Peloponnes. □ Die entflohenen Söhne des Agrios aber legten sich nahe bei dem Altar des Telephos in Arkadia in einen Hinterhalt und ermordeten den Greis. Diomedes brachte den Leichnam nach Argos und begrub ihn dort, weshalb die Stadt nach ihm Oinoë genannt wird, und heiratete die Aigialeia, die Tochter des Adrastos oder wie andere sagen, des Aigialeus, und machte nun den Kriegszug gegen Thebai und Troia mit. □

Einer von den Söhnen des Aiolos, Athamas, der einen Teil von Boiotia beherrschte, zeugte mit Nephele einen Sohn, Phrixos, und eine Tochter, Helle. Außerdem verehelichte er sich noch mit Ino, von welcher er den Learchos und Melikertes bekam. Ino stellte den Kindern der Nephele nach und überredete aus diesem Grunde die Frauen des Landes, den Weizen vor der Aussaat zu dörren. Diese nahmen ihn, von den Männern ungesehen, und taten es. Die Erde nahm den gedörrten Weizen in sich auf, brachte aber den jährlichen Ertrag nicht hervor. Deswegen schickte Athamas Gesandte nach Delphoi, um das Mittel zu erfragen, wie das Land von seiner Unfruchtbarkeit befreit werden könnte. □ Ino aber wußte auch diese Abgesandten dahin zu bringen, daß sie sagten, es sei prophezeit worden, die Unfruchtbarkeit würde aufhören, wenn Phrixos dem Zeus zu Ehren geschlachtet werde. Auf diese Nachricht hin ließen die Einwohner des Landes dem Athamas keine Ruhe, bis er den Phrixos vor den Opferaltar stellte. □ Nephele aber raubte ihn mit Hilfe ihrer Tochter und gab ihm einen Widder mit goldenem Vliese, den sie von Hermes bekommen hatte. Auf diesem ritten sie durch die Luft über Land und Meer hin. Als sie aber das zwischen dem Vorgebirge Sigeion und der Chersonesos liegende Meer unter sich hatten, glitt Helle ab und fiel in die Tiefe, wo sie den Tod fand. Von ihr bekam dieser Teil des Meeres den Namen Hellespontos. □ Phrixos kam glücklich zu den Kolchern. Der König des Landes, Aiëtes, ein Sohn des Helios und der Perseïs, und Bruder der Kirke und Pasiphaë, der Gemahlin des Minos, nahm ihn gastfreundlich auf und gab ihm eine seiner Töchter, Chalkiope, zur Gattin. Phrixos opferte nun dem Zeus als dem, der auf der Flucht hilft, den Widder mit dem goldenen Vliese und machte dessen Fell dem Aiëtes zum Geschenk. Dieser nagelte es um einen Baum im Haine des Ares. Von Chalkiope, der Tochter des Aiëtes, bekam Phrixos vier Söhne: Argos, Melas, Phrontis und Kytisoros. □

Athamas wurde nachher durch den Groll der Hera auch seiner mit Ino gezeugten Kinder beraubt. Er wurde nämlich rasend und schoß in diesem Zustande den Learchos selbst mit seinen Pfeilen nieder. Ino stürzte sich selbst mit Melikertes ins Meer. Da nun Athamas wegen seines Mordes aus Boiotia fliehen mußte, wollte er von dem Gotte erfahren, wo er eine Behausung finden würde. Er bekam den Orakelspruch, er sollte wohnen an dem Orte, wo er bei wilden Tieren Gastfreundschaft finden würde. So zog er nun lange durch das Land, bis er endlich auf Wölfe stieß, die sich an Schafkeulen gütlich taten. Als diese seiner ansichtig wurden, verließen sie den eben geteilten Raub und ergriffen die Flucht. Athamas bebaute nun das Land, nannte es nach sich Athamantia und vermählte sich mit Themisto, des Hypseus Tochter, mit welcher er den Leukon, Erythrios, Schoineus und Ptoos zeugte. □

Sisyphos, des Aiolos Sohn, baute Ephyra, jetzt Korinthos genannt, und vermählte sich mit Merope, des Atlas Tochter. Ihr Sohn Glaukos bekam in seiner Ehe mit Eurymeda einen Sohn, Bellerophontes, der die feuerschnaubende Chimaira tötete. Sisyphos wird im Hades bestraft. Er wälzt mit den Händen und dem Kopf einen Felsbrocken und bemüht sich, ihn über den Gipfel eines Berges zu bringen. Doch dieser rollt, wenn er ihn fast oben hat, mit Gewalt wieder in die Tiefe zurück. Diese Strafe leidet er wegen der Tochter des Asopos, Aigina. Er soll nämlich Zeus, den heimlichen Entführer des Mädchens, dem suchenden Asopos verraten haben. □

Deïon, Herrscher von Phokis und vermählt mit Diomede, des Xuthos Tochter, hatte eine Tochter, Asterodia, und Söhne, Ainetos, Aktor, Phylakos und Kephalos. Letzteren heiratete die Tochter des Erechtheus, Prokris, er wurde aber von der Eos, die sich in ihn verliebt hatte, geraubt. □

Periëres, der Messene in Besitz genommen hatte, vermählte sich mit Gorgophone, des Perseus Tochter, von welcher er die Söhne Aphareus, Leukippos, Tyndareos und auch noch den Ikarios bekam. Viele geben dem Periëres nicht den Aiolos, sondern den Kynortas, des Amyklas Sohn, zum Vater. Deswegen wollen wir auf die Nachkommen des Periëres noch einmal zurückkommen, wenn wir über das Atlantische Geschlecht reden. □

Magnes, der Sohn des Aiolos, heiratete die Nymphe Neïs und bekam von ihr Söhne, den Polydektes und Diktys. Diese machten die Insel Seriphos bewohnbar. □

Salmoneus wohnte zuerst in der Gegend von Thessalia, kam aber nachher nach Elis und gründete dort eine Stadt. Der Übermütige wollte dem Zeus gleich sein, wurde aber für diese Gottlosigkeit bestraft. Er gab sich als Zeus aus, befahl, daß ihm zu Ehren geopfert werden sollte, und entzog so dem Gotte die gebührenden Opfer. Er schleppte an seinem Wagen ausgetrocknete Felle und eherne Kessel nach und nannte das ›donnern‹, warf brennende Kerzen in die Luft und nannte das ›blitzen‹. Zeus aber erschlug ihn mit dem Donner und vertilgte die von ihm erbaute Stadt mit allen ihren Bewohnern. □

Tyro, die Tochter des Salmoneus und der Alkidike, die bei Kretheus, ihres Vaters Bruder, erzogen worden war, verliebte sich in den Fluß Enipeus, an dessen Bette sie unaufhörlich ihre Besuche machte, um ihre Tränen mit seinen Wellen zu mischen. Poseidon nahm die Gestalt des Enipeus an und beschlief sie; sie gebar daraufhin heimlich Zwillinge und setzte sie aus. □ Während die Säuglinge so dalagen, trieben Pferdehirten vorüber, und eine Stute berührte mit dem Hufe eines der Kinder, so daß ein Teil des Gesichtchens mit Blut unterlief. Ein Pferdehirte aber nahm die beiden Knaben auf, erzog sie und nannte den blutunterlaufenen Pelias, den anderen Neleus. □ Als sie herangewachsen waren, lernten sie ihre Mutter kennen und töteten ihre Stiefmutter Sidero. Sie hatten nämlich erfahren, daß ihre Mutter von dieser mißhandelt worden war, und erhoben sich deswegen gegen sie. Sidero floh zwar eilig in den Hain der Hera, aber Pelias tötete sie am Altare selbst, wie er sich denn überhaupt immer unehrerbietig gegenüber Hera betrug. □ Später standen die Brüder selbst gegeneinander auf; Neleus wurde vertrieben und kam nach Messene, wo er Pylos erbaute. Hier ehelichte er die Tochter des Amphion, Chloris, die ihm eine Tochter namens Pero schenkte und mehrere Söhne, Tauros und Asterios, Pylaon, Deïmachos, Eurybios, Epilaos, Phrasios, Eurymenes, Euagoras, Alastor, Nestor und Periklymenos, welchem Poseidon die Gabe verliehen hatte, verschiedene Gestalten anzunehmen. Obwohl er im Kampfe mit Herakles, als dieser Pylos zerstörte und plünderte, bald ein Löwe, bald eine Schlange, bald eine Biene wurde, starb er doch von Herakles Hand, zugleich mit den übrigen Söhnen des Neleus. □ Nestor war der einzige, der gerettet wurde, da er sich eben bei den Gereniern aufhielt, wo er erzogen wurde. Dieser vermählte sich nachher mit Anaxibia, des Kratieus Tochter, und zeugte mit ihr Töchter, die Peisidike und Polykaste, und Söhne, den Perseus, Stratichos, Aretos, Echephron, Peisistratos, Antilochos und Thrasymedes. □

Pelias hatte seinen Wohnsitz in der Gegend von Thessalia aufgeschlagen und sich mit Anaxibia, des Bias Tochter, nach Meinung anderer mit Philomache, des Amphion Tochter, vermählt. Seine Nachkommenschaft bestand in einem Sohn, Akastos, und Töchtern, Peisidike, Pelopeia, Hippothoë und Alkestis. □

Kretheus baute Iolkos und ehelichte die Tochter seines Bruders Salmoneus, Tyro, die ihm die Söhne Aison, Amythaon und Pheres gebar. Amythaon wohnte in Pylos und vermählte sich mit Eidomene, des Pheres

Tochter; von ihr bekam er zwei Söhne: Bias und Melampus. Der letztere lebte auf dem Lande, und vor seiner Wohnung stand eine Eiche, in der ein Schlangennest war. Während nun seine Diener die Schlangen töteten, sammelte er Holz und verbrannte die älteren Tiere; die junge Schlangenbrut zog er auf. □ Als diese Jungen herangewachsen waren, umstanden sie einst, während er schlief, aufgerichtet seine Schultern von beiden Seiten und reinigten seine Ohren mit ihren Zungen. Als er sich erschrocken aufrichtete, verstand er die Stimmen der über ihn hinfliegenden Vögel. Von ihnen unterrichtet, sagte er den Menschen die zukünftigen Dinge vorher. Er lernte nun auch noch die Kunst, aus den Opfern zu weissagen, und wurde schließlich der beste Wahrsager, nachdem er noch mit Apollon am Fluß Alpheios eine Unterredung gehabt hatte. □

Bias warb um Pero, die Tochter des Neleus. Dieser versprach, weil viele um sie warben, demjenigen seine Tochter, der ihm die Rinder des Iphiklos bringen würde. Diese befanden sich in Phylake unter Bewachung eines Hundes, so daß weder Mensch noch Tier ihnen nahe kommen konnte. Bias suchte vergeblich die Rinder zu stehlen und bat deswegen seinen Bruder um Hilfe. □ Melampus war bereit dazu, sagte aber voraus, der Dieb werde ertappt werden, jedoch nach einjähriger Gefangenschaft die Rinder in seine Gewalt bekommen. Seinem Versprechen gemäß ging er nun nach Phylake, wurde auch, wie er vorausgesagt hatte, während des Diebstahls ertappt, gefangengenommen und im Hause bewacht. Als das Jahr fast zu Ende war, hörte er, wie unter dem Dache die Holzwürmer hausten. Er richtete nun die Frage an sie, wieviel von dem Gebälk schon zernagt sei, und sie antworteten ihm, es sei nur der kleinste Teil davon noch übrig. □ Schnell verlangte er, sogleich in ein anderes Gebäude geführt zu werden. Kaum war dies geschehen, stürzte seine bisherige Wohnung zusammen. Phylakos war hierüber sehr verwundert, und als er gewahr wurde, daß er den vorzüglichsten Wahrsager vor sich habe, ließ er ihn frei und forderte ihn auf zu sagen, auf welche Weise sein Sohn Iphiklos Kinder bekommen könnte. Melampus versprach, hierüber Auskunft zu geben unter der Bedingung, daß er die Rinder bekäme. □ Jetzt schlachtete er zwei Stiere, zerstückelte sie und rief die Weissagevögel. Da erschien denn ein Geier, und von diesem erfuhr er folgendes: Phylakos habe einst auf dem Felde Widder zum Opfer geschlachtet und dann das noch blutige Messer neben Iphiklos hingelegt. Da habe der Knabe Furcht bekommen und sei entflohen; jener aber habe das Messer sogleich in die heilige Eiche hineingestoßen, so daß die den Baum umgebende Rinde es bedeckte. Wenn es wieder aufgefunden sei, fuhr der Geier fort, so solle er den Rost davon abschaben und dem Iphiklos zehn Tage lang davon zu trinken geben, dann werde dieser einen Sohn zeugen. □ Das war es, was Melampus von dem Geier erfuhr. Das Messer fand sich, und nachdem Iphiklos den abgeschabten Rost zehn Tage lang getrunken hatte, wurde ihm ein Sohn zuteil, der den Namen Podarkes erhielt. Nun trieb Melampus die Rinder nach Pylos, erhielt die Tochter des Neleus und gab sie seinem Bruder zur Gattin. So hielt er sich eine Zeitlang in Messene auf; als aber Dionysos die Frauen in Argos in Wut geraten ließ, heilte er sie gegen Abtretung eines Teils des Königreiches und wohnte nun dort mit Bias. □

Von Bias und Pero stammt Talaos ab und von diesem und Lysimache, der Tochter des Abas und Enkelin des

Melampus, stammen Adrastos, Parthenopaios, Pronax, Mekisteus, Aristomachos und die Eripyle, welche Amphiaraos zur Gattin nahm. Parthenopaios bekam einen Sohn, Promachos, der mit den Epigonen nach Thebai zog. Von Mekisteus stammt Euryalos, der gegen Troia zog; von Pronax – Lykurgos. Adrastos und Amphithea, die Tochter des Pronax, bekamen Töchter: die Argeia, Deïpyle, Aigialia, und die Söhne Aigialeus und Kyanippos. □

Pheres, Sohn des Kretheus, erbaute Pherai in Thessalia, und zeugte den Admetos und Lykurgos. Lykurgos bewohnte die Gegend um Nemea, ehelichte die Eurydike oder, wie andere sagen, die Amphithea und zeugte den Opheltes, der später den Namen Archemoros erhielt. □

Admetos beherrschte Pherai und bewarb sich um Alkestis, des Pelias Tochter, gerade zu der Zeit, da Apollon sich bei ihm um Lohn verdingt hatte. Weil aber Pelias seine Tochter nur demjenigen zu geben versprochen hatte, der einen Wagen mit Löwen und wilden Ebern bespannen würde, so nahm sich Apollon seines damaligen Dienstherren an, spannte die Tiere zusammen und gab dem Admetos das Gespann, der sie zu Pelias brachte und die Alkestis heimführte. Bei seinem Hochzeitsopfer vergaß er die Artemis. Dafür fand er das Brautgemach, als er es aufschloß, voll von Drachenknäueln. Apollon versprach, die Göttin zu versöhnen, und erlangte von den Moiren die Zusage, daß Admetos, wenn es bei ihm zum Sterben käme, vom Tode befreit sein sollte, falls sich jemand fände, der freiwillig den Tod für ihn auf sich nähme. Als aber seine Todesstunde kam, wollten weder Vater noch Mutter für ihn sterben. Da nahm Alkestis für ihn den Tod auf sich, wurde aber von der Kore wieder zurückgeschickt. Andere meinen, daß Herakles sie wieder zu ihm zurückbrachte, nachdem er sie dem Hades entrissen hatte. □

Von Aison, dem Sohne des Kretheus, und der Tochter des Autolykos, Polymede, stammte Iason ab. Dieser wohnte in Iolkos, wo Kretheus und Pelias sich in die Herrschaft teilten. Letzterem gab der Gott auf seine Frage nach dem Bestand seiner Herrschaft den Orakelspruch, er solle sich vor dem mit nur einem Schuh hüten, eine Weissagung, die er anfangs nicht zu deuten wußte, nachher aber gar wohl verstand. □ Als er nämlich am Meere dem Poseidon ein Opfer brachte, hatte er außer vielen andern auch den Iason dazu eingeladen. Diesen hatte die Liebe zur Landwirtschaft auf dem Felde aufgehalten, so daß er sich beeilen mußte, um noch zum Opfer zu kommen. Er durchwatete deswegen den Fluß Anauros und trat, nur mit einem Schuh bekleidet, ans Land, weil er den andern im Flußbette verloren hatte. Als Pelias ihn sah, erinnerte ihn dieser Anblick an den Orakelspruch. Deswegen trat er dem Iason mit der Frage entgegen: Was würdest du wohl, wenn du die Macht in Händen hättest, mit einem deiner Mitbürger angefangen haben, wenn dir ein Orakel gesagt hätte, daß du von diesem getötet werden würdest? □ Iason – sei es, daß er zufällig anderswoher auf diesen Gedanken verfiel, oder veranlaßt durch den Groll der Hera, die sich von Pelias verachtet sah und ihm dafür gerne die Medeia auf den Hals geschickt hätte – antwortete: Dieser müßte mir das goldene Widderfell holen. – Diese Antwort war kaum aus seinem Munde, als Pelias ihm befahl, sich nach dem Vliese auf den Weg zu machen.

Dieses Fell war in Kolchis in einem Haine des Ares an einer Eiche aufgehängt und wurde von einem Drachen bewacht, der nie schlief. □ Um nun den Auftrag zu erfüllen, forderte Iason den Argos, des Phrixos Sohn, zur Teilnahme an dem Abenteuer auf. Dieser ließ auf Anraten der Athena ein Schiff von fünfzig Rudern verfertigen, das von dem Erbauer den Namen Argo bekam. Athena selbst fügte in das Vorderteil des Schiffs ein Stück von der redenden Dodonischen Eiche ein. Als nun das Schiff ausgerüstet war, gab die Göttin dem Iason auf seine Anfrage hin die Erlaubnis, die Anker zu lichten, wenn er vorher die Helden von Hellas um sich versammelt hätte. Folgende Helden fanden sich ein: □ Tiphys, des Hagnios Sohn, der Steuermann des Schiffs; Orpheus, der Sohn des Oiagros; Zetes und Kalaïs, Söhne des Boreas; Kastor und Polydeukes, Söhne von Zeus; Telamon und Peleus, Söhne des Aiakos; Herakles, des Zeus Sohn; Theseus, Sohn des Aigeus; Idas und Lynkeus, Söhne des Aphareus; Amphiaraos, des Oikles, □ Kaineus, des Koronos, Palaimon, des Hephaistos oder des Aitolos Sohn; Kepheus, der Sohn des Aleos; Laërtes, des Arkeisios, Autolykos, des Hermes Sohn; Atalante, die Tochter des Schoineus; Menoitios, Sohn des Aktor; Aktor, Sohn des Hippasos; Admetos, des Pheres Sohn; Akastos, des Pelias, Eurytos, des Hermes, Meleagros, des Oineus, Ankaios, des Lykurgos, Euphemos, des Poseidon, Poias, des Thaumakos, Butes, des Teleon Sohn; □ Phanos und Staphylos, die Söhne des Dionysos; Erginos, des Poseidon, Periklymenos, des Neleus, Augeias, des Helios, Iphiklos, des Thestios, Argos, des Phrixos, Euryalos, des Mekisteus, Peneleos, des Hippalmos, Leïtos, des Alektor, Iphitos, des Naubolos Sohn; Askalaphos und Ialmenos, Söhne des Ares; Asterios, der Sohn des Kometos, und des Elatos Sohn Polyphemos. □

Diese stachen nun unter Iasons Führung in See und landeten zuerst auf Lemnos, einer Insel, die damals gerade ohne Männer war und von einer Königin, Hypsipyle, des Thoas Tochter, beherrscht wurde. Dies hatte folgende Ursache. Die Frauen auf Lemnos hatten die Aphrodite mit Geringschätzung behandelt und waren dafür von der Göttin mit einem üblen Geruch bestraft worden. Dies hatte ihre Ehemänner veranlaßt, Mädchen aus dem benachbarten Thrakia gefangenzunehmen und ehelichen Umgang mit ihnen zu haben. □ Als sich auf diese Weise die lemnischen Frauen verschmäht sahen, töteten sie ihre Väter und Ehemänner. Allein Hypsipyle hatte ihrem Vater Thoas einen Schlupfwinkel angewiesen und ihn so gerettet.

Während dieses Weiberregiments nun landeten die Seefahrer auf Lemnos und schliefen mit den Frauen. Hypsipyle, die dem Iason zuteil geworden war, gebar danach zwei Knaben, Euneos und Nebrophonos. □

Von Lemnos aus landeten sie an der Küste der Dolioner und fanden bei Kyzikos, ihrem König, eine gastfreundliche Aufnahme. In der Nacht fuhren sie von da weiter, wurden aber von einem Gegenwinde ergriffen und landeten, ohne es zu wissen, abermals bei den Dolionern. Diese aber glaubten, ein pelasgisches Geschwader vor sich zu haben, denn von dieser Völkerschaft wurden sie beständig bekriegt, und begannen ein Gefecht, in dem keine Seite die andere erkannte. Die Argonauten töteten viele, darunter auch den Kyzikos. Als nun der Anbruch des Tags sie ihren Irrtum erkennen ließ, beklagten sie ihn sehr und schnitten sich aus Trauer die Haare ab. Dem Kyzikos veranstalteten sie ein prachtvolles Begräbnis, schifften sich nach der Bestattung ein und landeten in Mysia. □

Hier ließen sie Herakles und Polyphemos zurück.

Es war nämlich Hylas, der Sohn des Theiodamas, der Geliebte des Herakles, wegen seiner Schönheit von den Nymphen geraubt worden, als er ausgegangen war mit dem Auftrage, Wasser zu schöpfen. Polyphemos hatte ihn schreien hören, hatte sein Schwert gezogen und war der Stimme nachgelaufen, weil er glaubte, daß er von Räubern entführt werde, und stieß nun auf Herakles, dem er die Sache erzählte. Während nun aber beide den Hylas suchten, waren die Anker gelichtet worden. Polyphemos ließ sich in Mysia nieder und gründete die Stadt Kios, deren Herrscher er wurde. Herakles kehrte nach Argos zurück. □

Herodotos sagt, daß letzterer damals gleich von Anfang an nicht mit abgesegelt sei, sondern im Dienste der Omphale gestanden habe. Pherekydes läßt ihn in Aphetai, einer Stadt Thessalias, zurückbleiben, auf die Klage der Argo hin, daß sie eine solche Körpermasse nicht zu tragen vermöchte. Nach Demaratos' Überlieferung soll er auf dieser Fahrt nach Kolchis gekommen sein. Dionysios läßt ihn selbst Führer der Argonauten werden. □

Von Mysia aus gelangten sie in das Land der Bebryker, wo Amykos, ein Sohn des Poseidon und der Nymphe Bithynis, herrschte. Dieser, ein starker Mann, pflegte die an seiner Küste landenden Fremdlinge zu nötigen, sich in einen Faustkampf mit ihm einzulassen, und räumte sie auf diese Weise aus dem Wege. Er näherte sich nun auch damals der Argo und forderte den Besten von ihnen zum Faustkampfe heraus. Polydeukes unternahm es, sich mit ihm einzulassen, und versetzte ihm dabei einen so gewaltigen Schlag in den Nacken, daß er starb. Da zogen die Bebryker gegen ihn heran, aber die Edelsten der Seefahrer griffen zu den Waffen, schlugen sie in die Flucht und töteten viele von ihnen. □

Sie fuhren nun weiter und kamen zur thrakischen Stadt Salmydessos, wo der blinde Seher Phineus sich aufhielt. Er war dem Vernehmen nach ein Sohn des Agenor, oder, nach der Meinung anderer, des Poseidon, und wurde von den Göttern des Augenlichts beraubt – wie man erzählt –, weil er den Menschen die Zukunft enthüllt hatte; einer andern Sage nach von Boreas und den Argonauten, weil er auf Zureden der Stiefmutter seine eigenen Kinder geblendet hatte; nach der Meinung wieder anderer schließlich von Poseidon, weil er die Kinder des Phrixos über die Fahrt von Kolchis nach Hellas belehrt hatte. □ Die Götter hatten ihm auch die Harpyien über den Hals geschickt, gefiederte Wesen, die vom Himmel herabflogen, wenn dem Phineus der Tisch gedeckt war, das meiste wegraubten und die wenigen übriggebliebenen Brocken mit solchem Gestank angefüllt zurückließen, daß sie nicht mehr gegessen werden konnten. Die Argonauten hätten gerne Näheres über ihre Fahrt von ihm erfahren. Er versprach auch, ihnen die nötige Belehrung zu geben, wenn sie ihn von den Harpyien befreiten. Sie setzten ihm nun einen mit Speisen bedeckten Tisch vor, und sogleich flogen auch die Harpyien mit Geschrei herab und raubten die Speisen. □ Als das die Söhne des Boreas, Zetes und Kalaïs, sahen, die selbst Flügel hatten, rissen sie ihre Schwerter heraus und verfolgten sie durch die Luft. Nach dem Spruche des Schicksals war den Harpyien bestimmt, durch die Söhne des Boreas umzukommen, und den Söhnen des Boreas war bestimmt, dann zu sterben, wenn sie in der Verfolgung nicht zum Ziele gelangen sollten. Von den verfolgten Harpyien fiel die eine gegenüber der Peloponnes in den Fluß Tigres, der nun nach ihr Harpys genannt wurde. □ Diese hieß Nikothoë oder, nach anderen, Aëllopos. Die andere mit Namen Okypete oder Okythoë, von Hesiodos Okypode genannt, floh zur Propontis hin und kam bis zu den Echinadischen Inseln, welche nach ihr Strophaden genannt werden: Sie kehrte nämlich um, als sie im Fluge über diese gekommen war, fiel aber, als sie in Ufernähe kam, vor großer Ermattung zusammen mit ihrem Verfolger herunter. Apollonios in seinen ›Argonauten‹ sagt, daß die Harpyien bis zu den Strophaden verfolgt werden und unbestraft bleiben, nachdem sie geschworen hatten, den Phineus künftig unangefochten zu lassen. □

Nach seiner Befreiung von den Harpyien belehrte nun Phineus die Argonauten über ihre Fahrt, besonders auch über die Symplegaden. Diese waren gewaltige Felsen im Meere, welche, von heftigen Winden getrieben, zusammenstießen und so die Durchfahrt durchs Meer versperrten. Dabei stieg dichter Nebel aus ihnen auf, und das Zusammenschlagen verursachte ein entsetzliches Krachen. Selbst den Vögeln war es unmöglich, zwischen ihnen hindurchzukommen. □

Phineus riet nun den Seefahrern, eine wilde Taube hindurchfliegen zu lassen. Wenn sie sähen, daß diese glücklich hindurch wäre, so sollten sie ohne Bedenken hindurchfahren; sähen sie diese aber umkommen, so sollten sie die Durchfahrt nicht erzwingen wollen.

Auf diese Nachricht hin segelten sie ab und ließen, als sie in die Nähe der Felsen gekommen waren, eine wilde Taube vom Vorderteile des Schiffs abfliegen. Sie flog glücklich hindurch, doch so, daß das Zusammenschlagen der Felsen ihr noch die Spitze des Schwanzes hinwegnahm. Die Seefahrer warteten nun den Augenblick ab, da die Felsen auseinanderfuhren, ruderten dann hitzig drauflos und kamen mit Hilfe der Hera hindurch, weil sie bewirkte, daß das Ende des Hecks abgerissen wurde. □

Von diesem Augenblicke an standen die Symplegaden fest: Denn es war Bestimmung des Schicksals, daß sie gänzlich feststehen sollten, sobald ein Schiff zwischen ihnen hindurchkäme.

Die Argonauten kamen nun weiter zu den Mariandynern, wo sie der König Lykos freundschaftlich aufnahm. Hier hatte der Seher Idmon das Unglück, von einem Eber gestoßen zu werden, und starb. Auch Tiphys fand den Tod, und Ankaios übernahm dessen Stelle am Steuerruder. □

Sie segelten vorbei am Fluß Thermodon und am Kaukasos und gelangten an den Fluß Phasis in der Kolchis. Als das Schiff in den Hafen eingelaufen war, begab sich Iason zu Aiëtes, machte ihn mit dem Auftrage des Pelias bekannt und forderte ihn zur Herausgabe des Fells auf. Dieser versprach, es ihm zu überlassen, wenn er ohne fremde Hilfe die erzfüßigen Stiere anjochte. □ Aiëtes hatte nämlich zwei ausgezeichnete große feuerschnaubende Stiere mit ehernen Füßen von Hephaistos zum Geschenk erhalten. Diese sollte, so verlangte Aiëtes, Iason anjochen und sodann Drachenzähne säen. Schon früher hatte Kadmos in Thebai einen Teil dieser Zähne gesät, und die zweite Hälfte war von Athena dem Aiëtes zum Geschenke gemacht worden. □ Während nun Iason in Verlegenheit war, wie er es wohl anzugreifen hätte, um die Stiere unter das Joch zu bringen, stieg in Medeias Herz eine Liebe zu ihm auf. Diese Medeia, eine Zauberin, war die Tochter des Aiëtes und der Eidyia, einer Okeanide. Ängstlich besorgt, Iasons Leben könnte durch die Stiere gefährdet werden, versprach sie, ihm ohne ihres Vaters Wissen bei der Anjochung der Stiere zu helfen und ihm das Fell auszuhändigen, wenn er ihr eidlich die Ehe zusicherte und sie auf der Heimfahrt nach Hellas mitnähme. □ Iason schwor, und sie gab ihm hierauf ein Zaubermittel, mit welchem er nach ihrer Anweisung Schild, Schwert und sich selbst salben sollte, bevor er ans Werk ginge. So gesalbt, sagte sie, sei er für die Dauer eines Tages weder verletzbar durch Feuer noch durch Eisen. Auch entdeckte sie ihm, daß bewaffnete Männer aus der Erde gegen ihn aufstehen werden, wenn die Zähne gesät seien. Wenn er diese, belehrte sie ihn weiter, auf einem Haufen beisammenstehen sähe, so sollte er aus der Ferne Steine mitten unter sie werfen und den darauf unter ihnen selbst entstehenden Kampf dazu benutzen, sie niederzumachen. □ Iason faßte alles wohl auf, salbte sich mit dem Zaubermittel und trat in den heiligen Tempelhain, wo er die Stiere aufsuchte und sie trotz ihres Anstürmens und Feuerschnaubens anjochte. Nun säte er die Zähne, worauf sich bewaffnete Männer aus der Erde erhoben. Er aber beobachtete, wo sie am dichtesten beisammen standen, und warf ungesehen Steine unter sie. Daraufhin entstand unter ihnen ein Kampf, währenddessen Iason hinzueilte und sie niederstreckte. □ Jetzt war zwar durch Anjochung der Stiere der Auftrag erfüllt, allein Aiëtes gab dennoch das Fell nicht heraus. Er hatte nämlich im Sinne, die Argo zu verbrennen und die Mannschaft zu töten. Da führte Medeia den Iason in der Nacht eiligst zu dem Vliese, schläferte den wachehaltenden Drachen mit Zauberkräutern ein, nahm das Fell und schiffte sich mit Iason auf der Argo ein, begleitet auch von ihrem Bruder Apsyrtos, der ihr gefolgt war. Und nun wurden noch in der Nacht die Anker gelichtet. □

Als Aiëtes das freche Wagstück der Medeia erfuhr, machte er sich auf, das Schiff zu verfolgen. Medeia sah ihn sich nähern, tötete ihren Bruder, zerstückelte seinen Leichnam und warf die Stücke ins Meer. Aiëtes sammelte die Glieder seines Sohnes auf und verlor so die Fliehenden aus den Augen. Deswegen kehrte er um, begrub, was er von seines Sohnes Gliedern hatte retten können, und nannte den Ort Tomoi. Von den Kolchiern sandte er nun viele aus, die Argo zu suchen, mit der Drohung, sie die Strafe der Medeia leiden zu lassen, wenn sie dieselbe nicht zurückbrächten. Und so schwärmten sie aus, der eine dahin, der andere dorthin, um Nachforschungen anzustellen. □

Die Argonauten hatten sich indessen durch den Mord an Apsyrtos den Zorn des Zeus zugezogen. Als sie schon die Mündungen des Flusses Eridanos im Rücken hatten, brach ein gräßliches Unwetter über sie los und warf sie in der Irre umher. Als sie nun an den Apsyrtischen Inseln vorbeisegelten, sprach das Schiff und verkündete, der Zorn des Zeus würde sich nur legen, wenn sie nach Ausonia reisten und sich durch Kirke von dem Mord an Apsyrtos reinigen ließen. Daraufhin fuhren sie an den ligyschen und keltischen Völkerstämmen vorbei, segelten durch das Sardonische Meer, vorbei an Tyrrhenia und gelangten nach Aiaie. Hier flehten sie Kirke um Reinigung von der Mordschuld an und wurden entsündigt. □

Als sie an den Seirenen vorüberfuhren, stimmte Orpheus einen Gegengesang an und hielt so die Argonauten zurück. Nur Butes ließ sich verführen, zu ihnen hinauszuschwimmen. Doch Aphrodite riß ihn noch weg und entrückte ihn nach Lilybaion. □

Sie waren jedoch kaum den Seirenen entronnen, da drohte dem Schiffe neue Gefahr von der Charybdis, der Skylla und den Planktischen Felsen, über welchen man dichte Flammen- und Rauchsäulen hoch emporwirbeln sah. Zwischen diesen brachte Thetis, aufgefordert von Hera und unterstützt von den Nereïden, das Schiff glücklich hindurch. □

Nun fuhren sie an der Insel Thrinakia vorüber, wo Helios seine Rinderherden hatte, und kamen zur Insel der Phaiaken, Kerkyra, auf welcher Alkinoos König war. Die Kolcher, welche das Schiff nicht finden konnten, schlugen zum Teil an den Keraunischen Bergen ihre Wohnung auf, zum Teil begaben sie sich in das illyrische Gebiet und machten die Apsyrtischen Inseln bewohnbar. Nur einigen gelang es, zu den Phaiaken zu kommen und so die Argo einzuholen. Diese baten den Alkinoos um Auslieferung der Medeia. □ Daraufhin gab ihnen dieser den Bescheid, er wolle sie dem Iason geben, wenn sie schon seine Frau geworden, wenn sie aber noch Jungfrau sei, so wolle er sie ihrem Vater zurücksenden. Da beeilte sich die Gattin des Alkinoos, Arete, Medeia mit Iason zu verbinden. Infolgedessen blieben die Kolcher bei den Phaiaken, und die Argonauten fuhren mit Medeia weiter. □

Sie segelten nachts und gerieten in einen heftigen Sturm. Apollon stand auf den Melantischen Höhen, beschoß mit seinen Pfeilen das Meer und schreckte die Seefahrer mit Blitzen. Da erblickten sie in der Nähe eine Insel, an der sie vor Anker gingen. Weil es unerwartet auftauchte, wurde dieses Eiland von ihnen Anaphe genannt. Hier errichteten sie dem Apollon Aigletes einen Altar, opferten und wendeten sich dann dem Schmause zu. Die von Arete der Medeia geschenkten zwölf Dienerinnen verspotteten dabei im Scherz die Vornehmsten, woher sich auch jetzt noch die Gewohnheit der Frauen erhalten hat, bei Opfern Späße zu treiben. □

Nach ihrer Abfahrt von dort wurde ihnen von Talos die Landung auf Krete verweigert. Dieser war nach Meinung der einen ein Mann aus dem ehernen Geschlechte, nach Meinung der anderen ein Geschenk des Hephaistos an Minos. Er war nämlich ein Mann aus Erz, andere meinen, ein Stier. Er hatte eine einzige Ader, die sich vom Nacken bis zu den Fersen hinab erstreckte, und da, wo die Hautoberfläche der Ader hervortrat, war zum Schutze ein eherner Nagel durchgeschlagen. □ Dieser Talos machte dreimal des Tags die Runde um die Insel, um sie zu bewachen. Daher kam es, daß er damals auch die Argo heranfahren sah und mit Steinen nach ihr warf. Medeia schaffte ihn durch List aus dem Wege, indem sie ihn mit Zauberkräutern wahnsinnig machte, nach Meinung anderer, indem sie ihm unter dem Versprechen, ihn unsterblich zu machen, den Nagel herauszog und ihn so tötete, weil das ganze göttliche Blut verströmte. Nach einer dritten Sage soll ihn ein Pfeilschuß des Poias getötet haben, der ihn an der Ferse verwundete. □ Eine Nacht über hielten sie sich hier auf und landeten sodann auf der Insel Aigina, um Wasser an Bord zu nehmen. Darüber gerieten sie untereinander in Streit. Von da fuhren sie zwischen Euboia und Lokris hin und kamen endlich nach Iolkos. Die ganze Fahrt hatte vier Monate gedauert. □

Pelias hatte keine sonderliche Freude an der Rückkehr der Argonauten und wollte den Aison töten. Dieser aber bat selbst um den Tod, vollendete das Opfer, versprengte noch ohne Furcht das Blut des Stieres und starb. Iasons Mutter verfluchte den Pelias wegen dieser Tat und erhängte sich. Sie hinterließ einen unmündigen Sohn, den Promachos. Aber auch diesen von ihr zurückgelassenen Sohn tötete Pelias.

Iason kam jetzt zurück und übergab das Fell. Sich wegen der erlittenen Schändlichkeiten zu rächen, verschob er auf eine günstige Zeit. □

Vorerst segelte er mit seinen Auserwählten nach dem Isthmos, wo er dem Poseidon das Schiff weihte. Nun forderte er Medeia auf, ihm ein Mittel ausfindig zu machen, wie er sich an Pelias rächen könne. Diese ging in den Palast des Pelias und überredete seine Töchter, ihren Vater zu zerhacken und zu kochen, indem sie ihnen versprach, ihn mittels ihrer Zauberkräuter zu verjüngen. Um sich Glauben zu verschaffen, zerstückelte sie einen Schafbock, kochte ihn und machte ihn so wieder zum Lamm. Die Töchter glaubten ihr nun, zerhackten ihren Vater und kochten ihn. Akastos aber begrub den Vater unter Teilnahme der Einwohner von Iolkos und verjagte Iason und Medeia aus Iolkos. □

Diese kamen nun nach Korinthos und lebten zehn Jahre lang in erwünschtem Glück. Danach aber versprach der König Kreon von Korinthos dem Iason seine Tochter Glauke zur Gattin. Deswegen schickte Iason die Medeia weg und heiratete jene. Medeia rief die Götter an, bei welchen ihr Iason geschworen hatte, und klagte ihnen wiederholt seine Undankbarkeit. Seiner Gemahlin aber schickte sie ein durch trügerische Mittel verzaubertes Gewand zu. Als diese das Kleid mit Hilfe ihres Vaters anlegte, wurde sie von fressendem Feuer verzehrt. □ Auch ihre eigenen Kinder von Iason, Mermeros und Pheres, brachte Medeia um. Hierauf empfing sie von Helios einen mit geflügelten Drachen bespannten Wagen, auf dem sie nach Athenai entfloh. Man sagt aber auch, daß sie bei ihrer Flucht ihre noch unmündigen Kinder zurückließ und sie auf den Altar der Hera Akraia setzte, damit sie um Reinigung von ihrer Mordschuld bitten sollten. Die Korinther aber nahmen sie von da weg und bedeckten sie über und über mit Wunden. □

Medeia aber kam in Athenai an, vermählte sich hier mit Aigeus und bekam einen Sohn, Medos. Sie wurde aber später, weil sie Böses gegen Theseus im Sinn hatte, aus Athenai flüchtig und samt ihrem Sohne verbannt. Dieser bezwang nachher eine Menge fremder Völker, nannte das ganze von ihm unterjochte Land Media und beschloß sein Leben auf einem Feldzug gegen die Inder. Medeia aber kam unerkannt nach Kolchis, fand den Aiëtes durch seinen Bruder Perses des Reiches beraubt, tötete diesen und setzte ihren Vater wieder auf den Thron.

ZWEITER TEIL

Nachdem wir nun das Geschlecht des Deukalion durchgegangen sind, wenden wir uns zunächst dem des Inachos zu.

Okeanos und Tethys bekamen einen Sohn, Inachos, nach welchem ein Fluß in Argos Inachos benannt wird. Von ihm und Melia, der Okeanide, stammen Phoroneus und Aigialeus. Als Aigialeus kinderlos verstorben war, wurde die ganze Gegend Aigialeia genannt. Phoroneus gelangte nun zur Herrschaft über die ganze, später so benannte, Peloponnesos und zeugte mit der Nymphe Teledike den Apis und die Niobe. □ Apis mußte den Versuch, die Regierung der Peloponnesos, die er nach sich Apia benannte, in schnöde Gewaltherrschaft umzuwandeln, mit dem Leben bezahlen. Er unterlag einer Verschwörung von Thelxion und Telchin. Nach seinem kinderlosen Tode zum Gotte erhoben, erhielt er den Namen Serapis.

Niobe war die erste Sterbliche, mit der Zeus sich vermischte. Sie gebar ihm den Knaben Argos; nach dem Berichte des Akusilaos auch den Pelasgos, nach dem sich die, welche die Peloponnesos bewohnen, Pelasger nennen. Nach Hesiodos jedoch wäre Pelasgos selbst ein im Lande Geborener gewesen. □ Wir werden später auf ihn zurückkommen. Argos folgte nun dem

Phoroneus in der Herrschaft nach und nannte die Peloponnesos nach sich Argos. In seiner Ehe mit Euadne, der Tochter des Strymon und der Neaira, zeugte er den Ekbasos, Peiras, Epidauros und den Kriasos, der die Herrschaft erhielt. □

Des Ekbasos Sohn ist Agenor, und dessen Sohn Argos, mit dem Zunamen Panoptes, weil er am ganzen Körper Augen hatte. Er zeichnete sich durch Stärke aus, tötete den Stier, der Arkadia verwüstete, und bekleidete sich mit dessen Fell. Einem Satyr, welcher den Arkadiern Beleidigungen zufügte und ihre Herden wegtrieb, stellte er sich entgegen und tötete ihn. Man erzählt ferner von ihm, er habe die Tochter des Tartaros und der Gaia, Echidna, welche die Vorübergehenden beraubte, im Schlafe überfallen und getötet. Nun rächte er den Mord des Apis, indem er die Schuldigen umbrachte. □

Von Argos und der Ismene, des Asopos Tochter, stammt Iasos, dessen Tochter die Io gewesen sein soll. Kastor, der Verfasser der ›Verwirrungen in der Zeitrechnung‹, und viele Trauerspieldichter nennen Inachos als Vater der Io. Hesiodos und Akusilaos geben ihr den Peiren zum Vater. Sie war eine Priesterin der Hera und wurde von Zeus beschlafen. Von Hera ertappt, verwandelte dieser das Mädchen durch Berührung in eine weiße Kuh und leugnete mit einem Schwur, ihr beigewohnt zu haben. Deswegen sagt Hesiodos, durch Liebesschwüre lade man den Zorn der Götter nicht auf sich. □ Hera erbat sich aber von Zeus die Kuh und stellte als Wächter bei ihr den Argos Panoptes auf, welchen Asklepiades einen Sohn von Arestor, Pherekydes von Inachos, Kerkops von Argos und Ismene, der Tochter des Asopos, sein läßt. Akusilaos nennt ihn einen Erdgeborenen. Dieser band sie an den Ölbaum, der in dem Haine von Mykenai stand. □

Von Zeus beauftragt, suchte Hermes die Kuh zu stehlen, wurde aber von Hiërax verraten, und da er es danach nicht heimlich tun konnte, warf er mit einem Stein den Argos zu Tode, woher er den Beinamen Argostöter erhielt. Hera aber schickte der Kuh eine Bremse und machte sie dadurch rasend. In diesem Zustande kam sie zuerst zu dem nach ihr so benannten Ionischen Meerbusen, setzte sodann ihren Weg durch Illyria fort, lief über den Haimos und überquerte die damals so genannte thrakische Meerenge, die nun von ihr den Namen Bosporos trägt. □

Angekommen in Skythia und dem Kimmerischen Lande, streifte sie weit und breit in der Wüste umher, durchschwamm sodann einen großen Teil des Meeres von Europe und Asia und kam zuletzt nach Aigyptos, wo sie ihre frühere Gestalt wiederbekam und an dem Flusse Neilos den Knaben Epaphos gebar. □ Diesen verbargen die Kureten auf die Bitte der Hera. Allein Zeus merkte es und brachte die Kureten um. Io aber wandte sich, ihren Sohn zu suchen, und durchirrte ganz Syria, denn hier, war ihr gesagt worden, werde er von der Gemahlin des Königs der Byblier erzogen. Nachdem sie den Epaphos gefunden hatte, kam sie nach Aigyptos und vermählte sich mit Telegonos, der damals die Aigypter beherrschte. Hier errichtete sie ein Standbild der Demeter, welche die Aigypter Isis nannten. Auch der Io gaben sie gleicherweise den Namen Isis. □

Epaphos, König der Aigypter, ehelichte die Memphis, des Neilos Tochter, und baute die nach ihr benannte Stadt Memphis. Auch zeugte er eine Tochter, Libye, von der die Gegend den Namen Libye erhielt. Libye gebar dem Poseidon Zwillinge, den Agenor und Belos. Agenor begab sich weg nach Phoinike, wo er der Stammvater eines großen Königshauses wurde. Wir werden deswegen weiter unten besonders auf ihn zu sprechen kommen. □ Belos dagegen blieb als Herrscher in Aigyptos, nahm Anchinoë, des Neilos Tochter, zur Ehe und bekam Zwillinge, den Aigyptos und Danaos, nach Euripides auch noch den Kepheus und Phineus. Dem Danaos wies Belos seinen Aufenthalt in Libye, dem Aigyptos in Arabia an. Letzterer unterwarf sich danach auch das Land der Melampoden, das er nach sich Aigyptos benannte. □

Er bekam von vielen Frauen fünfzig Söhne, Danaos ebenso viele Töchter. Als nun später die Söhne des Aigyptos sich empörten, ließ Danaos aus Furcht vor ihnen, nach dem Rate der Athena, als erster ein Schiff mit fünfzig Rudern bauen, schiffte seine Töchter ein und ergriff die Flucht. □ Dann landete er auf Rhodos und errichtete der Athena Lindia ein Standbild. Von da kam er nach Argos, wo ihm der damalige König Gelanor die Herrschaft abtrat. Die Gegend litt gerade unter Wassermangel; Poseidon hatte nämlich die Quellen versiegen lassen, verbittert auf Inachos, weil dieser die Gegend zum Eigentum der Athena erklärt hatte. □ Danaos schickte deshalb seine Töchter aus, Wasser zu schöpfen. Eine von ihnen, Amymone, schoß, während sie nach Wasser ging, einen Pfeil nach einem Hirsch, traf aber einen schlafenden Satyr. Dieser fuhr auf und begehrte dem Mädchen beizuwohnen. Das plötzliche Erscheinen des Poseidon zwang nun zwar den Satyr zur Flucht, allein Amymone mußte sich dem Poseidon hingeben, und nun zeigte dieser ihr die Quellen in Lerna. □

Jetzt kamen des Aigyptos Söhne nach Argos, versicherten dem Danaos das Ende ihrer Feindschaft und verlangten seine Töchter zu Gemahlinnen. Dem Danaos flößten jedoch ihre Versprechungen kein Vertrauen ein; auch hatte er ihnen seine Flucht noch nicht vergessen. Allein gerade das bewog ihn, seine Einwilligung zu geben und die Mädchen an sie zu verlosen. □

Nur die Älteste, Hypermnestra, wählte er für Lynkeus aus, die Gorgophone für Proteus; denn diese beiden Söhne hatte Aigyptos mit Argyphië, einer Gemahlin von königlichem Blute, gezeugt. Von den übrigen wurden dem Busiris und Enkelados und Lykos und Daïphron die Töchter des Danaos, die er von Europe hatte, durchs Los zuteil, nämlich Automate, Amymone, Agaue und Skaia. Diese Töchter des Danaos waren mütterlicherseits aus königlichem Blute entsprossen. Gorgophone und Hypermnestra dagegen waren Töchter der Elephantis. □ Ferner bekam Istros die Hippodameia, Chalkodon die Rhodia, Agenor die Kleopatra, Chaitos die Asteria, Diokorystes die Hippodameia, Alkis die Glauke, Alkmenor die Hippomedusa, Hippothoos die Gorge, Euchenor die Iphimedusa, Hippolytos die Rhode. Diese zehn Söhne hatten eine arabische Mutter. Die ihnen zugefallenen Mädchen waren Töchter der Hamadryaden, die einen der Atlanteia, die anderen der Phoibe. □

Dem Agaptolemos fiel Peirene zu, dem Kerketes die kleine Dorion, dem Eurydamas Phartis, dem Aigios Mnestra, dem Argios Euippe, dem Archelaos Anaxibia, dem Menemachos Nelo. Diese sieben Männer hatten eine phoinikische Mutter, die Jungfrauen eine aithiopische. Ohne Los wurden wegen der Namensgleichheit die Töchter der Memphis den Söhnen einer tyrischen Mutter zuteil. So bekam Kleitos die Kleite, Sthenelos die Sthenele, Chrysippos die Chrysippe. □

Die zwölf Söhne der Nymphe Kaliadne losten um die Töchter der Naïade Polyxo. Die Söhne hießen

Eurylochos, Phantes, Peristhenes, Hermos, Dryas, Potamon, Kisseus, Lixos, Imbros, Bromios, Polyktor, Chthonios; die Mädchen aber: Autonoë, Theano, Elektra, Kleopatra, Eurydike, Glaukippe, Antheleia, Kleodore, Euippe, Erato, Stygne und Bryke. □ Die Söhne, welche Aigyptos von der Gorgo hatte, losten um die Töchter der Piëria; und so erhielt Periphas die Aktaie, Oineus die Podarke, Aigyptos die Dioxippe, Menalkes die Adite, Lampos die Okypete, Idmon die Pylarge. Die folgenden sind die jüngsten Söhne: Idas bekam die Hippodike, Daïphron die Adiante, beides Töchter der Herse; Pandion die Kallidike, Arbelos die Oime, Hyperbios die Kelaino, Hippokorystes die Hyperippe; Söhne der Hephaistine, alles Töchter der Krino. □

Als nunmehr jedem seine Ehefrau zugeteilt war, gab der Brautvater seinen Töchtern Dolche, und diese töteten ihre Bräutigame, sobald sie eingeschlafen waren. Nur Hypermnestra rettete den Lynkeus, weil er ihre jungfräuliche Ehre geschont hatte. Danaos sperrte sie deswegen ein und ließ sie bewachen. □ Die übrigen Töchter des Danaos begruben die Köpfe der jungen Ehemänner in Lerna und bestatteten die Leichname außerhalb der Stadt. Von diesem Verbrechen wurden sie auf Befehl des Zeus von Athena und Hermes gereinigt. Die Hypermnestra gab Danaos nachher doch dem Lynkeus zur Ehe; für seine übrigen Töchter veranstaltete er einen öffentlichen Wettkampf und überließ sie den Siegern als Preis. □ Amymone bekam von Poseidon einen Sohn namens Nauplios. Dieser war als Seefahrer grau geworden und wurde jedesmal unwillig beim Tode solcher, die ins Meer fielen. Nun traf ihn aber selbst das Los, demselben Tode zu erliegen, über den er bei anderen ungehalten geworden war. Vor seinem Tode hatte er sich nach dem Berichte der Trauerspieldichter mit Klymene, des Katreus Tochter, nach dem Verfasser der ›Nostoi‹ mit Philyra, nach Kerkops mit Hesione vermählt und den Palamedes, Oiax und Nausimedon gezeugt. □

Lynkeus, der dem Danaos in der Regierung von Argos folgte, zeugte mit Hypermnestra einen Sohn Abas. Von diesem und Aglaia, der Tochter des Mantineus stammten Zwillingssöhne, Akrisios und Proitos, die schon Händel miteinander hatten, als sie noch im Mutterleibe waren. Groß geworden, kämpften sie um die Herrschaft und wurden bei dieser Gelegenheit die Erfinder der runden Schilde. Akrisios gewann die Oberhand und vertrieb den Proitos aus Argos. □ Dieser begab sich nun nach Lykia zu Iobates, nach Meinung andrer zu Amphianax, und verehelichte sich mit dessen Tochter, die nach Homeros Anteia, nach den Trauerspieldichtern Stheneboia hieß. Sein Schwiegervater führte ihn aber mit einem Heere Lykier wieder zurück, und er nahm die Stadt Tiryns ein, welche ihm die Kyklopen mit einer Mauer umgaben. Nun teilten die Brüder das ganze Gebiet von Argos unter sich auf, und es beherrschte Akrisios Argos und Proitos Tiryns. □

Akrisios bekam von der Tochter des Lakedaimon, Eurydike, eine Tochter namens Danaë; Proitos von Stheneboia die Lysippe, Iphinoë und Iphianassa. Als diese Mädchen erwachsen waren, wurden sie wahnsinnig, wie Hesiodos meint, weil sie die religiösen Bräuche des Dionysos mißbilligten; Akusilaos meint, weil sie das Bildnis der Hera verachtet hatten. □ In ihrem Wahnsinne durchirrten sie ganz Argeia. Wiederum liefen sie, gänzlich verstört, durch Arkadia und die Peloponnesos und rannten in der Wüste umher.

Melampus, der Sohn des Amythaon und der Tochter des Abas, Eidomene, war ein Seher und der Erfinder der Heilkunde durch Arzneikräuter und Reinigungsopfer. Er versprach, die Mädchen zu heilen, falls er ein Drittel der Herrschaft bekäme. □ Da nun Proitos die Heilung unter so lästigen Bedingungen nicht zugestand, wurden die Mädchen noch rasender, und der Zustand griff auch auf die übrigen Frauen über; denn auch diese verließen jetzt ihre Häuser, mordeten ihre eigenen Kinder und irrten in die Wüste hinaus. Als nunmehr das Übel den höchsten Grad erreicht hatte, willigte Proitos in die verlangten Bedingungen ein. Allein Melampus steigerte jetzt auch seine Forderungen und wollte erst dann die Heilung geloben, wenn sein Bruder Bias einen gleich großen Teil des Landes bekäme wie er. Proitos befürchtete, jener könnte, wenn er die Heilung länger verzögerte, noch mehr fordern, und gestattete die Heilung unter diesen Bedingungen. □ Melampus nahm nun die kräftigsten unter den Jünglingen zu sich und verfolgte die Frauen mit jauchzendem Lärm und begeistertem Tanzen von den Bergen herab bis nach Sikyon. Während der Verfolgung starb die älteste der Töchter, Iphinoë. An den übrigen wurden Reinigungsopfer vollzogen, wodurch sie glücklich wieder zum Verstande kamen. Diese gab Proitos dem Melampus und Bias zur Ehe. Er selbst zeugte nachher einen Sohn, Megapenthes. □

Bellerophontes, der Sohn des Glaukos und der Enkel des Sisyphos, hatte, ohne es zu wollen, seinen Bruder Deliades – einige sagen, er habe Peiren geheißen, wieder andere meinen, Alkimenes – getötet. Stheneboia, von Liebe zu ihm entflammt, schickte ihm eine Einladung zu einer heimlichen Zusammenkunft. Auf seine Weigerung hin aber verleumdete sie ihn bei

Proitos und gab vor, Bellerophontes habe ihr eine schamlose Einladung zugesandt. Daraufhin schickte Proitos, der keinen Zweifel in die Aussage seiner Gattin setzte, jenen mit einem Briefe zu Iobates, worin er diesen aufforderte, den Bellerophontes aus dem Wege zu räumen. □ Iobates gab ihm infolge dieses Schreibens den Auftrag, die Chimaira zu töten, in der Überzeugung, daß er seinen Untergang durch dieses Tier finden würde, dessen Bezwingung für eine ganze Schar, geschweige für einen einzelnen, eine sehr schwierige Aufgabe war. Es hatte nämlich das Vorderteil eines Löwen, den Schwanz eines Drachen und drei Köpfe, von denen der mittlere, ein Bockshaupt, Feuer spie. Mit der vereinten Kraft dreier Tiere verwüstete dieses Ungetüm das Land und zerriß die Viehherden. Diese Chimaira soll, nach Homeros' Angabe, von Amisodaros herangefüttert worden und nach dem Berichte des Hesiodos ein Sprößling des Typhon und der Echidna gewesen sein. □

Bellerophontes bestieg nun den Pegasos, in dessen Besitz er war, ein geflügeltes Pferd, von Medusa und Poseidon abstammend, erhob sich in die Luft und erlegte von ihm herab die Chimaira mit Pfeilen. Nach Beendigung dieses Kampfes gab ihm Iobates den Auftrag, mit den Solymern zu kämpfen, und als er auch dieses vollbracht hatte, befahl er ihm, mit den Amazonen zu streiten. □ Auch diese wurden von ihm getötet. Jetzt wählte der König unter seinen Lykiern diejenigen aus, welche sich durch Jugendkraft auszuzeichnen schienen, und befahl ihnen, ihm aufzulauern und ihn zu töten. Allein Bellerophontes brachte auch diese samt und sonders um, und Iobates, staunend über seine Kraft, eröffnete ihm nun nicht nur den Inhalt des Briefes, sondern bat ihn auch, bei ihm zu bleiben, gab ihm seine Tochter Philonoë zur Gemahlin und übertrug ihm sterbend das Reich als Erbgut. □

Akrisios befragte das Orakel wegen männlicher Nachkommenschaft und erhielt von dem Gotte die Antwort, seine Tochter würde einen Sohn gebären, der ihn selbst ums Leben bringen würde. Dadurch erschreckt, baute Akrisios ein unterirdisches ehernes Gemach, worin er die Danaë bewachen ließ. Doch sie wurde dennoch schwanger, von Proitos, wie einige sagen, die eben hierin die Veranlassung zu dem Bruderzwiste sahen. Nach Meinung anderer wäre es Zeus gewesen, der, in einen Goldregen verwandelt, durch das Sparrenwerk des Dachs in den Schoß der Danaë herabrieselte und ihr so beiwohnte. □ Es währte nicht lange, da erfuhr Akrisios, seine Tochter habe den Perseus geboren. Allein daß sie von Zeus schwanger geworden sei, das glaubte er ihr nicht. Er legte daher die Tochter samt dem Knaben in eine Kiste und warf sie ins Meer. Die Kiste trieb an dem Ufer von Seriphos an, und Diktys nahm den Knaben heraus und sorgte für dessen Erziehung. □

Der König der Insel Seriphos, Polydektes, Bruder des Diktys, entbrannte später in Liebe zu Danaë. Weil er jedoch seinen Zweck bei ihr nicht erreichen konnte, da Perseus schon ins männliche Alter getreten war, berief er seine guten Freunde, und unter diesen namentlich auch den Perseus, zu sich und erklärte ihnen, er habe im Sinne, Beiträge zu einem Hochzeitsgeschenke für die Tochter des Oinomaos, Hippodameia, zu sammeln. Da nun Perseus versicherte, bei ihm würde er keine Fehlbitte tun, und sollte es sich auch um das Haupt der Gorgo handeln, nahm ihn jener beim Worte, schlug, während er sich von den übrigen Rosse erbat, solche von Perseus aus und trug ihm dagegen auf, das Haupt der Gorgo zu holen. □ Perseus machte sich auf den Weg und kam unter Leitung des Hermes und der Athena zu den Töchtern des Phorkos, Enyo, Pephredo und Deino. Dies waren Töchter der Keto und des Phorkos, Schwestern der Gorgonen, grauhaarig von Geburt an. Sie hatten alle drei miteinander nur ein Auge und einen Zahn, in deren Gebrauche sie sich gegenseitig abwechselten. Perseus nahm ihnen beides weg und erklärte auf ihre Bitte um Zurückgabe, er werde es ihnen nicht vorenthalten, wenn sie ihm den Weg zu den Nymphen zeigten. □ Diese Nymphen hatten Flügelschuhe und eine Tasche von der Art, die man Schubsack nennt, und den Helm des Hades. □ Nachdem die Phorkiden ihm den Weg gezeigt hatten, gab er ihnen Zahn und Auge zurück und kam zu den Nymphen. Hier fand er denn, was er suchte, warf den Schubsack um, schnallte die Flügelschuhe an seine Knöchel und setzte den Helm aufs Haupt. Mit dem letzteren bekleidet, konnte man sehen, wen man wollte, ohne jedoch von anderen gesehen zu werden. Außerdem erhielt er von Hermes eine eherne Sichel und kam nun fliegend zu dem Okeanos, wo er die Gorgonen schlafend fand. Sie hießen Stheno, Euryale und Medusa. □

Nur die Medusa war sterblich; ihr Haupt zu holen, war deswegen Perseus ausgeschickt worden. Die Gorgonen hatten Häupter, mit Drachenschuppen übersät, große Hauzähne wie Schweine, eherne Hände und goldene Flügel, mit welchen sie flogen. □ Jeden, der sie sah, verwandelten sie in Stein. Perseus stand nun bei den Schlafenden, und mit abgewandtem Angesicht, den Blick gegen seinen ehernen Schild gerichtet, in welchem er das Bild der Gorgo sah, schnitt er ihr, indem Athena ihm die Hand führte, das Haupt ab. □

Kaum war dies vollbracht, da entsprang dem Körper der Gorgo Pegasos, ein geflügeltes Roß, und Chrysaor, der Vater des Geryones. Beide waren von Poseidon gezeugt. Perseus schob nun das Haupt der Medusa in seinen Schubsack und entfernte sich wiederum rücklings. Die Gorgonen aber hatten sich indessen vom Lager erhoben und verfolgten den Perseus, konnten ihn jedoch wegen des Helms, der ihn verbarg, nicht erblicken. □

Als er nun nach Aithiopia kam, wo Kepheus herrschte, fand er dessen Tochter, Andromeda, daliegen, einem Meerhaifische zum Fraß hingeworfen. Kassiëpeia, die Gattin des Kepheus, hatte nämlich den Nereïden den Vorzug der Schönheit streitig gemacht und geprahlt, schöner als alle zu sein. Darüber zürnten die Nereïden gewaltig, und Poseidon, seinen Zorn mit dem ihrigen verbindend, ließ eine Überschwemmung und einen Haifisch über das Land kommen. Auf den Orakelspruch des Ammon hin, der dem Lande Befreiung von der Plage versprach, falls die Tochter der Kassiëpeia, Andromeda, dem Haifische zum Fraße vorgeworfen würde, mußte sich Kepheus, von den Aithiopiern gedrängt, bequemen, den Schritt zu tun, und band seine Tochter an einen Felsen. □ Perseus sah sie, verliebte sich in das Mädchen und versprach dem Kepheus, das Seeungeheuer aus dem Wege zu räumen, wenn er ihm die gerettete Tochter zur Gattin geben wollte. Der Vertrag wurde beschworen, Perseus unternahm das Abenteuer, tötete den Fisch und erlöste die Andromeda. Ihr früherer Verlobter, Phineus, des Kepheus Bruder, stellte deshalb dem Perseus nach. Als aber dieser die Hinterlist erkundet hatte, hielt er ihm und seinen Mitverschworenen das Gorgonenhaupt entgegen und verwandelte sie so augenblicklich in Steine. □

Er kam jetzt nach Seriphos, wo er seine Mutter traf, die wegen der von Polydektes versuchten Gewalttätigkeiten mit Diktys zu den Altären geflohen war. Er begab sich deswegen zu Polydektes und hielt dem Könige und dessen zu Hilfe gerufenen Freunden abgewandten Gesichts das Gorgonenhaupt vor, wodurch alle, die es sahen, jeder in seiner augenblicklichen Stellung, in Stein verwandelt wurden. □ Er machte nun den Diktys zum Könige in Seriphos und gab die Flügelschuhe, den Schubsack und Helm dem Hermes, das Gorgonenhaupt aber der Athena. Hermes überließ die genannten Gegenstände wieder den Nymphen, und Athena setzte das Haupt der Gorgo in die Mitte ihres Schildes. Einige sagen auch, Athena selbst habe der Medusa das Haupt abgeschlagen, und zwar, weil Gorgo sich mit ihr in der Schönheit hatte messen wollen. □

Perseus eilte jetzt mit Danaë und Andromeda nach Argos, um den Akrisios aufzusuchen. Dieser aber, als er das erfuhr, verließ Argos aus Furcht vor dem Orakelspruch und begab sich in das pelasgische Land. Hier hatte der König der Larissaier, Teutamidos, zur Totenfeier seines Vaters Kampfspiele angeordnet, und Perseus begab sich ebenfalls hin, um an den Kämpfen teilzunehmen. Er machte die fünferlei Übungen durch, traf aber beim Werfen der Wurfscheibe den Fuß des Akrisios und tötete ihn auf der Stelle. □ Als er sich nun überzeugte, daß hierdurch der Orakelspruch in Erfüllung gegangen sei, begrub er den Akrisios außerhalb der Stadt. Er scheute sich jedoch, nach Argos in den Landesteil des durch ihn Getöteten zurückzukehren, begab sich deshalb nach Tiryns und tauschte mit dem Sohne des Proitos, Megapenthes, dem er Argos übergab. Megapenthes herrschte alsdann über die Argeier, Perseus über die Stadt Tiryns, deren Mauern er erweiterte, so daß sie auch Mideia und Mykenai umschlossen. □

Von Andromeda bekam er Söhne, und zwar, ehe er nach Hellas kam, den Perses, den er bei Kepheus zurückließ – von diesem sollen die Perserkönige abstammen –, in Mykenai den Alkaios, Sthenelos, Heleios, Mestor und Elektryon und eine Tochter Gorgophone, die nachherige Gemahlin des Periëres. □

Von Alkaios und Astydameia, des Pelops Tochter, oder wie einige sagen, der Laonome, des Guneus Tochter, oder wie noch andere sagen, der Hipponome, der Tochter des Menoikeus, stammte hinwiederum ein Sohn, Amphitryon, und eine Tochter, Anaxo. Von Mestor und Lysidike, der Tochter des Pelops, stammt Hippothoë. Diese raubte Poseidon, brachte sie auf die Echinadischen Inseln und beschlief sie dort, worauf sie den Taphios gebar, der Taphos baute und die Leute dort Teleboer nannte, weil er weit weggezogen war von seinem Vaterlande. □ Taphios bekam einen Sohn, Pterelaos. Diesen machte Poseidon durch goldenes Haar, das er auf seinem Haupte wachsen ließ, unsterblich. Pterelaos bekam an männlicher Nachkommenschaft den Chromios, Tyrannos, Antiochos, Chersidamas, Mestor und Eueres. □

Elektryon nahm die Tochter des Alkaios, Anaxo, zur Ehe und zeugte eine Tochter, Alkmene, und Söhne, den Stratobates, Gorgophonos, Phylonomos, Kelaineus, Amphimachos, Lysinomos, Cheiromachos, Anaktor, Archelaos; nach diesem noch einen unehelichen Sohn mit einer phrygischen Frau, Mideia, den Likymnios. □

Von Sthenelos und Nikippe, des Pelops Tochter, stammen Alkyone und Medusa, nachher auch Eurystheus, welcher König von Mykenai wurde. Als es nämlich soweit war, daß Herakles geboren werden sollte, sagte Zeus in der Götterversammlung, der Sohn, welcher jetzt dem Perseus geboren würde, sollte über Mykenai herrschen. Hera aber beredete aus Eifersucht die Eileithyia, die Entbindung der Alkmene aufzuhalten, und beschleunigte dagegen die Geburt des Eurystheus, des Sohnes von Sthenelos, obgleich dieser erst ein siebenmonatliches Kind war. □

Während Elektryon über Mykenai herrschte, kamen die Söhne des Pterelaos in Begleitung der Taphier, verlangten das Reich des Mestor im Namen dieses ihres mütterlichen Großvaters zurück und trieben, da Elektryon ihre Forderung nicht beachtete, seine Rinder weg. Die Söhne des Elektryon widersetzten sich, und so kam es, daß sie sich infolge jener Herausforderung gegenseitig töteten. Von den Söhnen des Elektryon kam nur Likymnios, welcher noch sehr jung war, mit dem Leben davon; von denen des Pterelaos Eueres, welcher als Wache bei den Schiffen geblieben war. □ Die Entflohenen von den Taphiern raubten die weggetriebenen Herden, segelten mit ihnen davon und gaben sie dem König der Eleier, Polyxenos, zur Verwahrung. Amphitryon aber löste sie bei Polyxenos aus und trieb sie nach Mykenai zurück. Elektryon wollte den Tod seiner Söhne rächen, übergab deswegen das Reich dem Amphitryon mit seiner Tochter Alkmene, nahm einen Eid von ihm, daß er bis zu seiner Rückkehr sie unberührt lassen wolle, und gedachte, die Teleboer mit Krieg zu überziehen. □ Als dieser aber die Rinder von ihm in Empfang nahm und eine Kuh entsprang, warf Amphitryon den Knüttel, den er in der Hand hatte, nach ihr. Dieser sprang von den Hörnern ab auf das Haupt des Elektryon und tötete ihn. Dies war dem Sthenelos ein willkommener Vorwand, den Amphitryon aus ganz Argos zu verjagen und die Regierung über Mykenai und Tiryns selbst zu übernehmen. Die Stadt Mideia übergab er den Söhnen des Pelops, Atreus und Thyestes, welche er zu diesem Zwecke hatte zu sich rufen lassen. □ Amphitryon, mit Alkmene und Likymnios, in Thebai angelangt, wurde durch Kreon von seiner Blutschuld gereinigt und gab seine Schwester Perimede dem Likymnios zur Ehe. Als jetzt Alkmene erklärte, sie würde sich nur demjenigen zur Gattin hingeben, der ihrer Brüder Tod rächete, erklärte sich Amphitryon bereit, die Teleboër zu bekriegen, und forderte Kreon auf, ihm in der Sache beizustehen. Dieser sicherte ihm seine Hilfe zu, falls er vorher das kadmeische Land von dem wilden Fuchse befreite, der gerade diesen Landstrich verheerte. Doch war für das Gelingen dieser Unternehmung geringe Aussicht vorhanden, da nach dem Spruche des Verhängnisses der Fuchs gar nicht einmal einzuholen war. □ Allein das Land war übel daran, die Thebaner mußten alle Monate einen Knaben aus der Stadt dem Tiere vorwerfen, das sich durch das Zerreißen vieler zu entschädigen drohte, wenn einmal die bestimmte Lieferung unterbliebe. Amphitryon machte sich deswegen auf den Weg nach Athenai zu Kephalos, des Deïoneus Sohne, und beredete diesen gegen einen Teil der den Teleboërn abgewonnenen Beute, jenen Hund auf das Tier zu hetzen, welchen Prokris von Minos bekommen und aus Krete mitgebracht hatte. Auch diesem war ein Verhängnis geworden, nämlich alles, was er verfolgte, auch zu ergreifen. □ Zeus machte der Verfolgung des unerreichbaren Fuchses durch den alles erreichenden Hund ein Ende, indem er beide in Stein verwandelte.

Amphitryon zog nun aus, begleitet von folgenden Kampfgenossen: Kephalos von Thorikos in Attika; Panopeus, einem Phoker; Heleios, dem Sohne des Perseus aus Helos, der Argeier Stadt; und Kreon aus Thebai – und verwüstete mit diesen die Inseln der Taphier. □ Solange jedoch Pterelaos lebte, konnte er Taphos nicht gewinnen; als aber die Tochter des Pterelaos, Komaitho, von Liebe zu Amphitryon entflammt, ihrem Vater das goldene Haar vom Haupte schnitt, worauf Pterelaos starb, brachte jener alle Inseln in seine Gewalt. Die Komaitho tötete Amphitryon, segelte mit der gewonnenen Beute nach Thebai und übergab die Inseln dem Heleios und Kephalos, welche nun Städte bauten und beherrschten, denen sie ihre eigenen Namen beilegten. □

Indessen hatte Zeus die Abwesenheit des Amphitryon aus Thebai benützt und war in einer Nacht, die er bis zur dreifachen Zeit verlängerte, in Amphitryons Gestalt zu Alkmene gekommen, hatte bei ihr geschlafen und ihr erzählt, was mit den Teleboërn sich zugetragen hatte. Als nun Amphitryon nach Hause kam, fand er bei seiner Frau die freundliche Aufnahme nicht, die er erwartet hatte, und fragte, woher das rühre. Sie gab ihm zur Antwort, er sei ja bereits in der vorigen Nacht zurückgekommen und habe bei ihr gelegen. Über diese befremdende Antwort gab ihm nachher Teiresias den Aufschluß, daß Zeus seiner Frau einen Besuch gemacht habe. Alkmene gebar zwei Knaben, von Zeus den Herakles, der um eine Nacht älter war als sein Bruder; von Amphitryon den Iphikles. □ Als jener acht Monate alt war, schickte Hera zwei sehr große Schlangen über die Wiege, in der Absicht, das Kind zu verderben. Während nun Alkmene den Amphitryon zu Hilfe rief, richtete sich Herakles auf, würgte die Schlangen, je eine mit einer Hand, und brachte sie so um. Nach Pherekydes hätte Amphitryon selbst die Schlangen in die Wiege geworfen, um zu erfahren, welcher von den beiden Knaben sein Sohn sei, und daraus, daß Iphikles floh, Herakles sich entgegenstellte, ersehen, daß Iphikles der von ihm gezeugte sei. □

Herakles wurde von Amphitryon im Wagenlenken unterrichtet; von Autolykos im Ringen; im Bogenschießen von Eurytos; in der Kunst, schwerbewaffnet und geordnet zu fechten, von Kastor; im Kitharaspiel und Gesang von Linos. Letzterer, ein Bruder des Orpheus, war nach Thebai gekommen und hatte sich dort eingebürgert. Herakles schlug ihn mit der Kithara tot. Jener erzürnte ihn nämlich durch heftiges Schulmeistern und führte so seinen Tod herbei. □ Als nun einige dem Herakles wegen des Mords einen Prozeß an den Hals hängen wollten, las er ihnen das Gesetz des Rhadamanthys vor, welches sagt, wer sich an einem räche, der die Veranlassung zu Händeln gegeben habe, sei nicht zu strafen, und so bewirkte er seine Lossprechung. Doch fürchtete Amphitryon, er könnte sich wieder Ähnliches zuschulden kommen lassen, und schickte ihn deswegen zu den Ochsenherden. Hier wuchs er auf und tat sich durch Größe und Stärke vor allen hervor. Auch war er als Sohn von Zeus furchtbar anzusehen. Er war vier Ellen lang, und Feuerglanz entstrahlte seinen Augen. Nie fehlte er im Schießen des Pfeils und Werfen des Spießes. □ Während seines Aufenthaltes unter den Ochsenherden tötete er, achtzehn Jahre alt, den Kithaironischen Löwen. Dieser, vom Kithairon herabrennend, richtete unter den Rindern des Amphitryon und Thespios Verheerungen an. Letzterer war König von Thespiai. Herakles begab sich zu ihm in der Absicht, den Löwen zu fangen. □ Jener bewirtete ihn fünfzig Tage lang und legte ihm, wenn er auf die Jagd ausgegangen war, jede Nacht eine Tochter aufs Lager. Ihm waren nämlich von Megamede, der Tochter des Arneos, fünfzig Töchter geboren worden, und es lag ihm daran, daß alle von Herakles Kinder bekommen sollten. Herakles, in der Meinung, es sei *eine*, die ihm beständig beiwohne, beschlief alle. Nachdem er nun den Löwen bezwungen hatte, warf er sich dessen Haut um und gebrauchte den Rachen als Helm. □

Auf seiner Heimkehr von der Jagd begegneten ihm Herolde, von Erginos gesandt, um von den Thebanern den gewöhnlichen Tribut in Empfang zu nehmen. Diesen Tribut zahlten die Thebaner dem Erginos aus folgendem Grunde. Periëres, der Wagenlenker des Menoikeus, hatte den König der Minyer, Klymenos, in Onchestos, einem Haine des Poseidon, durch einen Steinwurf verwundet. Man brachte den Verwundeten halbtot nach Orchomenos, und hier trug er sterbend seinem Sohne Erginos auf, seinen Tod zu rächen. □ Erginos führte daher ein Heer gegen Thebai und ging, nachdem er nicht wenige von ihnen getötet, mit ihnen ein Versöhnungsbündnis ein, gegründet auf das eidliche Versprechen, daß ihm die Thebaner zwanzig Jahre lang einen jährlichen Tribut, bestehend aus je hundert Rindern, zahlen sollten. Mit den Herolden, die nach Thebai zogen, um diesen Tribut zu erheben, traf Herakles zusammen und behandelte sie auf eine schmähliche Weise. Er schnitt ihnen Ohren und Nasen ab, band ihnen mit Stricken die Hände um den Nacken und sagte, diesen Tribut sollten sie dem Erginos und den Minyern bringen. □ Hierüber entrüstet, zog dieser aufs neue gegen Thebai zu Felde. Herakles aber, von

Athena mit Waffen ausgerüstet, übernahm den Oberbefehl, tötete den Erginos, schlug die Minyer in die Flucht und zwang sie, den Thebanern den doppelten Tribut zu entrichten. Im Gefechte war Amphitryon, der wacker gekämpft hatte, umgekommen. □ Herakles aber bekam als Preis der Tapferkeit von Kreon seine älteste Tochter, Megara, zur Gattin, die ihm drei Knaben gebar, Therimachos, Kreontiades und Deïkoon. Seine jüngste Tochter gab Kreon dem Iphikles, der schon von Automedusa, der Tochter des Alkathoos, einen noch jungen Sohn, Iolaos, hatte. Die Alkmene heiratete, nach Amphitryons Tode, den Sohn des Zeus, Rhadamanthys, welcher nach Okalea in Boiotia geflohen war und dort seinen Wohnsitz aufgeschlagen hatte.

Von ihm vorher im Bogenschießen unterrichtet, bekam Herakles von Hermes ein Schwert, von Apollon Pfeile, von Hephaistos einen goldenen Köcher und von Athena einen Waffenrock; eine Keule schnitt er sich selbst in Nemea. □

Nach seinem Kampf mit den Minyern hatte er das Unglück, durch die grollende Hera in Wahnsinn versetzt zu werden. In diesem Zustande warf er nicht nur seine eigenen Kinder von der Megara ins Feuer, sondern auch zwei von denen des Iphikles. Er verdammte sich deshalb selbst zur Verbannung und wurde von Thespios gereinigt. In Delphoi angelangt, fragte er den Gott, wo er wohnen sollte. □ Die Pythia redete ihn damals zuerst mit dem Namen Herakles an, während er vorher Alkeides geheißen hatte, und gab ihm die Auskunft: wohnen sollte er in Tiryns. Dort habe er dem Eurystheus zwölf Jahre lang zu dienen und zehn Arbeiten zu verrichten. Auf diese Weise, gab sie ihm zum Schlusse zu erkennen, würde ihm nach dem Vollbringen der Arbeiten die Unsterblichkeit zuteil werden. □ Diesem Bescheide zufolge ging Herakles nach Tiryns und setzte ins Werk, was ihm von Eurystheus befohlen wurde. Der erste Auftrag, den dieser ihm gab, bestand darin, daß er das Fell des Nemeïschen Löwen herbeibringen sollte. Dies war ein unverwundbares Tier, von Typhon gezeugt. Er zog also gegen den Löwen aus und kam auf seiner Fahrt nach Kleonai, wo er von einem armen Tagelöhner namens Molorchos gastfreundlich aufgenommen wurde. Dieser wollte eben dem Zeus ein Opfertier schlachten. Herakles bat ihn aber, dasselbe noch dreißig Tage aufzuheben; käme er bis dahin glücklich von der Jagd zurück, so solle er es Zeus, dem Retter, schlachten, falls er aber unterläge, sollte er es ihm selbst als einem zur Unsterblichkeit eingegangenen Helden zum Totenopfer bringen. □ Nachdem er in Nemea angelangt war und den Löwen aufgesucht hatte, schoß er zuerst mit Pfeilen nach ihm; da er aber merkte, daß dieser unverwundbar sei, verfolgte er ihn mit erhobener Keule, bis der Löwe sich in eine auf beiden Seiten offene Höhle flüchtete. Nun verrammelte Herakles die eine Öffnung, rückte durch die andere dem Tiere zu Leibe, schlang den Arm um seinen Nakken, schnürte ihm die Kehle zu und hielt ihn fest, bis er erstickte. Jetzt legte er den Löwen auf seine Schultern, um ihn nach Kleonai zu bringen. Es war der letzte von den dreißig Tagen, als er mit Molorchos wieder zusammentraf, der eben im Begriffe stand, für ihn als einen Toten das Opfertier darzubringen. Herakles opferte nun Zeus, dem Retter, und brachte den Löwen nach Mykenai. □

Auf Eurystheus machte die Stärke, welche Herakles hierbei an den Tag legte, einen so gewaltigen Eindruck, daß er ihm für die Zukunft verbot, in die Stadt zu kommen, und ihm befahl, die Beweise seiner geleisteten Arbeiten nur vor den Toren zu zeigen. Auch sagt man, er habe sich aus Furcht sogar ein ehernes Behältnis unter der Erde machen lassen, um sich darin zu verbergen, und habe einen Herold, den Kopreus, des Eleiers Pelops Sohn, gebraucht, um dem Herakles seine Aufträge zukommen zu lassen. Dieser Kopreus hatte den Iphitos getötet und war deswegen nach Mykenai geflohen, wo er bei Eurystheus Reinigungsopfer und Aufenthalt fand. ▫

Als zweite Arbeit trug er ihm auf, die Lernaïsche Wasserschlange, die Hydra, zu töten. Diese, im Sumpfe zu Lerna aufgewachsen, stieg aufs Land heraus, zerriß die Herden und verwüstete das Land. Die Hydra war unmäßig groß und hatte neun Häupter, von denen acht sterblich, das in der Mitte stehende unsterblich war. ▫ Er bestieg nun einen Wagen, Iolaos lenkte die Pferde, und so ging es auf Lerna los. Als er die Hydra auf einem Hügel bei den Quellen der Amymone gefunden hatte, wo ihre Höhle war, ließ er die Pferde halten und zwang jene durch Schüsse mit brennenden Pfeilen, ihren Schlupfwinkel zu verlassen. Als sie nun hervorkam, packte er sie kräftig und hielt sie fest. Sie aber umschlang einen seiner Füße und ließ nicht wieder los. ▫ Obgleich er nun mit der Keule die Köpfe abschlug, konnte er damit doch nicht zum Ziele kommen; war nämlich ein Haupt abgeschlagen, so wuchsen deren zwei nach. Auch kam der Hydra ein sehr großer Krebs zu Hilfe, der ihn empfindlich in den Fuß kneipte. Deswegen rief er, als er diesen getötet, auch seinerseits den Iolaos zu Hilfe, der einen Teil des nahen Waldes anzündete, mit den Bränden die neuwachsenden Häupter bei ihrem Entstehen anbrannte und sie so am Hervortreten hinderte. ▫ Auf diese

Weise wurde er der hervorwachsenden Köpfe Herr, schlug nun auch das unsterbliche Haupt ab, vergrub es an dem Wege, der durch Lerna nach Elaius führt, und wälzte einen schweren Stein darüber. Den Rumpf der Hydra spaltete er in zwei Teile, und in die Galle tauchte er seine Pfeile. Eurystheus aber erklärte, daß diese Arbeit nicht angerechnet werden dürfe, da er nicht allein, sondern mit Hilfe des Iolaos die Hydra besiegt hatte. □

Die dritte Arbeit, welche er ihm auftrug, bestand darin, daß er die kerynitische Hirschkuh lebendig nach Mykenai bringen sollte. Diese Hirschkuh hielt sich in Oinoë auf, hatte goldene Geweihe und war der Artemis heilig. Deswegen wollte sie Herakles auch weder töten noch verwunden und verfolgte sie ein ganzes Jahr lang. Endlich floh das Tier, durch die Verfolgung ermüdet, auf den sogenannten Artemisischen Berg und von da zum Flusse Ladon. Als es über diesen setzen wollte, traf er es mit einem Pfeile, ergriff es, legte es auf seine Schultern und eilte durch Arkadia. □ Da begegnete ihm Artemis mit Apollon, wollte ihm die Beute entreißen und schalt auf ihn, daß er das ihr geheiligte Tier habe töten wollen. Er schützte jedoch die Notwendigkeit vor, schob alle Schuld auf Eurystheus und besänftigte so den Zorn der Göttin. Und nun brachte er das Tier lebendig nach Mykenai. □

Seine vierte Arbeit sollte nach dem Auftrage des Eurystheus sein, den Erymanthischen Eber lebendig herzuschaffen. Dieses Tier hauste schändlich in Psophis und war aus einem Gebirge, Erymanthos genannt, hergekommen. Auf seiner Wanderung nach Pholoë nun fand Herakles gastfreundliche Aufnahme bei einem Kentauren, Pholos, einem Sohne des Seilenos und der Nymphe Melia. Dieser setzte dem Herakles das Fleisch gebraten vor, während er selbst es roh verzehrte. □ Als aber Herakles auch um Wein bat, erklärte jener, er trage Bedenken, das gemeinschaftliche Faß der Kentauren zu öffnen. Herakles aber sprach ihm Mut zu und öffnete das Faß. Gleich, nachdem das geschehen war, umringten die Kentauren, angelockt durch den Geruch, die Höhle des Pholos, mit Felsstücken und Fichtenstämmen bewaffnet. Die ersten nun, welche es wagten, einzudringen, Anchios und Agrios, jagte Herakles durch Feuerbrände, die er warf, zurück; die übrigen verfolgte er mit Pfeilschüssen bis Malea. □ Von da flüchteten sie sich zu Cheiron, der, durch die Lapithen von dem Berge Pelion vertrieben, sich bei Malea niedergelassen hatte. Eben als sie mit diesem zusammentrafen, hatte Herakles auf die Kentauren mit dem Bogen gezielt und schoß einen Pfeil ab, der durch den Arm des Elatos unglücklicherweise in das Knie des Cheiron fuhr und dort steckenblieb. Herakles lief bekümmert hinzu, zog den Pfeil heraus und legte ein Heilmittel auf, das Cheiron selbst dazu hergab. Da jedoch die Wunde unheilbar war, ließ er sich in die Höhle bringen und wünschte, dort zu sterben. Vergeblicher Wunsch, da er unsterblich war! Erst als Prometheus in ihm denjenigen Unsterblichen fand, den er als freiwilligen Ersatz dem Zeus zum Tode stellen konnte, starb er. □

Die übrigen Kentauren flohen, die einen da-, die anderen dorthin. Einige von ihnen kamen zum Berge Malea, Eurytion nach Pholoë, Nessos zum Flusse Euenos, die übrigen fing Poseidon in Eleusis auf und bedeckte sie mit einem Berge. □ Herakles kehrte jetzt nach Pholoë zurück und fand hier neben mehreren anderen auch den Pholos tot. Dieser hatte nämlich aus einem Leichnam den Todespfeil gezogen. Während er sich nun wunderte, wie ein so kleines Ding so große Männer hatte niederzwingen können, entglitt das Geschoß seiner Hand, fuhr ihm in den Fuß und tötete ihn plötzlich. Herakles begrub den Pholos und begab sich dann weiter, um den Eber zu jagen. Er trieb ihn mit Geschrei aus einem Dickichte heraus und verfolgte ihn in tiefen Schnee hinein, fing das erschöpfte Tier mit einem Stricke und brachte es nach Mykenai. □

Als fünfte Arbeit trug er ihm auf, den Mist von dem Vieh des Augeias an einem Tage allein aus dem Viehhofe herauszuschaffen. Augeias war König in Elis und nach den verschiedenen Sagen ein Sohn des Helios oder des Poseidon oder des Phorbas. Er hatte eine Menge Viehherden. Herakles kam zu ihm und versprach ihm, den Mist an einem Tage herauszuschaffen, wenn er ihm den zehnten Teil seines Viehes überließe. Augeias, der nicht an die Möglichkeit glaubte, versprach's. □ Herakles aber nahm den Sohn des Augeias, Phyleus, zum Zeugen, riß den Grund des Viehhofs auf, leitete die unweit davon fließenden Flüsse Alpheios und Peneios durch einen Nebenkanal herzu und ließ sie durch eine andere Öffnung ausströmen. Als aber Augeias erfuhr, daß dies im Auftrage des Eurystheus geschehen sei, verweigerte er den Lohn, leugnete überdies geradezu, einen Lohn versprochen zu haben, und erklärte sich bereit, die Streitsache einem richterlichen Ausspruche anheimzustellen. □ Als die Richter beisammensaßen, ein Urteil zu geben, trat Phyleus, von Herakles aufgefordert, auf, zeugte gegen seinen Vater und erklärte, daß er allerdings über einen Lohn mit jenem übereingekommen sei. Da ergrimmte Augeias und befahl, ehe noch ein Spruch getan war, dem Phyleus und Herakles, sich aus Elis fortzuscheren. □

Phyleus begab sich nun nach Dulichion und wohnte

dort. Herakles aber ging nach Olenos zu Dexamenos, um vorderhand da zu bleiben. Er kam eben dazu, als dieser dem Kentauren Eurytion seine Tochter Mnesimache gezwungenermaßen zur Frau geben sollte. Von ihm zu Hilfe gerufen, tötete er den Eurytion, gerade als er der Jungfrau Gewalt antun wollte. Eurystheus aber ließ auch diese Arbeit nicht als zu den zehn gehörig gelten, weil sie um Lohn verrichtet worden sei. □

Es kam die sechste Arbeit, die er ihm auftrug, an die Reihe. Er sollte die Stymphalischen Vögel verjagen. In der arkadischen Stadt Stymphalos lag nämlich ein Sumpf, Stymphalis genannt, von einem großen Gehölze dicht umschattet. Dahin hatten sich unermeßlich viele Vögel geflüchtet, aus Furcht, von den Wölfen geraubt zu werden. □ Da nun Herakles in Verlegenheit war, auf welche Weise er die Vögel aus dem Gehölze vertreiben könnte, gab ihm Athena eherne Klappern, die sie von Hephaistos bekommen hatte. Diese schlug er auf einer unweit des Sumpfes liegenden Anhöhe zusammen und erschreckte so die Vögel. Sie hielten das Getöse nicht aus, flogen furchtsam auf, und so gelang es Herakles, sie mit Pfeilen zu erlegen. □

Als siebente Arbeit trug er ihm auf, den kretischen Stier herzuführen. Nach der Aussage des Akusilaos war dies der nämliche, welcher dem Zeus die Europe übers Meer getragen hatte. Nach Meinung anderer war es der, welcher von Poseidon aus dem Meere heraufgeschickt worden war, als Minos versprochen hatte, dem Poseidon zu opfern, was zuerst aus dem Meere auftauchen würde. Den Minos hatte damals, wie man sagt, die herrliche Gestalt des Stiers, der sich seinen Blicken darbot, verleitet, ihn unter seine Ochsenherde zu stecken und dem Poseidon einen anderen zu opfern, und der Gott, darüber erzürnt, hatte den Stier wild werden lassen. □ Gegen diesen nun zog Herakles aus und kam nach Krete. Auf seine Bitte, ihn mitnehmen zu dürfen, erklärte Minos, daß er nichts dagegen habe, wenn jener damit zurechtkäme. Er griff ihn glücklich, brachte ihn zu Eurystheus, zeigte ihm den Stier und ließ ihn sofort frei. Der Stier durchirrte hierauf ganz Sparte und Arkadia, streifte über den Isthmos nach Marathon in Attika und fügte den Einwohnern vielen Schaden zu. □

Als achte Arbeit trug er ihm auf, die Stuten des Thrakers Diomedes nach Mykenai zu bringen. Dieser war ein Sohn des Ares und der Kyrene, König der Bistonen, eines sehr kriegerischen thrakischen Volkes. Es besaß Stuten, welche Menschenfleisch fraßen. Herakles schiffte sich mit einigen freiwilligen Begleitern ein, übermannte die bei den Krippen aufgestellten Wächter und brachte die Pferde ans Gestade des Meers. □ Als aber die Bistonen mit Waffen zu Hilfe eilten, gab er die Stuten dem Abderos zu bewachen. Dieser war ein Sohn des Hermes, ein Lokrier aus Opus, des Herakles Liebling, den aber die Stuten packten und zerrissen. Herakles kämpfte nun mit den Bistonen, tötete den Diomedes, zwang die übrigen zur Flucht und gründete bei dem Grabmale des zerrissenen Abderos eine Stadt gleichen Namens. Nun übergab er dem Eurystheus die Stuten; dieser aber ließ sie los, und so kamen sie auf den Berg, Olympos genannt, wo sie von den wilden Tieren zerrissen wurden. □

Nun sollte Herakles, dem neunten Auftrage gemäß, den Gürtel der Hippolyte bringen. Dies war die Königin der Amazonen, welche die Gegend um den Fluß Thermodon bewohnten; eine große Nation in kriegerischer Hinsicht, da sie männliches Wesen nicht nur hochschätzten, sondern auch selbst sich anzueignen suchten. Hatten sie sich je einmal mit Männern eingelassen und geboren, so erzogen sie nur die Kinder weiblichen Geschlechts. Sie preßten auch die rechte Brust hinweg, um im Wurfspießwerfen nicht gehindert zu sein, ließen aber die linke an ihrer Stelle, um säugen zu können. Hippolyte trug als Zeichen ihres Rangvorzugs vor allen den Gürtel des Ares. □ Nach diesem Gürtel wurde Herakles ausgeschickt, weil des Eurystheus' Tochter, Admete, nach ihm gelüstete. Er nahm zu diesem Zweck freiwillige Kampfgenossen mit sich auf ein Schiff und landete auf der Insel Paros. Hier wohnten die Söhne des Minos, Eurymedon, Chryses, Nephalion und Philolaos. Nun hatten von der gesamten Schiffsmannschaft zwei das Unglück, durch die Söhne des Minos umzukommen. Herakles, über die Täter entrüstet, tötete sie auf der Stelle; die übrigen Einwohner schloß er ein und belagerte sie, bis Abgesandte mit der Bitte zu ihm kamen, als Ersatz für die Umgekommenen nach eigener Wahl zwei aus ihrer Mitte zu nehmen. □ Er hob jetzt die Belagerung auf, wählte sich den Alkaios und Sthenelos, Söhne des Minossohnes Androgeos, aus und begab sich nach Mysia zu Lykos, des Daskylos Sohne, der ihn gastfreundlich aufnahm. Er half dafür dem Lykos, als der Bebryker König ins Land einfiel, tötete unter vielen Feinden auch den König Mygdon, des Amykos Bruder, nahm die Stadt der Bebryker und gab dem Lykos ein großes Stück des Landes, das dieser seinem ganzen Umfange nach Herakleia nannte. □

Er lief nun in den Hafen von Themiskyra ein, wo ihm Hippolyte entgegenkam und, nachdem sie die Absicht seines Kommens erkundet, ihm den Gürtel versprach. Doch Hera begab sich in der angenommenen Gestalt einer Amazone zu der Menge der übrigen und sagte, die Königin werde von Fremdlingen, die angekommen seien, geraubt. ▫ Da rannten diese bewaffnet und zu Pferde gegen das Schiff an. Als Herakles sie bewaffnet sah, glaubte er darin eine Hinterlist zu entdekken, tötete die Hippolyte, nahm ihr den Gürtel ab, segelte nach einem mit den übrigen bestandenen Kampfe davon und landete in Troia. ▫

Diese Stadt war damals durch den Zorn des Apollon und Poseidon gerade in übler Lage. Apollon und Poseidon begaben sich nämlich in Menschengestalt zu Laomedon, um seinen frechen Übermut zu prüfen, und versprachen ihm, um Lohn Pergamos mit einer Mauer zu versehen. Nach vollendeter Arbeit verweigerte er ihnen den Lohn. Deswegen schickte Apollon eine Pest und Poseidon einen großen Meerfisch, der mit einer Sturmflut aufs Land kam und die Menschen auf dem Felde wegraubte. ▫ Auf den Ausspruch des Orakels, es würde Befreiung von dem Übel erfolgen, falls Laomedon seine Tochter Hesione dem Fische zum Fraße hinwärfe, setzte er sie aus und fesselte sie an die dem Meere nächstgelegenen Felsen. Herakles sah sie ausgesetzt daliegen und versprach, ihre Rettung zu übernehmen, wenn ihm Laomedon die Stuten gäbe, welche Zeus als Ersatz für den Raub des Ganymedes gegeben hatte. Laomedon versprach's, Herakles tötete den Fisch und rettete die Hesione. Allein Laomedon verweigerte auch hier wieder die Belohnung, und so fuhr Herakles unter der Drohung, Troia mit Krieg zu überziehen, weg.

Er landete bei der Stadt Ainos, wo er von Poltys gastfreundlich aufgenommen wurde; und er segelte dann weiter, nachdem er am Gestade von Ainia den Sarpedon, den Sohn des Poseidon und Bruder des Poltys, einen übermütigen Frevler, mit seinen Pfeilen getötet hatte. Er kam nun nach Thasos, einer Insel, die er nach Unterjochung der dort wohnenden Thraker den Söhnen des Androgeos zum Bewohnen überließ. Von Thasos brach er nach Torone auf und tötete hier im Ringkampf den Polygonos und Telegonos, Söhne des Proteus und Enkel des Poseidon, die ihn herausgefordert hatten. Jetzt brachte er den Gürtel nach Mykenai und gab ihn dem Eurystheus. □

Als zehnte Arbeit wurde ihm bestimmt, die Rinder des Geryones von Erytheia zu bringen. Erytheia war eine nahegelegene Insel des Okeanos, die jetzt Gadeira heißt. Diese bewohnte Geryones, Sohn des Chrysaor und der Kallirrhoë, einer Tochter des Okeanos. Er hatte einen aus drei Männern zusammengesetzten Körper; sein Leib lief nämlich in der Gegend des Magens in einen zusammen und teilte sich von den Weichen und Lenden an wieder in drei Leiber. Er besaß rote Rinder, die dem Hirten Eurytion anvertraut waren. Bewacht wurden sie von dem zweiköpfigen Hunde Orthos, einem Sprößlinge der Echidna und des Typhon. □

Auf seinem Zuge nach den Rindern des Geryones durch Europe kam er bei vielen wilden Völkerschaften vorbei und betrat Libye. Auch Tartessos hatte er berührt. Als Erinnerungszeichen seines Zuges errichtete er an den Grenzen Europes und Libyes zwei sich gegenüberstehende Säulen. Als ihn auf dieser Reise Helios sehr brannte, spannte er den Bogen gegen den Gott. Dieser, seinen Mut bewundernd, lieh ihm einen goldenen Kahn, in welchem er über den Okeanos fuhr. □ Nun kam er nach Erytheia und schlug seine Wohnung auf dem Gebirge Abas auf. Als der Hund es merkte, fuhr er auf ihn los, doch Herakles empfing ihn mit dem Knüttel, erschlug ihn und tötete auch den Rinderhirten Eurytion, der dem Hunde zu Hilfe geeilt war. Menoites, der eben die Rinder des Hades dort weidete, meldete dem Geryones das Geschehene. Dieser machte sich auf, traf den Herakles bei dem Flusse Anthemos, wie er die Rinder wegtrieb, ließ sich mit ihm in einen Kampf ein, erlag aber seinen Pfeilschüssen. □ Herakles verlud die Rinder in seinen Kahn, setzte nach Tartessos über und stellte sodann dem Helios den Kahn wieder zu. Er durchzog nunmehr Abderia und kam nach Ligystine, wo Ialebion und Derkynos, Poseidons Söhne, den vergeblichen Versuch, ihm die Rinder zu rauben, mit dem Leben bezahlen mußten. □ Während seines Zugs durch Tyrrhenia riß in Rhegion ein Stier aus, stürzte sich schnell ins Meer und schwamm nach Sikelia hinüber, durchzog das nahegelegene Land und kam auf ein Feld des Eryx, Königs der Elymer. □ Dieser, ein Sohn des Poseidon, steckte den Stier unter seine eigenen Herden. Herakles gab indessen die Rinder dem Hephaistos zur Verwahrung und eilte, den verlornen aufzusuchen. Als er ihn unter den Herden des Eryx fand, verlangte er ihn zurück. Dieser verweigerte jedoch seine Auslieferung, wenn jener ihn nicht im Ringen unter sich bekäme. Herakles bekam ihn im Ringkampfe dreimal unter sich, tötete ihn nun, nahm den Stier und brachte ihn samt den anderen an das Ionische Meer. □

Als er aber an den Buchten des Meers angelangt war, machte Hera die Rinder wütend, so daß sie sich in die Gebirgstäler von Thrake zerstreuten. Er lief ihnen nach, fing einige von ihnen gegen den Hellespontos hin wieder ein und trieb sie weiter. Diejenigen, welche er nicht mehr erreichen konnte, blieben von da an wild. Nachdem nun die Rinder wenigstens zum Teile mühsam wieder beigebracht waren, ergoß er sich in Verwünschungen gegen den Fluß Strymon, der ihn durch sein damals schiffbares Bett aufhielt. Herakles füllte es mit Felsstücken und bildete so eine für Schiffe fortan unbrauchbare Furt. Jetzt brachte er die Rinder zu Eurystheus und übergab sie ihm. Dieser brachte sie der Hera zum Opfer dar. □

Die Arbeiten waren nun in einem Zeitraume von acht Jahren und einem Monat vollbracht. Allein Eurystheus hatte die Arbeit mit dem Vieh des Augeias und die mit der Hydra nicht gelten lassen, deswegen übertrug er dem Herakles eine elfte Arbeit, nämlich die goldenen Äpfel der Hesperiden zu bringen. Diese befanden sich nicht, wie einige sagen, in Libye, sondern auf dem Atlas bei den Hyperboreern. Gaia hatte sie der Hera bei ihrer Vermählung mit Zeus zum Geschenke gemacht. Sie wurden von einem unsterblichen hundertköpfigen Drachen, einem Sprößling des Typhon und der Echidna, bewacht, der die Gabe hatte, sehr verschiedene und stets veränderte Stimmen von sich zu geben. □ Nächst ihm waren auch die Hesperiden als Wächterinnen aufgestellt – Aigle, Erytheia, Hesperia und Arethusa.

Herakles machte sich auf den Weg und kam zum Flusse Echedoros. Hier forderte ihn Kyknos, des Ares und der Pyrene Sohn, zum Zweikampfe heraus. Um dessen Fall zu rächen, übernahm Ares selbst den Zweikampf, aber ein mitten zwischen beide geschleuderter Blitz trennte die Kämpfer. Er schritt nun weiter durch das illyrische Land, eilte über den Fluß Eridanos und kam zu den Nymphen des Zeus und der Themis. □ Diese verrieten an ihn den Nereus, welchen er schlafend ergriff und band, obgleich er sich in mancherlei verschiedene Gestalten verwandelte. Er ließ ihn auch nicht früher los, als bis er von ihm erkundet hatte, wo die Äpfel und die Hesperiden zu finden seien. Nachdem er darüber belehrt war, durchzog er Libye. Über dieses Land herrschte ein Sohn des Poseidon, Antaios, der die Fremden zum Ringen zwang und sie so aus dem Wege räumte. Herakles, ebenfalls gezwungen, mit ihm zu ringen, umschlang ihn mit den Armen, hob ihn auf, zerquetschte ihn frei in der Luft und tötete ihn auf diese Weise; denn, wenn er die Erde berührte, bekam er jedesmal neu verstärkte Kraft. Deshalb haben ihn auch einige für einen Sohn der Gaia ausgegeben. □

Von Libye aus ging er nach Aigyptos. Über dieses Land herrschte Busiris, Sohn des Poseidon und der Lysianassa, der Tochter des Epaphos. Dieser opferte die Fremdlinge auf einem Altare des Zeus, einem Orakelspruche folgend. Aigyptos war nämlich neun Jahre lang von Unfruchtbarkeit heimgesucht gewesen. Da kam von Kypros her Phrasios, seiner Kunst nach ein Wahrsager, und verhieß das Aufhören der Unfruchtbarkeit, wenn man jährlich einen fremden Mann dem Zeus schlachten würde. □ Busiris machte den Anfang mit jenem Wahrsager selbst und schlachtete dann die Fremdlinge, welche nach Aigyptos kamen. So wurde denn auch Herakles ergriffen und zu den Altären geführt. Aber er riß die Bande entzwei und erschlug den Busiris samt seinem Sohne Amphidamas. □

Nachdem er hierauf Asia durchwandert, landete er bei Thermydrai, dem Hafen der Lindier. Hier spannte er einem Ochsentreiber einen Ochsen vom Wagen ab, opferte ihn und ließ sich's dabei trefflich schmecken. Der Ochsentreiber, welcher sich keine Hilfe zu schaffen wußte, stellte sich auf einen Berg und verfluchte ihn von da herab. Deswegen geschieht dieses auch jetzt noch, wenn man dem Herakles opfert, mit Verwünschungen. □ Als er nach Arabia kam, tötete er den Emathion, des Tithonos Sohn, und nachdem er Libye bis zum Meere durchzogen, segelte er hinüber an der Stelle, wo er den Kahn von Helios erhalten hatte. Auf dem jenseitigen Ufer des festen Landes angelangt, erschoß er auf dem Kaukasos jenen Adler, der die Leber des Prometheus fraß, einen Sprößling der Echidna und des Typhon, mit seinen Pfeilen. So befreite er den Prometheus, nahm die Fesseln aus Ölbaumzweigen weg und stellte dem Zeus als Ersatzmann den unsterblichen Cheiron, der an seiner Statt sterben wollte. □

Als er aber zu den Hyperboreern und bei Atlas ankam, gab ihm Prometheus den Rat, er sollte sich nicht selbst nach den Äpfeln auf den Weg machen, sondern den Atlas dahin schicken und einstweilen das Tragen des Himmels übernehmen. Herakles folgte dem Rate und übernahm es. Atlas pflückte bei den Hesperiden drei Äpfel und kam zu Herakles zurück, wollte aber nun den Himmel nicht mehr tragen. Herakles, als fügte er sich, erklärte, daß er sich nur einen Bausch von Stricken um den Kopf winden wolle. Als Atlas das hörte, legte er die Äpfel auf die Erde und trat unter das Himmelsgewölbe. Doch Herakles nahm die Äpfel vom Boden auf und ging davon. □ Nach Meinung anderer hätte er sie nicht durch Atlas erhalten, sondern selbst gepflückt, nachdem er den wachehaltenden Drachen getötet. Er brachte nun die Äpfel dem Eurystheus, der sie dem Herakles als Geschenk zurückgab. Von diesem erhielt sie Athena, die sie wieder an ihren Ort zurücktrug; denn es war ihrer heiligen Bestimmung zuwider, irgendwo anders niedergelegt zu werden. □

Als zwölfte Arbeit wurde ihm aufgetragen, den Kerberos aus dem Hades zu bringen. Dieser hatte drei Hundsköpfe, einen Drachenschwanz und auf dem Rücken die Köpfe verschieden gestalteter Schlangen.

Um sich für diese Fahrt zu rüsten, ging Herakles zu Eumolpos nach Eleusis und begehrte, in die Geheimnisse eingeweiht zu werden. Zwar wurden damals Fremde nach den Gesetzen nicht zur Einweihung zugelassen; doch wurde der Anfang zu seiner Einweihung gemacht, nachdem er von Pylias an Kindes Statt angenommen worden war. Da er aber zum eigentlichen Schauen der Geheimnisse nicht gelangen konnte, weil er vom Morde des Kentauren noch nicht gereinigt war, ließ er sich jetzt entsündigen, worauf von Eumolpos seine Einweihung vollzogen wurde. □ Er kam nun nach Tainaros, der Stadt in Lakonika, wo die Mündung des Eintritts in den Hades ist, und stieg durch diese hinab. Sobald ihn die Schatten erblickten, ergriffen sie die Flucht mit Ausnahme des Meleagros und der Gorgone Medusa. Gegen die letztere zückte er, als lebte sie, das Schwert, wurde aber von Hermes belehrt, daß es nur ein leeres Bild sei. □

Als er ganz in die Nähe der Pforten des Hades gekommen war, traf er den Theseus und den Peirithus, der sich als Freier der Persephone eingefunden hatte und deswegen gefesselt worden war. Als sie den Herakles sahen, streckten sie die Hände nach ihm aus, als könnten sie mittels seiner Kraft sich wieder zur Oberwelt hinaufschaffen. Er ergriff den Theseus bei der Hand und richtete ihn auf. Seinen Versuch, auch den Peirithus aufzurichten, mußte er aufgeben, weil die Erde bebte. Er wälzte jetzt auch den Stein von Askalaphos ab □ und schlachtete eins von den Rindern des Hades, um die Seelen mit Blut zu tränken. Der Hirte dieser Rinder, Menoites, Sohn des Keuthonymos, forderte ihn deswegen zum Ringen heraus. Herakles aber packte ihn mitten um den Leib, zerbrach ihm die Rippen und gab ihn nur auf Bitten der Persephone frei.

Jetzt bat er den Pluton um den Kerberos und erhielt von ihm die Erlaubnis, ihn wegzuführen, wenn er seiner ohne die Waffen, die er trage, mächtig werde. □ Herakles fand ihn an der Mündung des Acheron, griff ihn an, bloß mit seinem Brustharnisch bedeckt und in die Löwenhaut gehüllt, umschlang seinen Kopf mit den Armen und ließ ihn nicht los, obgleich er von dem Drachen, der sich am Hinterteile des Tieres befand, gebissen wurde. So wurde er, den Nacken des Ungetüms festhaltend und zusammenschnürend, Meister über dasselbe, ergriff es und kam auf seinem Rückwege durch Troizen herauf. Den Askalaphos verwandelte jedoch Demeter nun in eine Nachteule. Herakles zeigte dem Eurystheus den Kerberos und brachte ihn dann in den Hades zurück. □

Nachdem die Arbeiten vollbracht waren, kam Herakles nach Thebai und trat die Megara an Iolaos ab. Er bekam aber selbst wieder Lust zu einer Heirat und, als er hörte, daß Eurytos, der Herrscher von Oichalia, die Hand seiner Tochter Iole als Kampfpreis für denjenigen ausgesetzt habe, der ihn und seine Söhne im Bogenschießen besiegen würde, □ begab er sich nach Oichalia, wo er jedoch seine Absicht mit der Heirat nicht erreichte, obgleich er jene im Bogenschießen übertraf. Iphitos zwar, der älteste unter den Söhnen, versprach dem Herakles die Iole; Eurytos aber und die übrigen verweigerten sie ihm, indem sie die Besorgnis vorschützten, er könnte die Kinder, die er etwa bekäme, wieder ums Leben bringen. □

Nicht lange danach, als Autolykos in Euboia Rinder gestohlen hatte, nannte Eurytos den Herakles als den Täter. Iphitos wollte das nicht glauben und begab sich zu Herakles. Er traf ihn, als er eben aus Pherai kam, wo er die gestorbene Alkestis dem Admetos gerettet hatte, und forderte ihn auf, ihm die Rinder suchen zu helfen. Herakles versprach's und nahm ihn gastfreundlich auf; in einem Anfalle von wiederkehrendem Wahnsinn aber stürzte er ihn über die Mauern von Tiryns herab. □ Um von diesem Morde gereinigt zu werden, begab er sich zu Neleus, dem Könige der Pylier. Da jedoch Neleus wegen seiner freundschaftlichen Verhältnisse mit Eurytos ihn mit Abscheu von sich stieß, ging er nach Amyklai und wurde von Deïphobos, des Hippolytos Sohne, gereinigt. Indessen wurde er doch wegen der Ermordung des Iphitos von einer schweren Krankheit befallen und wandte sich deshalb nach Delphoi, ob er dort Genesung fände. Da ihm nun die Pythia den Spruch verweigerte, wollte er das Heiligtum plündern, trug den Dreifuß weg und errichtete ein eigenes Orakel. Apollon ließ sich deswegen mit ihm in einen Kampf ein, den aber Zeus schlichtete, indem er einen Donnerkeil zwischen die Streitenden warf. □

Jetzt erhielt Herakles einen Orakelspruch, nach welchem er von seiner Krankheit befreit werden sollte, wenn er zu dreijährigem Dienste verkauft würde und als Sühne für den Mord das Handgeld dem Eurytos gäbe. Diesem Orakel zufolge verkaufte Hermes den Herakles, und es erstand ihn Omphale, des Iardanes Tochter, Königin der Lydier, welcher ihr Gatte Tmolos sterbend die Herrschaft hinterlassen hatte. □ Eurytos nahm jedoch das ihm zugestellte Handgeld nicht an. Im Dienste der Omphale griff Herakles die bei Ephesos sich aufhaltenden Kerkoper und fesselte sie. Auch den Syleus, der in Aulis die Fremden, welche ihm begegneten, zum Graben zwang, tötete er nebst seiner Tochter Xenodoke, nachdem er ihm vorher seine Weinstöcke mit den Wurzeln ausgegraben hatte. Als er an die Insel Doliche heranfuhr, sah er den Leichnam des Ikaros, von den Wellen herangespült, am Gestade liegen, begrub ihn und nannte die Insel statt Doliche Ikaria. □ Für diesen Dienst errichtete Daidalos, des Ikaros Vater, in Pisa ein sehr wohlgetroffenes Bildnis des Herakles. Dieser aber, von der Dunkelheit der Nacht getäuscht, hielt es für belebt und zerschmetterte es mit einem Stein. In die Zeit seiner Knechtschaft bei Omphale soll auch die Fahrt nach Kolchis fallen sowie die Jagd des Kalydonischen Ebers und die Landung des Theseus von Troizen her auf dem Isthmos. □

Nach Beendigung der Knechtschaft von seiner Krankheit geheilt, segelte er nach Ilion mit achtzehn Fünfzigruderern, nachdem er ein Heer von auserlesenen Männern, die freiwillig dem Zuge folgen wollten, versammelt hatte. Als die Landung dort bewerkstelligt war, übertrug er dem Oikles die Wache bei den Schiffen; er selbst aber mit den übrigen Helden rückte gegen die Stadt vor. Indessen war Laomedon mit einer Masse Volkes über die Schiffe gekommen und tötete den Oikles im Kampfe, wurde aber, als er sich wieder entfernen wollte, von den Gefährten des Herakles umzingelt. □ Die Belagerung wurde nun scharf betrieben, Telamon brach durch die Mauer und kam zuerst in die Stadt hinein; nach ihm Herakles. Als dieser sah, daß Telamon zuerst eingedrungen war, zückte er das Schwert und ging auf ihn los, denn er duldete nicht, daß einer für besser galt als er. Sobald Telamon dies bemerkte, las er die nächstliegenden Steine zusammen und gab auf dessen Frage, was er denn da mache, die Antwort: Einen Altar bau ich für Herakles, den herrlichen Sieger. □ Da lobte ihn dieser und teilte ihm nachher, als er die Stadt erobert und den Laomedon samt seinen Söhnen, mit Ausnahme des Podarkes, niedergeschossen hatte, des Laomedon Tochter, Hesione, als

Siegespreis zu. Auch gab er dieser noch die Erlaubnis, nach eigener Wahl einen von den Gefangenen mit sich zu nehmen. Sie wählte ihren Bruder Podarkes; Herakles aber erklärte, der müsse erst Sklave gewesen sein; dann möge sie ihn um den Preis, welchen sie für ihn geben wolle, hinnehmen. Als er nun verkauft war, riß sie ihr Kopfzeug vom Haupte und gab es für ihn hin. Daher bekam Podarkes den Namen Priamos. □

Als nun Herakles auf der Heimfahrt von Troia war, ließ Hera schwere Unwetter losbrechen, worüber aber Zeus so ergrimmt wurde, daß er sie aus dem Olympos schwebend herabhängte. Herakles landete jetzt bei Kos, die Koer hielten ihn für den Führer einer Seeräuberflotte, warfen mit Steinen und suchten ihn so am Landen zu hindern. □ Er gewann aber die Oberhand, nahm die Insel bei Nacht und tötete den König Eurypylos, den Sohn der Astypalaia und des Poseidon. Im Gefechte wurde Herakles von Chalkodon verwundet, jedoch von Zeus herausgerissen, so daß er keinen weiteren Schaden nahm. Nachdem er Kos geplündert, kam er mit Hilfe der Athena nach Phlegra und unterstützte die Götter im Kampfe wider die Giganten. □

Nicht lange hernach zog er gegen Augeias zu Felde, versammelte zu diesem Zweck ein arkadisches Heer und zog freiwillige Mitstreiter von den Helden Griechenlands an sich. Als Augeias hörte, daß er von Herakles mit Krieg überzogen werden sollte, übertrug er die Feldherrnstelle bei den Eleiern dem Eurytos und Kteatos, welche zusammengewachsen waren und an Stärke alle damaligen Menschen übertrafen. Sie waren Söhne der Molione und des Aktor, der Sage nach des Poseidon. Aktor aber war ein Bruder des Augeias. □ Nun hatte Herakles während des Feldzugs das Unglück, krank zu werden, und schloß deswegen mit den

Molioniden ein Friedensbündnis. Als diese aber nachher erfuhren, daß er krank sei, überfielen sie das Heer und töteten eine Menge seiner Leute. Herakles zog sich auch diesmal zurück. Zum zweitenmal aber, drei Isthmiaden später, da die Molioniden von den Eleiern abgesandt waren, um im Namen der Stadt gemeinsam das Opfer zu bringen, lauerte ihnen Herakles in Kleonai auf, tötete sie, führte ein Heer gegen Elis und nahm die Stadt ein. □ Auch den Augeias mit seinen Söhnen brachte er ums Leben, führte den verjagten Phyleus zurück und setzte ihn ins Reich ein. Er stiftete nun die Olympischen Spiele, errichtete dem Pelops einen Altar und baute sechs Altäre für die zwölf Götter. □

Nach der Einnahme von Elis zog er gegen Pylos zu Felde, nahm die Stadt und tötete Periklymenos, den streitbarsten unter den Söhnen des Neleus, der während des Kampfes bald diese, bald jene Gestalt annahm. Hierauf tötete er den Neleus und alle seine Söhne mit Ausnahme des Nestor, der noch jung war und bei den Gereniern erzogen wurde. Während der Schlacht hatte er sogar den Hades verwundet, der den Pyliern zu Hilfe gekommen war. □

Nach der Einnahme von Pylos zog er gegen Lakedaimon, um die Söhne des Hippokoon zu bestrafen. Er war auf sie erbost, einmal, weil sie dem Neleus im Kampfe beigestanden hatten, noch mehr aber, weil sie den Sohn des Likymnios, Oionos, getötet hatten. Als dieser nämlich den Palast des Hippokoon betrachtete, stürzte ein großer molottischer Schäferhund auf ihn heraus; er begrüßte ihn mit einem Steinwurfe und traf. Da rannten die Söhne des Hippokoon hervor und schlugen ihn mit ihren Knüppeln tot. □ Um seinen Tod zu rächen, versammelte Herakles ein Heer gegen die Lakedaimonier und lud, als er nach Arkadia kam, unter anderen auch den Kepheus mit seinen zwanzig Söhnen zum Kampfe ein; Kepheus jedoch, befürchtend, es könnten ihm die Argeier ins Land fallen, wenn er Tegea verließe, schlug die Teilnahme am Feldzuge ab. Herakles aber, der von Athena in einer ehernen Urne eine Locke der Gorgo erhalten hatte, übergab diese der Tochter des Kepheus, Sterope, mit der Bestimmung, sie solle, wenn das Heer anrücke, die Locke, ohne auf sie hinzublicken, dreimal über die Mauern in die Höhe halten; dann würden die Feinde die Flucht ergreifen. □ Hierdurch wurde Kepheus bewogen, mit seinen Söhnen auszuziehen, aber in der Schlacht kam er samt seinen Söhnen um, und außer diesen Iphikles, des Herakles Bruder. Herakles aber tötete den Hippokoon und seine Söhne, bezwang die Stadt, führte den Tyndareos zurück und setzte ihn ins Reich ein. □

Als Herakles auf seiner Fahrt Tegea berührte, schwängerte er dort die Auge, ohne zu wissen, daß sie eine Tochter des Aleos war. Sie gebar das Kind heimlich und legte es in dem Tempel der Athena nieder. Als hierauf die Gegend von einer Pest scharf heimgesucht wurde, trat Aleos forschend in den Tempel ein und fand die Geburt der Tochter. Er setzte das Kind auf dem Parthenischen Berge aus, wo es durch Vorsehung der Götter erhalten wurde. □ Eine Hirschkuh nämlich, die unlängst geworfen hatte, reichte ihm die Zitzen, und Hirten hoben nachher das Kind auf und gaben ihm den Namen Telephos. Die Auge übergab der Vater dem Nauplios, des Poseidon Sohne, um sie ins Ausland zu verkaufen. Dieser trat sie an Teuthras, Herrscher in Teuthrania, ab, welcher sie zur Gattin nahm. □

Herakles kam nun nach Kalydon und freite um

Deïaneira, des Oineus Tochter. Er mußte um diese Heirat mit Acheloos kämpfen, der sich in einen Stier verwandelt hatte, und brach ihm eins von seinen Hörnern ab. Jetzt heiratete er die Deïaneira. Das Horn tauschte jedoch Acheloos gegen das der Amaltheia wieder ein. Letztere war eine Tochter des Haimonios und besaß ein Ochsenhorn, welches nach der Aussage des Pherekydes die Kraft hatte, Speise oder Trank, was man sich auch wünschte, im Überflusse zu gewähren. □

Nunmehr zog Herakles mit den Kalydoniern gegen die Thesproter zu Felde und eroberte die Stadt Ephyra, den Herrschersitz des Phylas, mit dessen Tochter Astyoche er sich einließ und so der Vater des Tlepolemos wurde. Während seines Aufenthalts bei diesen schickte er zu Thespios und ließ ihm sagen, er solle sieben von seinen Söhnen bei sich behalten, drei nach Thebai absenden, die übrigen vierzig aber nach der Insel Sardo schicken, um dort eine Niederlassung zu gründen. □ Nachdem dies geschehen war, schmauste er bei Oineus; bei dieser Gelegenheit versetzte er dem Knaben des Architeles, Eunomos, als dieser ihm Waschwasser über die Hände goß, einen solchen Stoß mit den Faustknöcheln, daß er starb. Es war ein Verwandter des Oineus. Der Vater des Knaben verzieh zwar, da das Unglück unvorsätzlich geschehen war; allein Herakles wollte doch lieber, dem Gesetze zufolge, der Landesverweisung sich unterwerfen und entschloß sich, zu Keÿx nach Trachin zu gehen. □

Er nahm Deïaneira mit und kam zum Flusse Euenos, an welchem der Kentaur Nessos saß und die bei dem Flusse Ankommenden um Lohn übersetzte, indem er behauptete, von den Göttern im Hinblick auf seine Rechtlichkeit das Fährrecht erhalten zu haben.

Herakles durchschritt nun zuerst selbst den Fluß. Die Deïaneira überließ er dem Nessos, der ihn um Lohn ansprach, zum Hinüberschaffen. Dieser aber legte während des Übersetzens die Hand an sie und wollte ihr Gewalt antun. □ Herakles hörte sie schreien und schoß den Nessos, als er ans Land trat, ins Herz. Als er nun im Begriffe war zu sterben, rief er die Deïaneira herbei und sagte zu ihr, wenn sie ein Mittel haben wolle, um sich der Liebe des Herakles zu versichern, so solle sie den Samen, den er hatte zur Erde fallen lassen, und das aus seiner Pfeilwunde rinnende Blut vermischen. Sie tat's und steckte das Mittel zu sich. □

Herakles durchzog nun die Gegend der Dryoper und, da es ihm gerade an Nahrung gebrach, als ihm Theiodamas begegnete, der ein Paar Ochsen wegtrieb, jochte er den einen der Ochsen los und ließ ihn sich trefflich schmecken. Nach seiner Ankunft in Trachin, wo ihn Keÿx freundlich aufnahm, unterjochte er die Dryoper. □

Er brach jedoch nochmals von da auf und leistete dem König der Dorier, Aigimios, im Kriege Beistand. Grenzstreitigkeiten hatten den Lapithen Veranlassung gegeben, unter Führung des Koronos ihn mit Krieg zu überziehen. Als er sich so belagert sah, rief er den Herakles zur Hilfe auf und versprach ihm einen Teil des Landes zur Belohnung. Herakles leistete ihm Beistand, tötete den Koronos mit den übrigen und übergab jenem das ganze Land ohne Entgelt. □ Er tötete auch den Laogoras mit seinen Kindern, einen König der Dryoper, der in einem Haine des Apollon Schmäuse hielt, einen übermütigen Mann und Kampfgenossen der Lapithen. Als er nach Iton kam, forderte ihn Kyknos, des Ares und der Pelopia Sohn, zum Zweikampfe heraus. Herakles stellte sich ein und tötete ihn. Bei seiner Ankunft in Ormenion verweigerte ihm der König Amyntor die Durchreise. Da er sich nun auf seinem Marsche aufgehalten sah, erschlug er auch diesen. □

Jetzt kam er nach Trachin zurück und versammelte ein Heer gegen Oichalia, um sich an Eurytos zu rächen; mit ihm zogen aus Arkadier und Melier von Trachin, Lokrer und Epiknemidier. Er tötete den Eurytos mit seinen Söhnen und nahm die Stadt. Jetzt begrub er die Gefallenen seines Bundesheers, den Hippasos, des Keÿx Sohn, den Argeios und Melas, Söhne des Likymnios, plünderte die Stadt und führte die Iole als Gefangene mit sich fort. □ Bei Kenaion, einem Vorgebirge Euboias, landete er und errichtete dem Kenaischen Zeus einen Altar. Im Begriffe zu opfern, schickte er den Lichas nach Trachin, sich dort ein weißes Kleid holen zu lassen. Von diesem erfuhr Deïaneira, was mit Iole vorgegangen war. Aus Besorgnis nun, er könnte diese lieber gewinnen, und überzeugt, das vergossene Blut des Nessos sei wirklich ein Liebesmittel, bestrich sie mit diesem das Kleid. Herakles zog es an und opferte. □ Als nun das Kleid warm wurde und dadurch das Gift der Hydra in die Haut eindrang und sie in Fäulnis brachte, hob er zuerst den Lichas an beiden Füßen in die Höhe und schoß einen Speer von Boiotia ab, dann riß er das Kleid ab, das ihm schon wie angewachsen am Leibe klebte, so daß ihm Stücke Fleisch mit abgerissen wurden. Von solchem Mißgeschick ergriffen, ließ er sich zu Schiffe nach Trachin bringen. □

Deïaneira, die indessen Kunde von dem Vorfalle bekommen hatte, erhängte sich selbst. Herakles aber gab dem Hyllos, seinem ältesten Sohne von der Deïaneira, den Befehl, die Iole zu ehelichen, sobald er ins männliche Alter getreten sei; begab sich sodann auf den Berg

Oita, der zum trachinischen Gebiet gehört, errichtete dort einen Scheiterhaufen und befahl, ihn unten anzuzünden, wenn er ihn bestiegen habe. □ Niemand wollte das tun, bis Poias, der nach seinen verlaufenen Schafen umherlief und gerade vorbeikam, ihn anzündete. Diesem schenkte denn auch Herakles seine Pfeile. Als der Holzstoß brannte, nahm ihn – so erzählt die Sage – eine Wolke auf und trug ihn unter Donnerschlägen gen Himmel. Von da an wurde er der Unsterblichkeit teilhaftig, mit Hera versöhnt, und bekam ihre Tochter Hebe zur Ehe, von welcher ihm die Söhne Alexiares und Aniketos geboren wurden. □

Seine Kinder sind folgende: Von des Thespios Töchtern, und zwar insbesondere von Prokris, Antileon und Hippeus, denn die älteste hatte Zwillinge geboren; von Panope den Threpsippas; von Lyse Eumides; von ... Kreon; von Epilaïs Astyanax; von Kerthe Iobes; von Eurybia Polylaos; von Patro Archemachos; von Meline Laomedon; □ von Klytippe Eurykapys; Eurypylos von Eubote; von Aglaia Antiades. Sodann Onesippos von Chryseïs; von Oreia Lanomenes. Teles von Lysidike; von Entelide Menippides; von Anthippe Hippodromos; Teleutagoras von Eury ...; Kapylos von Hippote. Ferner von Euboia Olympos; von Nike Nikodromos; von Argele Kleolaos; von Exole Erythras; von Xanthis Homolippos; □ von Stratonike Atromos; Keleustanor von Iphis; von Laothoë Antiphos; von Antiope Alopios; Astybies von Klaametis; von Phyleïs Tigasis; von Aischreïs Leukones; von Antheia ...; von Eurypyle Archedikos; Dynastes von Erato; von Asopis Mentor; von Eone Amestrios; von Tiphyse Lynkaios; □ Halokrates von Olympusa; von Helikonis Phalias; von Hesycheia Oistrobles; von Terpsikrate Euryops; von Elacheia Buleus; Antimachos von

Nikippe; Patroklos von Pyrippe; Nephos von Praxithea; von Lysippe Erasippos; Lykurgos von Toxikrate; Bukolos von Marse; Leukippos von Eurytele; von Hippokrate Hippozygos. Dies die Söhne von den Töchtern des Thespios. □

Von den andern stammen folgende ab: von Deïaneira, des Oineus Tochter, Hyllos, Ktesippos, Glenos und Oneites. Von Megara, Kreons Tochter, Therimachos, Deïkoon und Kreontiades. Von Omphale Agelaos, dem Stammvater des Geschlechts des Kroisos. □ Von Chalkiope, des Eurypylos Tochter, Thettalos; von Epikaste, der Tochter des Augeias, Thestalos; von Parthenope, des Stymphalos Tochter, Eueres; von Auge, des Aleos Tochter, Telephos; von Astyoche, der Tochter des Phylas, Tlepolemos; von Astydameia, Amyntors Tochter, Ktesippos. Schließlich von Autonoë, der Tochter des Peireus, Palaimon. □

Nachdem Herakles unter die Götter versetzt war, flohen seine Söhne vor Eurystheus und begaben sich zu Keÿx. Als aber Eurystheus unter Kriegsdrohungen ihre Auslieferung verlangte, hielten sie sich nicht mehr für sicher, verließen Trachin und flohen durch Hellas. Von ihm verfolgt, gelangten sie nach Athenai, setzten sich auf den Altar des Mitleids und flehten um Beistand. □ Die Athener lieferten sie auch nicht aus, sondern unternahmen einen Krieg gegen Eurystheus und töteten seine Söhne, Alexandros, Iphimedon, Eurybios, Mentor und Perimedes. Den Eurystheus selbst, der auf einem Wagen floh und schon die Skeironischen Felsen im Rücken hatte, holte Hyllos noch ein und tötete ihn. Er hieb ihm den Kopf ab und gab diesen der Alkmene, welche ihm mit spitzigen Holzpflöcken die Augen ausgrub. □

Nach dem Tode des Eurystheus zogen die Herakliden auf die Peloponnesos und nahmen alle Städte ein. Ein Jahr lang hatten sie mit der Wiederinbesitznahme zu tun. Während dieser Zeit wütete durch die ganze Peloponnesos eine Pest, die nach der Erklärung eines Göttersspruchs durch die Schuld der Herakliden selbst entstanden war, indem diese zurückgekehrt seien, bevor sie es rechtmäßigerweise konnten. Deswegen verließen sie die Peloponnesos wieder, kamen nach Marathon und wohnten dort. □ Nur Tlepolemos, der, bevor sie die Peloponnesos verlassen hatten, den Likymnios, ohne es zu wollen, getötet hatte, indem dieser ihm unter den Stock gelaufen war, als er einen seiner Sklaven schlug, war in ziemlich zahlreicher Begleitung nach Rhodos geflohen, wo er sich nun aufhielt.

Hyllos hatte nach dem Befehle seines Vaters die Iole geehelicht und suchte nun Mittel, die Rückkehr für die Herakliden zu bewerkstelligen. □ Deswegen ging er nach Delphoi und fragte dort an, wie das wohl zu machen sei. Der Gott antwortete, wenn sie die dritte Frucht erwarteten, so würde ihnen die Rückkehr gelingen. Hyllos glaubte unter der dritten Frucht den Zeitraum von drei Jahren verstehen zu müssen, wartete so lange und suchte dann mit einem Heere zum Wiederbesitz zu gelangen ... Es zog auch ein Nachkomme des Herakles gegen die Peloponnesos, als Tisamenos, ein Sohn des Orestes, über die Peloponnesier herrschte. Es kam wieder zu einer Schlacht, in der die Peloponnesier den Sieg davontrugen und Aristomachos starb. □

Als die Söhne des Kleodaios herangewachsen waren, befragten sie das Orakel über die Rückkehr. Da nun der Gott den früheren Ausspruch wiederholte, klagte Temenos, sein Vater sei diesem Ausspruche zu seinem Verderben gefolgt. Der Gott aber erklärte, an den Unglücksfällen seien sie selbst schuldig, weil sie die Orakelsprüche nicht zu deuten wissen, diese nämlich meinen die dritte Frucht nicht der Erde, sondern des Geschlechts; und unter dem Engpasse verstehen sie nicht den Isthmos selbst, sondern jenen weiteren Schlund, nämlich das dem Isthmos zur rechten liegende Meer. ◻ Sobald Temenos dies vernahm, rüstete er ein Heer aus und baute Schiffe in Lokris, da, wo jetzt der Ort nach ihm Naupaktos heißt. Als sich das Heer dort versammelt hatte, wurde Aristodemos vom Blitz erschlagen und hinterließ Zwillingssöhne von Argeia, der Tochter des Autesion, den Eurysthenes und Prokles. ◻

Aber auch das Heer hatte in Naupaktos Unglücksfälle zu bestehen. Es fand sich nämlich ein Seher bei ihm ein, der gotterfüllt war und Orakelsprüche erteilte. Sie aber hielten ihn für einen Zauberer, der zum Verderben des Heeres von den Peloponnesiern abgesandt sei; deswegen warf Hippotes, der Sohn des Phylas, Enkel des Antiochos und Urenkel des Herakles, einen Wurfspieß nach ihm, der ihn traf und tötete. Infolge dieses Vorfalls gingen die Schiffe zugrunde, und die Seemacht war dahin; die Landtruppen litten durch eine Hungersnot, und so löste sich das Heer auf. ◻ Temenos befragte das Orakel über dieses Unglück. Die Antwort des Gottes war: es sei um des Sehers willen geschehen; der Mörder müßte auf zehn Jahre des Landes verwiesen und dem Dreiäugigen die Feldherrnstelle übertragen werden. Infolgedessen verbannten sie den Hippotes und forschten nach dem Dreiäugigen. Da stießen sie auf Oxylos, des Andraimon Sohn, der zu Pferde saß und einäugig war; denn das andere Auge hatte er sich mit einem Pfeile ausgestoßen. Dieser war wegen eines Mordes nach Elis geflohen und jetzt nach Ablauf eines Jahres eben auf der Rückreise von da nach Aitolia. □ Sie fanden hierin die Bestimmung des Orakels erfüllt und machten ihn zum Heerführer. Nun griffen sie die Feinde an, gewannen mit den Land- und Seetruppen die Oberhand und töteten den Tisamenos, des Orestes Sohn. Von ihrer Seite fielen die Söhne des Aigimios, Pamphilos und Dymas, welche ihnen im Kampfe beigestanden hatten. □

Als sie nunmehr die Peloponnesos erobert hatten, errichteten sie dem Zeus, ihrem väterlichen Ahnherrn, drei Altäre, worauf sie opferten und sodann die Städte durchs Los verteilten. Das erste Los war Argos, das zweite Lakedaimon, das dritte Messene. Sie ließen sich eine Urne voll Wasser bringen, und nun wurde beschlossen, daß jeder ein Los hineinwerfen sollte. Temenos und die Söhne des Aristodemos, Prokles und Eurysthenes, warfen Steine hinein, Kresphontes aber, der Messene gewinnen wollte, warf eine Erdscholle hinein. Da diese sich auflöste, konnten nur die zwei Lose zum Vorschein kommen. □ Als nun das erste für Temenos, das zweite für die Söhne des Aristodemos gezogen war, bekam Kresphontes Messene. Auf den Altären, auf welchen sie opferten, fanden sie, jeder auf dem seinigen, treffende Zeichen; diejenigen, welche Argos erhalten hatten, eine Kröte; die, denen Lakedaimon zugefallen war, einen Drachen; die schließlich, welche Messene bekommen hatten, einen Fuchs. Hinsichtlich dieser Zeichen ließen sich die Wahrsager so vernehmen: Die eine Kröte gefunden haben, werden am besten tun, in der Stadt daheimzubleiben, denn das Tier habe keine Schutzwehr, wenn es auf der Wanderung sei; die mit dem Drachen werden gewaltige Angreifer sein, die mit dem Fuchse sich durch List auszeichnen. □

Temenos nun, mit Hintansetzung seiner Söhne

Agelaos, Eurypylos und Kallias, hielt sich ganz an seine Tochter Hyrnetho und ihren Gatten Deïphontes, weswegen seine Söhne die Titanen um Lohn überredeten, ihren Vater zu morden. Als aber der Mord vollführt war, erkannte das Heer nach Recht und Gerechtigkeit der Hyrnetho und dem Deïphontes das Reich zu. □ Kresphontes wurde nach kurzer Regierung samt seinen zwei Söhnen ermordet. Polyphontes gelangte jetzt zur Herrschaft, da er einer von den Herakliden war, und ehelichte des Ermordeten Gemahlin, Merope, wenn auch wider ihren Willen. Aber auch er wurde aus dem Wege geräumt; denn als Merope ihren dritten Sohn bekam, Aipytos mit Namen, übergab sie diesen ihrem Vater zur Erziehung. Als er nun erwachsen war, kehrte er heimlich zurück, tötete den Polyphontes und übernahm die Herrschaft seines Vaters. □

DRITTER TEIL

Wir haben nunmehr das Inacheïsche Geschlecht durchlaufen, soweit es die Nachkommen des Belos betrifft, und diese bis zu den Herakliden herabgeführt und wenden uns nun sogleich zu der Geschichte des Agenor. Es wurde nämlich oben von uns bemerkt, Libye habe zwei Söhne von Poseidon gehabt, den Belos und den Agenor. □ Von Belos, dem König der Aigypter, stammten die bisher Aufgeführten. Agenor kam nach Phoinike, verehelichte sich mit Telephassa und zeugte mit ihr eine Tochter, Europe, und Knaben, den Kadmos, Phoinix und Kilix. Andere geben der Europe nicht den Agenor, sondern den Phoinix zum Vater. Zeus entbrannte für sie, brach von Rhodos auf, verwandelte sich in einen zahmen Stier, ließ sie aufsitzen und trug sie durch das Meer nach Krete. □

Hier feierte er sein Beilager mit ihr, und sie gebar den Minos, Sarpedon und Rhadamanthys. Nach Homeros jedoch ist Sarpedon ein Sohn des Zeus von der Laodameia, des Bellerophontes Tochter. Als Europe verschwunden war, sandte ihr Vater Agenor seine Söhne aus, sie zu suchen, und erklärte ihnen, sie dürften ihm nicht mehr vor Augen kommen, bevor sie Europe gefunden hätten. Mit ihnen ging auch die Mutter Telephassa auf die Suche; auch schloß sich Thasos an, des Poseidon oder, nach Pherekydes, des Kilix Sohn. □ Alle angestellten Nachforschungen waren jedoch vergeblich, und da sie nun die Unmöglichkeit einsahen, die Europe aufzufinden, gaben sie den Gedanken an Heimkehr auf und ließen sich, der eine da, der andere dort, nieder: Phoinix in Phoinike, in dessen Nähe Kilix, der den ganzen unter ihm stehenden Landstrich unweit des Flusses Pyramos Kilikia nannte. Kadmos und Telephassa schlugen ihren Sitz in Thrake auf. Gleichermaßen baute auch Thasos auf einer bei Thrake gelegenen Insel eine Stadt Thasos und wohnte dort. □

Die Europe aber nahm Asterios, der Kreterkönig, zur Gemahlin und erzog ihre Kinder. Als diese herangewachsen waren, bekamen sie Streit miteinander; sie verliebten sich nämlich in einen Knaben namens Miletos, einen Sohn des Apollon und der Tochter des Kleochos, Areia. Da aber der Knabe sich vorzugsweise zu Sarpedon hielt, bekriegte Minos seinen Bruder und gewann die Oberhand. □ Jene flohen; Miletos landete in Karia, wo er eine Stadt gründete, die er nach sich Miletos nannte. Sarpedon dagegen leistete dem Kilix, der mit den Lykiern im Kampfe lag, gegen Abtretung von einem Teile des Gebiets Beistand und wurde so König in Lykia. Ihm verlieh Zeus, drei Menschenalter hindurch zu leben. Andere nennen Atymnios, einen Sohn des Zeus und der Kassiëpeia, als den Gegenstand von Sarpedons Liebe, um dessentwillen er jenen Streit begonnen habe. Rhadamanthys floh, nachdem er den Inselbewohnern Gesetze gegeben hatte, wiederum nach Boiotia und ehelichte die Alkmene. Seit seinem Tode verwaltete er im Hades mit Minos das Richteramt. □ Minos wurde als König von Krete dessen Gesetzgeber. Er vermählte sich mit Pasiphaë, der Tochter des Helios und der Perseïs, oder, nach Asklepiades, mit der

Krete, des Asterios Tochter, und bekam von ihr an männlicher Nachkommenschaft den Katreus, Deukalion, Glaukos und Androgeos; an weiblicher die Akalle, Xenodike, Ariadne und Phaidra; und von der Nymphe Pareia den Eurymedon, Nephalion, Chryses und Philolaos; von der Dexithea den Euxanthios. □

Nach dem kinderlosen Tode des Asterios wollte sich Minos die Herrschaft über Krete aneignen. Da man ihm dies nicht gestatten wollte, versicherte er, von den Göttern die Herrschaft erhalten zu haben, und setzte, um sich Glauben zu verschaffen, hinzu, es werde auf jedes seiner Gebete Gewährung erfolgen. Jetzt opferte er dem Poseidon und bat ihn, einen Stier aus den Fluten steigen zu lassen, den er ihm zu opfern versprach. Poseidon ließ wirklich einen ausgezeichnet schönen Stier erscheinen, und Minos brachte die Herrschaft an sich; den Stier aber steckte er unter seine Herde und opferte einen anderen. □ Er war nahezu der erste unter allen Beherrschern von Inseln, der seine Herrschaft auf das Meer ausdehnte. Allein Poseidon, erzürnt über ihn, weil er den Stier nicht geopfert hatte, machte diesen wild und leitete es ein, daß Pasiphaë von Begierde nach ihm entflammt wurde. Verliebt in den Stier, bediente sie sich der Hilfe des Daidalos, eines Baumeisters und Bildhauers, den ein Mord aus Athenai vertrieben hatte. □ Dieser verfertigte eine hölzerne Kuh auf Rädern, machte sie inwendig hohl, zog einer Kuh die Haut ab, nähte sie über die nachgebildete, stellte diese sodann auf die Aue, wo der Stier zu weiden gewohnt war, und steckte die Pasiphaë hinein. Da kam der Stier und besprang sie wie eine rechte Kuh. □ Sie gebar hierauf den Asterios, Minotauros genannt, der das Gesicht eines Ochsen hatte, am übrigen Körper aber wie ein Mensch gestaltet war. Minos schloß ihn infolge gewisser Orakelsprüche in das Labyrinth ein, wo er ihn verwahrte. Dieses Labyrinth, ein Kunstwerk des Daidalos, war ein Gebäude, welches in dem Gewirre seiner Krümmungen den Ausgang nicht mehr finden ließ. □

Das Weitere, den Minotauros, den Androgeos, die Phaidra und die Ariadne Betreffende soll übrigens bei der Geschichte des Theseus weiter unten vorkommen.

Als Töchter von Katreus, dem Sohne des Minos, werden genannt Aërope, Klymene und Apemosyne. Sein Sohn hieß Althaimenes. Katreus befragte das Orakel über sein Lebensende, worauf ihm der Gott erwiderte, er werde durch eines seiner Kinder ums Leben kommen. □ Katreus suchte diesen Ausspruch zu verheimlichen. Althaimenes erfuhr ihn aber doch, und weil er fürchtete, selbst der Mörder seines Vaters zu werden, verließ er Krete mit seiner Schwester Apemosyne, wählte einen Landungsplatz auf Rhodos, stieg dort aus und nannte den Ort Kretinia. Eines Tages bestieg er den sogenannten Atabyrischen Berg, von wo aus er die Aussicht auf die umliegenden Inseln hatte. Als nun sein Blick auf Krete fiel, gedachte er vaterländischer Götter und baute dem atabyrischen Zeus einen Altar. □

Nicht lange hernach wurde er Mörder seiner Schwester. Hermes hatte sich nämlich in sie verliebt, und da er die Fliehende nicht einzuholen vermochte, weil sie geschwinder auf den Füßen war, streute er frischabgezogene Felle auf den Weg, auf welchen sie bei ihrem Rückwege von der Quelle ausglitt und von ihm geschwängert wurde. Sie offenbarte ihrem Bruder, was vorgegangen war; er aber, in der Meinung, der Gott müsse nur zur Ausrede dienen, sprang auf sie los und tötete sie mit einem Fußtritte. □

Die Aërope und Klymene übergab Katreus dem Nauplios mit dem Auftrage, sie in fremde Länder zu verkaufen. Die eine von ihnen, Aërope, ehelichte Pleisthenes, und sie gebar ihm die Söhne Agamemnon und Menelaos. Die Klymene nahm Nauplios selbst zur Gattin, und er wurde der Vater von Oiax und Palamedes.

Späterhin wünschte Katreus, der indessen zu Jahren gekommen war, das Reich seinem Sohne Althaimenes zu übergeben, und kam deshalb nach Rhodos. □ Vom Schiffe aus geriet er mit seinen Helden an eine öde Stelle der Insel, wo er von den Rinderhirten verfolgt wurde, welche der Meinung waren, es seien Räuber eingefallen. Zwar versuchte er, mit ihnen zu sprechen und ihnen den wahren Stand der Dinge zu eröffnen, allein das Hundegebell ließ sie nichts verstehen, und so warfen sie ihn mit Steinen, bis Althaimenes dazukam, der dem Katreus einen Wurfspieß nachschleuderte und ihn so, ohne ihn zu erkennen, tötete. Als er nachher erfuhr, was geschehen war, wurde er auf sein Gebet hin von einer Erdschlucht verschlungen. □

Deukalions Kinder waren Idomeneus und Krete und ein außerehelicher Sohn, Molos. Glaukos, noch ein Kind, fiel, als er einer Maus nachlief, in ein Honigfaß und starb. Als er verschwunden war, stellte Minos große Nachforschungen an und befragte das Orakel über die Auffindung des Knaben. □ Die Kureten erklärten ihm, er habe eine dreifarbige Kuh unter seinen Herden, und derjenige, welcher am besten anzugeben wisse, womit ihr Anblick zu vergleichen sei, werde auch den Knaben wieder lebendig herbeischaffen. Als nun die Seher auf seine Einladung sich versammelt hatten, verglich Polyidos, der Sohn des Koiranos, die Farbe der Kuh sehr passend mit der Frucht eines

Brombeerstrauches. Er wurde hierauf zum Suchen des Knaben genötigt und fand ihn mittels eines Orakels, das er einholte. □

Da aber Minos sagte, er müsse seinen Sohn auch wieder lebendig haben, wurde er mit dem Leichname zusammengesperrt. Während er so in großer Verlegenheit war, was wohl jetzt anzufangen sei, sah er einen Drachen auf den Leichnam losgehen. Diesen tötete er durch einen Steinwurf, in der Furcht, selbst sterben zu müssen, wenn er mit diesem Mitleid habe. Nun erschien aber ein zweiter Drache, entfernte sich wieder, als er das Aas des ersten erblickte, und kam bald darauf mit einem Kraute zurück, das er auf den ganzen Körper des ersten legte. Sobald das Kraut aufgelegt war, stand dieser auf. □ Polyidos staunte bei dem Anblicke, legte dasselbe Kraut auf den Leichnam des Glaukos – und dieser stand auf. Minos nahm den Knaben zurück, ließ aber nun den Polyidos nicht so ohne weiteres nach Argos zurückkehren; vielmehr sollte er vorher den Glaukos die Wahrsagekunst lehren. Polyidos sah sich gezwungen und lehrte sie ihn. Als er aber im Begriffe stand, sich einzuschiffen, befahl er dem Glaukos, ihm in den Mund zu spucken. Glaukos tat's und hatte eben damit die Wahrsagekunst wieder vergessen. □

So viel mag von den Nachkommen der Europe genug sein. – Des Kadmos Mutter, Telephassa, war gestorben. Er begrub sie und begab sich sodann, von den gastfreien Thrakern freundlich entlassen, nach Delphoi, um Nachricht über seine verlorene Schwester Europe einzuziehen. Der Gott gab ihm die Auskunft, er solle wegen der Europe sich nicht so viele Mühe machen, sondern eine Kuh zur Wegweiserin nehmen und da eine Stadt gründen, wo diese ermattet niedersinke. □ Nachdem er solchen Ausspruch erhalten, zog er durch das Gebiet der Phoker und fand bald unter den Herden des Pelagon eine Kuh, der er auf dem Fuße nachfolgte. Diese lief durch Boiotia und sank da nieder, wo jetzt die Stadt Thebai steht.

Nun wollte er die Kuh der Athena opfern und schickte deswegen einige seiner Begleiter aus, um aus der Quelle des Ares Wasser zu holen. Diese war aber von einem Drachen bewacht, einem Sprößlinge des Ares, wie einige behaupten, der mehrere von den dahin Gesandten zerriß. □ Kadmos, hierüber entrüstet, tötete den Drachen und säte auf Anraten der Athena dessen Zähne aus. Kaum war dies geschehen, so erhoben sich aus der Erde bewaffnete Männer, welche man Spartoi nannte. Diese töteten einander selbst; einige, indem sie unvorsätzlich in einen Kampf gerieten, die übrigen, weil sie einander nicht kannten. □ Nach Pherekydes' Erzählung hätte Kadmos, als er die bewaffneten Männer aus der Erde wachsen sah, Steine unter sie geworfen, und jene wären, in der Meinung, die Würfe kämen aus ihrer Mitte, kämpfend aufeinander losgegangen. Doch retteten sich fünf von ihnen: Echion, Udaios, Chthonios, Hyperenor und Peloros. Kadmos mußte für seinen an dem Drachen verübten Mord dem Ares ein volles Jahr dienen. Damals umfaßte aber ein Jahr den Zeitraum von acht Jahren. □

Nach abgelaufener Dienstzeit rüstete ihm Athena die Herrschaft zu, Zeus gab ihm die Harmonia, der Aphrodite und des Ares Tochter, zur Gattin, und alle Götter verließen den Himmel, um in der Kadmeïschen Burg die Hochzeit durch einen Schmaus zu verherrlichen. Kadmos verehrte seiner Braut einen Schleier und jenes Halsband, das er nach Meinung einiger von Hephaistos, nach Pherekydes von Europe erhalten hatte, die von Zeus damit soll beschenkt worden sein. □ Kadmos bekam Töchter, die Autonoë, Ino, Semele, Agaue, und einen Sohn, Polydoros. Die Ino nahm Athamas zur Gattin, die Autonoë Aristaios, Echion die Agaue. In Semele verliebte sich Zeus und hatte heimliche Zusammenkünfte mit ihr. Sie aber, von Hera hinterlistigerweise dazu verleitet, lag dem Zeus auf sein Versprechen hin, ihr jeglichen Wunsch zu gewähren, mit der Bitte in den Ohren, er möchte in derselben Gestalt zu ihr kommen, in der er um Hera geworben habe. □ Zeus, durch sein Wort gebunden, kam vor ihr Lager auf einem Wagen, umgeben von Blitz und Donner und den Donnerkeil schleudernd. Da brachte der Schrecken die Semele dem Tode nahe, und sie gebar ein sechsmonatiges Kind. Zeus aber entriß die unreife Frucht dem Brande und ließ sie sich in seine Lende einnähen. Semele war kaum verschieden, da verbreiteten die übrigen Töchter des Kadmos das Gerücht, Semele habe bei irgendeinem Sterblichen gelegen, habe bei Zeus ihre Lüge beschworen und sei deswegen vom Blitz erschlagen worden. □

Aber zur festgesetzten Zeit gebar Zeus, die Naht sprengend, den Dionysos und übergab ihn dem Hermes. Dieser brachte ihn zu Ino und Athamas und beredete sie, ihn als Mädchen zu erziehen. Die ergrimmte Hera versetzte sie dafür in Wut, so daß Athamas seinen ältesten Sohn Learchos wie einen Hirsch jagte und tötete, Ino aber den Melikertes in einen siedenden Kessel warf, hernach ihn herausriß und mit dem Leichname des Knaben sich in die Fluten stürzte. □ Sie heißt von da an Leukothea, der Knabe Palaimon. So werden sie von den Schiffern genannt, denen sie im Sturme Hilfe bringen. – Dem Melikertes zu Ehren wurden die Isthmischen Kampfspiele angeordnet, deren Stifter Sisyphos war. Den Dionysos verwandelte Zeus in einen jungen Ziegenbock und entzog ihn auf diese Art der Rachsucht der Hera. Hermes nahm ihn und brachte ihn zu den Nymphen, welche zu Nysa in Asia wohnten und die nachher Zeus mit dem Namen Hyaden unter die Gestirne versetzte. □

Autonoë bekam von Aristaios einen Sohn, Aktaion, der von Cheiron erzogen und zum Jäger ausgebildet, nachher auf dem Kithairon von seinen eigenen Hunden zerrissen wurde. Er kam, wie wenigstens Akusilaos erzählt, deswegen auf diese Art ums Leben, weil ihm Zeus zürnte, daß er um Semele geworben hatte; nach der Aussage mehrerer aber, weil er die Artemis im Bade gesehen habe. □ Die Göttin soll ihn nämlich sogleich in einen Hirsch verwandelt und seine Koppel von fünfzig Hunden in Wut versetzt haben, von denen er dann, weil sie ihn nicht mehr kannten, in Stücke gerissen wurde. Als Aktaion umgekommen war, fingen die Hunde, die ihren Herrn vermißten, ein Geheul an, suchten ihn überall und kamen endlich zu der Höhle des Cheiron, wo sie ein von diesem verfertigtes Bild des Aktaion fanden, was ihrer Betrübnis ein Ende machte. □ Die Namen der Hunde sind folgende:

So den herrlichen Leib gleich wilden Tieren
umringend,
fraßen die grimmigen Hund. Es stand Arkena
zunächst ihm,
... nach ihr streitbare Kinder.
Dann, kurzfüßig und rasch, kam Lynkeus und
auch Balios.
Wie er sie alle erwählt, so kannt er sie
alle mit Namen.
Nach dem Willen des Zeus ging so Aktaion
zugrunde,

Denn es tranken zuerst das schwarze Blut
des Gebieters
Spartos, Omargos und der schnell hinrennende
Bores.
Diese genossen als erste Aktaions Blut, ihn
zerfleischend.
Ihnen folgten mit Wut losstürzend die übrigen
alle.
Möge er haben ein Mittel, die schweren
Schmerzen zu lindern. □

Dionysos, der Erfinder des Weinbaus, wurde von Hera in Wahnsinn versetzt. In diesem Zustande durchirrte er Aigyptos und Syria. Zuerst fand er bei Proteus, dem Könige der Aigypter, Aufnahme, sodann begab er sich nach Kybela in Phrygia. Hier wurde er von Rhea gereinigt, lernte die geheimen Religionsbräuche kennen und eilte dann, von ihr mit einer Rüstung beschenkt, durch Thrake zu den Indern. □ Lykurgos aber, Sohn des Dryas, der König der Edoner, welche an dem Flusse Strymon wohnen, behandelte ihn als erster auf eine hochmütige Weise und jagte ihn von sich. Dionysos floh in das Meer zu Thetis, des Nereus Tochter; die Bakchantinnen samt dem ganzen Schwarm der Satyrn, die in seinem Gefolge waren, wurden gefangen, □ die Bakchantinnen jedoch sogleich wieder in Freiheit gesetzt. Den Lykurgos bestrafte Dionysos mit Wahnsinn. In diesem Zustande versetzte er seinem Sohne Dryas, in der Meinung, eine Weinranke abzuhauen, einen Hieb mit dem Beile und kam erst wieder zu Verstande, nachdem er seinen Sohn durch diese Verstümmelung getötet hatte. Doch noch hielt die Unfruchtbarkeit des Landes an; da erklärte der Gott, es werde wieder Frucht tragen, wenn Lykurgos getötet wäre. Als das die Edoner hörten, führten sie ihn auf den Pangaischen Berg und banden ihn. Hier wurde er dann nach dem Willen des Dionysos von Pferden zerrissen und starb. □

Dionysos durchzog nun Thrake und ganz India, setzte dort Säulen und kam nach Thebai, wo er die Frauen nötigte, ihre Wohnungen zu verlassen und auf dem Kithairon das Bakchosfest zu feiern. Pentheus, der Sohn des Echion von der Agaue, der von Kadmos das Reich übernommen hatte, suchte dies zu hintertreiben. Als er aber, um die Bakchantinnen auszukundschaften, auf den Kithairon kam, wurde er von seiner Mutter Agaue, die ihn im Wahnsinn für ein wildes Tier hielt, in Stücke zerrissen. □

Nachdem Dionysos auf diese Weise sich den Thebanern hatte als Gott zu erkennen gegeben, begab er sich nach Argos; aber auch hier mußte er wieder eine geringschätzige Behandlung erfahren und machte deshalb die Frauen wahnsinnig, so daß sie die Leiber ihrer Säuglinge, die sie bei sich auf den Bergen hatten, auffraßen.

Als er im Begriffe war, von Ikaria nach Naxos überzusetzen, mietete er von den Tyrrhenern ein dreiruderiges Raubschiff. □ Sie holten ihn ein, ließen aber Naxos zur Seite liegen und ruderten eiligst auf Asia los, um ihn dort zu verkaufen. Er aber verwandelte Mastbaum und Ruder in Schlangen und füllte den Schiffsraum mit Efeu und Flötentönen an. Das machte die Schiffsleute rasend; sie stürzten sich fliehend ins Meer und wurden in Delphine verwandelt. – So lernten in ihm die Menschen den Gott erkennen und erwiesen ihm Verehrung. Jetzt führte er seine Mutter aus dem Hades, nannte sie Thyone und stieg mit ihr zum Himmel empor. □

Kadmos verließ mit Harmonia Thebai und kam zu

den Encheleern. Diese lagen gerade im Kampfe mit den Illyriern und hatten von dem Gotte das Orakel bekommen: Sie würden über die Illyrier den Sieg davontragen, wenn sie dem Kadmos und der Harmonia den Oberbefehl übertrugen. Sie gehorchten, nahmen diese zu Führern gegen die Illyrier und gewannen die Oberhand. Von da an herrschte Kadmos über Illyria und bekam einen Sohn, den er Illyrios nannte. Nachher verwandelte er sich mit Harmonia in einen Drachen und wurde von Zeus in das elysische Gefilde aufgenommen. □

Polydoros, welcher König in Thebai geworden war, vermählte sich mit Nykteïs, der Tochter des Nykteus, der ein Sohn des Chthonios war, und zeugte den Labdakos. Dieser folgte dem Pentheus im Untergange nach, da er gleiche Gesinnungen wie er hegte. Da nun Labdakos einen erst einjährigen Sohn hinterließ, den Laïos, riß Lykos, ein Bruder des Nykteus, auf die Dauer von dessen Minderjährigkeit die Regierung an sich. □ Beide waren nämlich infolge eines Mords, den sie an Phlegyas, dem Sohne des Ares und der Dotis, der Boiotis Tochter, begangen hatten, flüchtig geworden und hatten sich in Hyria niedergelassen, wo sie wegen der Verwandtschaft mit Pentheus das Bürgerrecht erhielten. Nun war Lykos von den Thebanern zum Feldherrn erwählt worden, und als solcher bemächtigte er sich der Herrschaft. Nachdem er zwanzig Jahre lang die Zügel der Regierung in Händen gehabt, wurde er von Zethos und Amphion ermordet. Hierzu gab folgendes die Veranlassung: □

Antiope war die Tochter des Nykteus. Als sie infolge ihres Umgangs mit Zeus schwanger wurde, floh sie vor den Drohungen ihres Vaters nach Sikyon zu Epopeus, den sie heiratete. Nykteus gab sich in der

Verzweiflung selbst den Tod, nachdem er zuvor den Lykos beauftragt hatte, ihn an Epopeus und Antiope zu rächen. Dieser zog daher gegen Sikyon zu Felde, bekam es in seine Gewalt, tötete den Epopeus und führte die Antiope gefangen weg. □ Sie gebar während ihrer Gefangenschaft in Eleutherai, einer Stadt Boiotias, zwei Knaben, die, nachdem sie von ihr ausgesetzt waren, ein Rinderhirte fand, aufzog und den einen Zethos, den anderen Amphion nannte. Zethos betrieb Viehzucht, Amphion übte sich im Gesang und Saitenspiel, da er von Hermes eine Lyra zum Geschenk erhalten hatte. Die Antiope sperrte Lykos ein und mißhandelte sie, wobei ihm seine Gattin Dirke behilflich war. Allein ihre Bande fielen von selbst ab, und so konnte sie heimlich auf das Landgut ihrer Söhne entkommen, bei denen sie um Aufnahme bat. □ Nachdem diese ihre Mutter wiedererkannt hatten, töteten sie den Lykos, banden die Dirke an einen Stier und warfen sie, als sie zu Tode geschleift war, in eine Quelle, die von ihr den Namen Dirke führt. Sie rissen nunmehr die Herrschaft an sich und umgaben die Stadt mit einer Mauer, wozu die Steine nach den Tönen von Amphions Lyra sich zusammenfügten. Laïos wurde von ihnen verjagt, hielt sich von da an auf der Peloponnesos als Fremdling bei Pelops auf, verliebte sich in dessen Söhnlein Chrysippos, dem er im Wagenrennen Unterricht zu geben hatte, und entführte den Knaben. □

Zethos vermählte sich mit Thebe, von der die Stadt Thebai den Namen hat; Amphion mit Niobe, des Tantalos Tochter, welche ihm sieben Söhne gebar: Sipylos, Eupinitos, Ismenos, Damasichthon, Agenor, Phaidimos, Tantalos; und ebensoviele Töchter: Ethodaia, oder wie andere sie nennen, Neaira, Kleodoxa, Astyoche, Phthia, Pelopia, Astykrateia, Ogygia. Hesiodos gibt die Zahl von zehn Söhnen und zehn Töchtern an; Herodotos von zwei männlichen, drei weiblichen Nachkommen; Homeros von sechs Söhnen und sechs Töchtern. □ Niobe wollte diesen Vorzug großer Fruchtbarkeit vor Leto geltend machen, worüber aber diese voll Entrüstung die Artemis und den Apollon gegen die Kinder von jener aufhetzte. Da erschoß denn Artemis die Mädchen in der Nähe ihres Hauses; die Söhne tötete Apollon alle zugleich, als sie auf dem Kithairon jagten. Gerettet wurde von den Söhnen nur Amphion, von den Mädchen die älteste, Chloris, welche nachher Neleus zur Gattin nahm. □ Nach der Telesilla Bericht wurden Amyklas und Meliboia gerettet, dagegen auch Amphion von ihren Pfeilen erlegt.

Niobe selbst verließ Thebai und kam nach Sipylos zu ihrem Vater Tantalos. Hier wurde sie von Zeus auf ihre flehende Bitte hin in einen Stein verwandelt; doch selbst des Steines Tränen fließen Tag und Nacht. □

Nach Amphions Ende übernahm Laïos die Herrschaft, heiratete die Tochter des Menoikeus, welche einige Iokaste, andere Epikaste nennen. Obgleich nun der Gott das Orakel gegeben hatte, er solle kein Kind zeugen, weil der Gezeugte seinen Vater morden würde, wohnte er dennoch, vom Weine erhitzt, seiner Gattin bei. Dem neugeborenen Kinde durchstach er mit Metallspitzen die Fersen und übergab es einem Hirten zum Aussetzen. □ Dieser setzte es auf dem Kithairon aus. Dort fanden die Viehhirten des korinthischen Königs Polybos das Kind und brachten es zu dessen Gemahlin Periboia. Diese nahm den Knaben an Kindes Statt auf, ließ seine Füße heilen und nannte ihn seiner geschwollenen Füße wegen Oidipus. □ Der Knabe wuchs heran und zeichnete sich unter seinen Altersgenossen durch Stärke aus, weswegen ihm von ihnen aus Neid der Schimpfname ›Bastard‹ beigelegt wurde. Er suchte deshalb von Periboia etwas zu erfahren, vermochte es aber nicht. Nun wandte er sich wegen seiner leiblichen Eltern nach Delphoi und bekam von dem Gotte zur Antwort, er solle nicht in sein Vaterland reisen, sonst würde er seinen Vater töten und sich mit seiner Mutter vermischen. □

Diesem Ausspruche zufolge verließ er Korinthos in der Meinung, wirklich ein Sprößling derer zu sein, die man für seine Eltern ausgab. Als er nun zu Wagen durch Phokis kam, begegnete er in einem Hohlwege dem Laïos und dem Polyphontes, die auf einem Wagen fuhren. Der letztere, ein Herold des Laïos, befahl ihm auszuweichen und tötete, da er nicht Folge leistete und so ein Aufenthalt entstand, eines seiner Pferde. Hierüber ergrimmt, tötete Oidipus den Polyphontes und den Laïos und begab sich nach Thebai. □

Den Laïos begrub der König der Plataier, Damasistratos; das Reich trat Kreon an, der Sohn des Menoikeus. Während seiner Regierung betraf Thebai ein nicht geringes Unheil. Es sandte nämlich Hera die Sphinx, die Tochter der Echidna und des Typhon, mit einem Frauenantlitz, Brust, Füßen und Schwanz eines Löwen und Flügeln von einem Vogel. Diese hatte von den Musen ein Rätsel gelernt, welches sie jetzt, auf dem Phikeïschen Berge gelagert, den Thebanern vorlegte. □ Das Rätsel war folgendes: Es hat eine Stimme, wird vierfüßig, zweifüßig, dreifüßig. Nun war den Thebanern der Götterspruch geworden, sie dürften dann Erlösung von der Sphinx erwarten, wenn sie das Rätsel lösten. Deswegen kamen sie öfters zusammen und forschten, was wohl darunter zu verstehen sei. Fanden sie es nicht, so ergriff sie jedesmal einen und fraß ihn auf. □

Viele waren bereits auf diese Weise umgekommen, und zuletzt Haimon, der Sohn des Kreon selbst; da verhieß Kreon demjenigen das Reich mit der Hand der Witwe des Laïos, der das Rätsel lösen würde. Oidipus hörte dies und löste das Rätsel auf folgende Weise: Die Sphinx meine den Menschen, der vierfüßig geboren werde, indem das Kind auf allen vieren krieche; herangewachsen sei der Mensch zweifüßig, gegen das Alter hin aber nehme er als dritten Fuß den Stab hinzu. □ Jetzt stürzte sich die Sphinx von ihrer Höhe herab; Oidipus aber übernahm das Reich, ehelichte, ohne es zu wissen, seine Mutter und zeugte mit ihr Knaben, den Polyneikes und Eteokles, und Mädchen, die Ismene und Antigone. Andere jedoch geben den Kindern die Euryganeia, des Hyperphas Tochter, zur Mutter. □

Als sich aber später das Geheimnis aufhellte, erhängte sich Iokaste mit einem Strick; Oidipus aber blendete sich die Augen, entwich aus Thebai und legte noch einen Fluch auf seine Söhne, weil sie ihm keinen Beistand geleistet hatten, als sie sahen, daß er die Stadt verlassen mußte. Er kam nun mit Antigone nach Kolonos in Attika, wo sich der Hain der Eumeniden befindet. Dort setzte er sich als Hilfesuchender nieder, wurde von Theseus aufgenommen und starb bald darauf. □

Eteokles und Polyneikes kamen hinsichtlich der Herrschaft dahin überein, daß jeder von beiden abwechselnd je ein Jahr lang regieren sollte. Einige behaupten nun, Polyneikes habe zuerst regiert und die Regierung nicht aus den Händen geben wollen. □ Wie dem auch sei, Polyneikes wurde aus Thebai verjagt und kam nach Argos, wohin er das oben erwähnte Halsband und den Schleier mitnahm. Über Argos herrschte damals Adrastos, des Talaos Sohn. Er näherte sich dessen Palast bei Nacht und kam ins Handgemenge mit Tydeus, des Oineus Sohn, der aus Kalydon geflohen war. □ Auf den plötzlichen Lärm hin erschien Adrastos und trennte die Streiter; und da ihm jetzt der Ausspruch eines Wahrsagers in Erinnerung kam, daß er seine Töchter mit einem Eber und einem Löwen zusammenjochen würde, wählte er beide zu Bräutigamen; sie hatten nämlich auf ihren Schilden der eine das Bild eines Ebers, der andere das eines Löwen. Tydeus bekam Deïpyle zur Gattin, die Argeia Polyneikes. Adrastos gab nunmehr beiden das Versprechen, sie in ihre väterlichen Reiche zurückzuführen. Infolgedessen betrieb er zuerst den Feldzug gegen Thebai und versammelte seine Helden um sich. □

Doch Amphiaraos, der Sohn des Oikles, ein Wahrsager, der voraussah, daß alle, die den Feldzug mitmachten, mit Ausnahme des Adrastos, umkommen müßten, trug nicht nur selbst Bedenken, mit auszuziehen, sondern machte auch die übrigen abwendig. Polyneikes aber ging zu Iphis, dem Sohne des Alektor, und bat ihn um Auskunft, auf welche Art Amphiaraos gezwungen werden könnte, den Feldzug mitzumachen. Dieser antwortete, wenn Eriphyle das Halsband bekäme. □ Amphiaraos verbot nun zwar der Eriphyle, von Polyneikes Geschenke anzunehmen, Polyneikes aber gab ihr das Halsband doch und bat sie, den Amphiaraos zum Kriegszuge zu bewegen. Dies stand allerdings in ihrer Gewalt. Amphiaraos hatte nämlich früher einen Streit mit Adrastos gehabt und bei der Wiederaussöhnung geschworen, er wolle in allem, worüber er mit Adrastos verschiedener Meinung sei, Eriphyle entscheiden lassen. □ Als es nun auf Thebai losgehen sollte und Adrastos zur Teilnahme einlud, Amphiaraos aber abriet, beredete Eriphyle, die das

Halsband angenommen hatte, ihren Gatten, den Zug mitzumachen. In die Notwendigkeit versetzt, mit auszuziehen, gab nun Amphiaraos seinen Söhnen den Auftrag, wenn sie herangewachsen seien, die Mutter zu ermorden und Thebai mit Krieg zu überziehen. □ Adrastos versammelte nun das Heer und trat mit sieben Führern schleunigst den Zug gegen Thebai an. Diese Führer waren: Adrastos, des Talaos Sohn; Amphiaraos, Sohn des Oikles; Kapaneus, Sohn des Hipponoos; Hippomedon, des Aristomachos oder, nach Meinung anderer, des Talaos Sohn – diese aus Argos. Polyneikes, Sohn des Oidipus, aus Thebai. Tydeus, des Oineus Sohn, ein Aitolier. Parthenopaios, Sohn des Melanion, ein Arkadier. Einige zählen den Tydeus und Polyneikes nicht mit, sondern rechnen zu den sieben den Eteoklos, des Iphis Sohn, und den Mekisteus. □

Sie kamen zuerst nach Nemea, wo Lykurgos herrschte, und suchten dort Wasser. Als Wegweiserin zur Quelle gebrauchten sie die Hypsipyle, die hier im Dienste des Lykurgos war. □ Die lemnischen Frauen hatten nämlich später den durch sie geretteten Thoas entdeckt und getötet und die Hypsipyle an Lykurgos verkauft. Diese nun hatte, um den Weg zur Quelle zu weisen, das noch unmündige Söhnlein der Eurydike und des Lykurgos namens Opheltes, dessen Wärterin sie war, im Stiche gelassen; und ein Drache hatte indessen das alleingelassene Kind umgebracht. Die Begleiter des Adrastos machten sich nun zwar über den Drachen her, schlugen ihn tot und bestatteten den Knaben. □ Amphiaraos aber erklärte, da hätten sie ein Vorzeichen, woran sie sehen könnten, wie es ihnen ergehen würde. Jetzt nannten sie den Knaben Archemoros und stifteten ihm zu Ehren die Nemeïschen Spiele, bei welchen Adrastos zu Pferde den Sieg davontrug,

Eteoklos im Wettlaufe, im Faustkampfe Tydeus, zu Wagen und im Werfen der Scheibe Amphiaraos, Laodokos im Wurfspießwerfen, im Ringen Polyneikes, im Pfeilschießen Parthenopaios. □

Als sie auf dem Kithairon ankamen, schickten sie den Tydeus ab, um den Eteokles aufzufordern, daß er, dem Vertrage gemäß, dem Polyneikes das Reich abtreten sollte. Da Eteokles sich weigerte, stellte Tydeus den Versuch an, einzelne von den Thebanern herauszufordern, die er alle besiegte. Nun bewaffneten sie zwar fünfzig Mann, die ihm, als er wegging, auflauerten, aber auch diese tötete er alle, bis auf Maion, und kehrte sodann zu seinem Heere zurück. □

Die Argeier rückten nun wohlgerüstet gegen die Mauern heran und besetzten die sieben Tore der Stadt. Adrastos stellte sich bei dem Homoloïschen Tore auf; Kapaneus bei dem Ogygischen; Amphiaraos bei dem Proitischen; Hippomedon bei dem Onkaïschen; Polyneikes bei dem Hypsistischen; Parthenopaios bei dem Elektrischen; Tydeus schließlich bei dem Krenischen Tore. □ Auch Eteokles bewaffnete seinerseits die Thebaner, ernannte Heerführer, stellte sie gleich und gleich in Schlachtordnung auf und befragte das Orakel, wie man wohl über die Feinde Herr werden würde.

Nun war bei den Thebanern ein Seher, Teiresias, der Sohn des Eueres und der Nymphe Chariklo, von dem Geschlechte des Udaios, des Sparten. Er war blind geworden. Über dieses Gebrechen und seine Wahrsagekunst haben sich verschiedene Sagen erhalten. □ Einige nämlich behaupten, er sei von den Göttern geblendet worden, weil er den Menschen Dinge verriet, welche jene gerne geheimgehalten hätten. Nach Pherekydes hätte ihn Athena geblendet. Teiresias sah nämlich Athena nackt, als sie mit seiner Mutter Chariklo, ihrer lieben Freundin, im Bade war. Da spritzte ihm die Göttin mit den Händen Wasser in die Augen und blendete ihn auf diese Weise. Chariklo bat die Göttin, sein Augenlicht wiederherzustellen. Da sie dies nicht konnte, reinigte sie sein Gehör, so daß er alle Stimmen der Vögel verstand. Auch schenkte sie ihm einen schwärzlichen Stab, mit dessen Hilfe er gleich Sehenden wandeln konnte. □

Hesiodos aber erzählt, er habe bei Kyllene Schlangen sich begatten sehen, habe sie durch einen Schlag verwundet und sei dadurch aus einem Manne zum Weibe geworden. Als er dieselben Schlangen abermals bei der Begattung beobachtete und schlug, wurde er wieder Mann. Als daher einst Hera und Zeus miteinander stritten, ob die Frauen oder die Männer mehr Vergnügen beim Beischlafe empfänden, befragten sie den Teiresias. □ Er gab zur Antwort: Unter zehn Teilen des Vergnügens beim Beischlafe sei ein Teil auf Seiten des Mannes und neun seien auf Seiten der Frauen. Hierauf blendete ihn Hera, Zeus aber erteilte ihm die Wahrsagekunst. Dies ist des Teiresias Spruch, den er zu Zeus und Hera sprach:

> Einmal darf sich der Mann von zehn Malen
> ergötzen;
> Aber es füllet die Frau, die Sinne vergnügend,
> die Zehnzahl.

Es wurde ihm auch hohes Alter zuteil. □

Dieser Teiresias nun verkündigte den Thebanern den Sieg, falls Menoikeus, des Kreon Sohn, sich selbst dem Ares hingäbe zum Schlachtopfer. Als Menoikeus dies hörte, gab er sich vor den Toren selbst den Tod. Nun brach die Schlacht los; die Kadmeier wurden anfangs bis an die Mauern zurückgedrängt, und Kapaneus hatte schon eine Leiter ergriffen, aber Zeus schlug ihn mit dem Donner nieder, □ und jetzt wandten sich die Argeier zur Flucht. Nachdem aber viele gefallen waren, entschlossen sich, mit Zustimmung beider Heere, Eteokles und Polyneikes zu einem Zweikampf um die Herrschaft und töteten sich gegenseitig. Nun entbrannte die Schlacht aufs neue, wobei sich die Söhne des Astakos durch Tapferkeit auszeichneten. Ismaros nämlich tötete den Hippomedon, Leades den Eteoklos, Amphidikos den Parthenopaios, □ welcher jedoch nach Euripides von dem Sohne des Poseidon, Periklymenos, getötet wurde.

Melanippos, der letzte von den Söhnen des Astakos, verwundete den Tydeus. Als dieser halbtot dalag, brachte Athena ein Mittel, das sie auf ihre Bitte hin von Zeus erhalten hatte, um ihn unsterblich zu machen. □ Dies merkte Amphiaraos, der dem Tydeus gram war, weil dieser, seiner eigenen Meinung entgegen, die Argeier zum Feldzuge gegen Thebai beredet hatte. Er schlug deswegen dem Melanippos, den Tydeus, selbst schon verwundet, noch getötet hatte, das Haupt ab und brachte es ihm. Tydeus spaltete es und schlürfte das Hirn aus. Bei diesem Anblicke hielt Athena, schaudernd vor Abscheu, ihre Wohltat zurück und weigerte sich, jenes Mittel anzuwenden. □ Amphiaraos floh zum Flusse Ismenos, und Periklymenos war eben im Begriffe, ihm im Rücken eine Wunde beizubringen, als Zeus, noch zuvorkommend, einen Blitz auf jenen schleuderte und die Erde spaltete, worauf Amphiaraos mit seinem Wagen und Wagenlenker Baton oder, wie andere ihn nennen, Elaton verschlungen und von Zeus unsterblich gemacht wurde. Den Adrastos allein rettete sein Roß Areion. Demeter hatte es mit Poseidon erzeugt, indem sie sich während der Zeugung die Gestalt einer Erinye gab. □

Kreon übernahm nun die Herrschaft über die Thebaner, ließ die Leichname der Argeier unbegraben hinwerfen, erließ sogar ein scharfes Verbot gegen das Begraben derselben und stellte Wächter auf. Antigone, eine Tochter des Oidipus, brachte dessenungeachtet den Leichnam des Polyneikes heimlich hinweg und begrub ihn. Doch hierbei wurde sie von Kreon ertappt und selbst lebendig ins Grab gelegt. □

Adrastos erreichte glücklich Athenai, floh zum Altare des Mitleids und flehte, einen Ölzweig in der Hand, um Unterstützung zum Begraben der Toten. Die Athener nahmen sich seiner an, zogen mit Theseus zu Felde, eroberten Thebai und gaben die Leichname ihren Verwandten zum Begraben. Als nun der Scheiterhaufen des Kapaneus angezündet war, stürzte sich seine Gattin Euadne, des Iphis Tochter, hinein und verbrannte zugleich mit ihm. □

Zehn Jahre danach entschlossen sich die Söhne der Umgekommenen, Epigonen genannt, zu einem neuen Feldzuge gegen Thebai, um den Tod der Väter zu rächen. Als sie nun das Orakel befragten, verhieß ihnen der Gott den Sieg, wenn sie den Alkmaion zum Anführer hätten. □

Alkmaion war zwar anfangs nicht willens, den Oberbefehl in diesem Feldzuge zu übernehmen, bevor er an seiner Mutter Rache genommen hätte, doch ließ er sich dazu bewegen. Eriphyle bekam nämlich von Thersandros, des Polyneikes Sohn, den Schleier und beredete darauf ihre Söhne, an dem Feldzuge teilzunehmen. Alkmaion übernahm den Oberbefehl, und die Argeier zogen gegen Thebai. □ Die Streiter waren folgende: Alkmaion und Amphilochos, Söhne des Amphiaraos; Aigialeus, der Sohn des Adrastos; Diomedes, des Tydeus; Promachos, des Parthenopaios,

Sthenelos, des Kapaneus, Thersandros, des Polyneikes, und Euryalos, des Mekisteus Sohn. □

Diese zerstörten zuerst die umliegenden Dörfer und fochten sodann mit Tapferkeit und Mut, als die Thebaner, angeführt von Laodamas, dem Sohne des Eteokles, heranzogen. Nur Aigialeus wurde von Laodamas getötet; dieser starb hierauf von der Hand des Alkmaion. Als ihr Heerführer gefallen war, flohen die Thebaner hinter ihre Mauern zurück. □ Jetzt gab ihnen Teiresias den Rat, sie sollten einen Herold mit Friedensunterhandlungen an die Argeier schicken, sie selbst sollten indessen die Flucht ergreifen. Sie gingen auf den Vorschlag ein, schickten einen Herold zu den Feinden, luden währenddessen ihre Kinder und Frauen auf Wagen und flohen aus der Stadt. In der Nacht kamen sie bei der Quelle, Tilphussa mit Namen, an. Teiresias trank aus ihr und endigte dort sein Leben. □

Die Thebaner zogen weit hinweg, bauten die Stadt Hestiaia und schlugen da ihren Wohnsitz auf. Die Argeier, späterhin von der Flucht der Thebaner in Kenntnis gesetzt, drangen in die Stadt ein, sammelten die Beute und schleiften die Mauern. Einen Teil der Beute schickten sie dem Apollon nach Delphoi, ebenso die Tochter des Teiresias, Manto. Sie hatten nämlich das Gelübde getan, im Falle der Eroberung von Thebai das Beste von der Beute ihm zu weihen. □

Als Alkmaion nach der Einnahme von Thebai erfuhr, daß seine Mutter Eriphyle auch seinetwegen Geschenke genommen hatte, ärgerte er sich noch mehr und mordete seine Mutter infolge eines Orakelspruches, den er von Apollon erhalten hatte. Einige erzählen, er habe diese Tat mit Hilfe seines Bruders Amphilochos vollbracht, andere, er habe es allein getan. □

Den Alkmaion verfolgte eine Erinye wegen des Muttermords. Er wurde wahnsinnig und kam zuerst nach Arkadia zu Oikles, von da nach Psophis zu Phegeus. Von diesem entsündigt, heiratete er dessen Tochter Arsinoë und gab ihr das Halsband und den Schleier. □ Als jedoch danach das Land um seinetwillen unfruchtbar wurde, riet ihm der Gott durch ein Orakel, sich zu Acheloos zu begeben, von welchem er wieder Entsühnung erhalten würde. Er begab sich nun zuerst zu Oineus nach Kalydon, wo er gastfreundlich aufgenommen wurde. Sodann kam er zu den Thesprotern, wurde aber aus der Gegend verjagt. Endlich gelangte er zu den Quellen des Acheloos, wurde durch ihn gereinigt, nahm dessen Tochter Kallirrhoë zur Gattin, baute ein Stück Landes, das Acheloos hergeschwemmt hatte, an und wohnte dort. □

Kallirrhoë bekundete späterhin ein Verlangen, das Halsband und den Schleier zu besitzen, und erklärte Alkmaion, sie wolle nichts mit ihm zu tun haben, wenn er ihr diese Dinge nicht verschaffe. Alkmaion ging deshalb nach Psophis, sagte dem Phegeus, es sei ihm Befreiung von seinem Wahnsinn geweissagt, wenn er das Halsband und den Schleier als Weihgeschenk nach Delphoi bringe. Dieser ließ sich bereden und gab beides her. □ Ein Diener verriet es aber, Alkmaion habe den Putz an sich genommen, um ihn der Kallirrhoë zu bringen; deswegen lauerten ihm die Söhne des Phegeus auf, und so wurde er auf dessen Befehl aus dem Wege geräumt. Die deswegen scheltende Arsinoë legten die Söhne des Phegeus in eine Kiste und brachten sie so nach Tegea, wo sie sie dem Agapenor übergaben mit der erdichteten Angabe, sie habe den Alkmaion ermordet. □

Als Kallirrhoë das traurige Ende des Alkmaion erfuhr, bat sie den Zeus, als er ihr eine vertrauliche Stunde schenkte, er möchte doch ihre mit Alkmaion gezeugten Söhne groß werden lassen, damit sie des Vaters Ermordung rächen könnten. Da wuchsen die Knaben plötzlich heran und zogen aus, ihren Vater zu rächen. □ Um dieselbe Zeit nun, als die Söhne des Phegeus, Pronoos und Agenor, um das Halsband und den Schleier als Weihgeschenk zu überbringen, nach Delphoi kamen und bei Agapenor einkehrten, langten auch die Söhne des Alkmaion, Amphoteros und Akarnan, dort an und brachten die Mörder ihres Vaters um; sie wendeten sich dann nach Psophis, traten in den Palast ein und töteten den Phegeus mit seiner Gemahlin. □ Sie wurden bis Tegea verfolgt, aber durch den Beistand der Tegeaten und einiger Argeier gerettet, nachdem die Psophidier die Flucht ergriffen hatten. Sie verkündigten dies zuerst ihrer Mutter und gingen sodann nach Delphoi zurück, wo sie, nach dem Befehle des Acheloos, das Halsband und den Schleier als Weihgeschenk niederlegten. Hierauf reisten sie nach Epeiros, sammelten Ansiedler und gründeten Akarnania. □

Euripides dagegen erzählt, es habe Alkmaion zur Zeit seines Wahnsinns mit Manto, der Tochter des Teiresias, zwei Kinder gezeugt, den Amphilochos und eine Tochter Tisiphone. Er habe sodann die Kinder nach Korinthos gebracht und dem Könige der Korinther, Kreon, zur Erziehung übergeben. Die Tisiphone, ein sehr schönes Mädchen, sei von des Königs Gemahlin verkauft worden, aus Furcht, Kreon könnte sie zu seiner Gattin erheben. □ Alkmaion habe sie gekauft und als Sklavin gebraucht, da er nicht wußte, daß sie seine Tochter war. Darauf sei er nach Korinthos gekommen, um seine Kinder zurückzufordern und habe dann auch seinen Sohn zurückbekommen. – Amphilochos baute, den Orakelsprüchen des Apollon zufolge, das Amphilochische Argos. □

Wir wollen uns nunmehr wieder nach Pelasgos umsehen, welchen Akusilaos, wie oben gesagt wurde, einen Sohn des Zeus und der Niobe, Hesiodos aber einen Eingebornen nennt. Von diesem und des Okeanos Tochter Meliboia oder, nach Meinung anderer, der Nymphe Kyllene stammt Lykaon ab. Er war König der Arkadier und hatte mit vielen Frauen fünfzig Kinder gezeugt, nämlich den Melaineus, Thesprotos, Helix, Nyktimos, Peuketios, □ Kaukon, Mekisteus, Hopleus, Makareus, Makednos, Horos, Polichos, Akontes, Euaimon, Ankyor, Archebates, Karteron, Aigaion, Pallas, Eumon, Kanethos, Prothoos, Linos, Korethon, Mainalos, Teleboas, Physios, Phassos, Phthios, Lykios, Halipheros, Genetor, Bukolion, Sokleus, Phineus, Eumetes, Harpaleus, Portheus, Platon, Haimon, Kynaithos, Leon, Harpalykos, Heraieus, Titanas, Mantineus, Kleitor, Stymphalos, Orchomenos ... □

Diese übertrafen alle Menschen an Übermut und Ruchlosigkeit. Zeus, um ihre Ruchlosigkeit zu prüfen, kam in dürftiger Tagelöhnergestalt zu ihnen. Sie luden ihn als Fremden zu Tische, schlachteten einen Knaben von den Einwohnern der Gegend, mischten dessen Eingeweide unter das heilige Opfer und setzten es auf den Rat des ältesten Bruders, Mainalos, zum Essen vor. □ Zeus aber stieß den Tisch voller Abscheu um, weshalb der Ort jetzt Trapezus heißt. Den Lykaon und seine Söhne erschlug er mit dem Donner, mit Ausnahme des jüngsten, Nyktimos; die Gaia nämlich streckte die Hände empor, ergriff Zeus bei seiner Rechten und machte so seinem Zorn ein Ende. Nachdem Nyktimos das Reich angetreten hatte, brach die Deukalionische Flut herein, die, nach der Behauptung einiger, in der frevelhaften Ruchlosigkeit der Söhne des Lykaon ihren Entstehungsgrund gehabt haben soll. – □

Nach Eumelos und einigen anderen hätte Lykaon auch eine Tochter gehabt namens Kallisto, die jedoch Hesiodos als eine von den Nymphen, Asios als Tochter des Nykteus, Pherekydes als Tochter des Keteus aufführt. Diese Kallisto nun war eine Jagdgenossin der Artemis, trug das nämliche Kleid wie sie und schwur, Jungfrau zu bleiben. Allein Zeus verliebte sich in sie und tat ihr Gewalt an, nach einigen in der Gestalt der Artemis, nach anderen in der des Apollon. □ Um die Sache vor Hera zu verbergen, verwandelte er sie in eine Bärin; Hera aber brachte die Artemis dahin, daß sie diese als ein wildes Tier mit ihren Pfeilen niederschoß. Nach einer anderen Erzählung hätte sie die Artemis niedergeschossen, weil sie ihre Keuschheit nicht bewahrt hatte. Als Kallisto starb, entriß ihr Zeus das Kind, gab es der Maia in Arkadia zum Aufziehen und nannte es Arkas. Die Kallisto versetzte er unter die Gestirne mit dem Namen Arktos. □

Arkas zeugte mit Leaneira, der Tochter des Amyklas, oder mit Meganeira, des Krokons Tochter, oder nach Eumelos mit der Nymphe Chrysopeleia die Söhne Elatos und Apheidas. Diese teilten das Land unter sich auf, jedoch so, daß die ganze Herrschergewalt in des Elatos Händen war. Dieser zeugte mit Laodike, des Kinyras Tochter, den Stymphalos und den Pereus; Apheidas aber den Aleos und die Stheneboia, welche nachher des Proitos Gattin wurde.

Aleos bekam von Neaira, der Tochter des Pereus, eine Tochter, Auge, und Söhne, den Kepheus und

Lykurgos. □ Auge, von Herakles schwanger, verbarg zwar, nachdem sie geboren hatte, das Kind in dem Tempel der Athena, deren Priesterin sie war, doch da die Erde unfruchtbar blieb und die Orakel verkündeten, es sei in dem Tempel der Athena etwas Entheiligendes, so wurde sie von ihrem Vater ertappt und dem Nauplios zur Ermordung übergeben. Von diesem ließ jedoch Teuthras, der König der Mysier, sich diese abtreten und ehelichte sie. □ Jenes Kind wurde auf dem Parthenischen Berge ausgesetzt und von einer Hirschkuh gesäugt und erhielt den Namen Telephos. Er wurde von den Rinderhirten des Korythos erzogen und begab sich danach nach Delphoi, um seine Eltern zu erfragen. Unterrichtet von dem Gotte, kam er nach Mysia, wurde von Teuthras an Kindes Statt angenommen und übernahm nach dessen Tode die Herrschaft. □

Von Lykurgos und Kleophile oder Eurynome stammen Ankaios, Epochos, Amphidamas und Iasos. Amphidamas hatte einen Sohn Melanion und eine Tochter Antimache, welche Eurystheus ehelichte. Iasos bekam von Klymene, der Tochter des Minyas, eine Tochter Atalante; da er aber männliche Nachkommenschaft wünschte, setzte er sie aus. Eine umherstreifende Bärin reichte ihr öfters die Zitzen, bis Jäger sie fanden und bei sich aufzogen. □ Als Atalante erwachsen war, lebte sie in reiner Jungfräulichkeit und hielt sich bewaffnet in einer Einöde als Jägerin auf. Einst versuchten es die Kentauren Rhoikos und Hylaios, ihr Gewalt anzutun, aber sie schoß diese mit Pfeilen nieder. Sie war auch mit den anderen Helden bei der Jagd nach dem Kalydonischen Eber sowie den wegen des Pelias veranstalteten Kampfspielen, in welchen sie mit Peleus rang und den Sieg davontrug. □

Als sie später ihre Eltern gefunden hatte, bedrängte sie ihr Vater sehr, sich doch zu verehelichen. Deshalb begab sie sich auf einen zur Rennbahn tauglichen Platz, schlug in seiner Mitte einen drei Ellen langen Pfahl in die Erde und bestimmte diesen als Startpunkt für die Freier, denen sie selbst bewaffnet nachlief. Jedem, den sie erreichen konnte, war der Tod, demjenigen, den sie nicht erreichen würde, ihre Hand bestimmt. □ Schon waren auf diese Weise viele umgekommen, als Melanion, der in sie verliebt war, die Laufbahn betrat. Er hatte von Aphrodite goldene Äpfel erhalten und warf diese, während er vor ihr davonlief, auf die Bahn. Das Mädchen konnte sich nicht enthalten, die hingeworfenen aufzuheben; daher siegte Melanion im Wettlaufe und erhielt sie zur Gattin. Eines Tages, so erzählt die Sage, hatten beide während der Jagd den Hain des Zeus betreten und sich dort dem Liebesgenuß hingegeben. Deswegen wurden sie in Löwen verwandelt. □

Hesiodos und einige andere geben übrigens der Atalante nicht den Iasos, sondern den Schoineus zum Vater; Euripides den Mainalos. Auch soll nach des letzteren Aussage nicht Melanion, sondern Hippomenes sie zur Gattin erhalten haben. Wie dem auch sei, Atalante gebar von Melanion oder Ares den Parthenopaios, der nachher den Feldzug gegen Thebai mitmachte. □

Atlas zeugte mit der Tochter des Okeanos, Pleïone, auf dem arkadischen Berge Kyllene sieben Töchter, welche Pleïaden genannt wurden: Alkyone, Merope, Kelaino, Elektra, Sterope, Taygete und Maia. Von diesen trat Sterope in die Ehe mit Oinomaos, Merope mit Sisyphos. □ Mit zweien vermischte sich Poseidon und zeugte zuerst mit Kelaino den Lykos, dem er auf den Inseln der Seligen seinen Wohnsitz anwies; sodann mit Alkyone eine Tochter, Aithusa, die reizende Geliebte des Apollon und nachherige Mutter des Eleuther, und zwei Söhne: Hyrieus und Hyperenor. Von Hyrieus und der Nymphe Klonia stammen Nykteus und Lykos; von Nykteus und Polyxo – Antiope; von Antiope und Zeus – Zethos und Amphion. Mit den übrigen Töchtern des Atlas hatte Zeus vertraulichen Umgang. □

Maia, die älteste, die mit Zeus zusammenkam, gebar in einer Höhle des Berges Kyllene den Hermes. Dieser wurde eingewindelt in eine Wiege gelegt, schlich sich aber heraus, machte sich nach Piëria auf den Weg und stahl dort die Rinder, welche Apollon hütete. Um durch die Fußstapfen nicht verraten zu werden, band er Sohlen an die Füße und brachte die Rinder nach Pylos. Hier verbarg er sie in einer Höhle mit Ausnahme von zweien, die er schlachtete. Ihre Felle nagelte er an Felsen fest, kochte einiges von dem Fleische und verzehrte es; das übrige verbrannte er. □ Jetzt eilte er schleunigst auf Kyllene zurück. Vor der Höhle fand er eine weidende Schildkröte, nahm sie aus, spannte über die Höhlung Saiten von den Därmen der Rinder, die er geschlachtet hatte, und machte so eine Lyra, zu der er auch das Stäbchen erfand. Apollon, mit dem Suchen der Rinder beschäftigt, kam nach Pylos, wo er die Einwohner fragte. Sie gaben ihm zur Antwort, sie hätten wohl einen Knaben diese wegtreiben sehen, könnten aber nicht sagen, wohin sie getrieben worden seien, da sie keine Fußstapfen finden könnten. □

Indessen entdeckte Apollon den Dieb durch Wahrsagekunst, kam zu Maia auf Kyllene und klagte den Hermes des Diebstahls an; sie aber zeigte ihm denselben in den Windeln. Apollon brachte ihn dessenungeachtet vor Zeus und forderte die Rinder zurück. Da nun dieser dem Hermes befahl, die Rinder herauszugeben, leugnete er die Sache geradezu. Doch konnte er den Zeus nicht von seiner Unschuld überzeugen und führte deswegen den Apollon nach Pylos, wo er ihm die Rinder auslieferte. Als aber Apollon die Lyra hörte, tauschte er sie gegen die Rinder ein. □ Hermes hütete diese nun und fügte während dieser Zeit wiederum eine Hirtenflöte zusammen, auf der er blies. Apollon bot ihm, um auch diese zu bekommen, einen goldenen Stab, womit er als Viehhirte für seine Dienste belohnt worden war. Jenem aber war dieser Stab nicht genug; er wollte für die Flöte auch noch die Wahrsagekunst haben. Apollon ging darauf ein, gab ihm den Stab und lehrte ihn das Wahrsagen mit Steinen. Zeus aber machte jetzt den Hermes zu seinem und der unterirdischen Götter Boten. □

Taÿgete bekam von Zeus einen Sohn, Lakedaimon, nach dem auch das Land Lakedaimon benannt wurde. Von Lakedaimon und Sparte, der Tochter des Eurotas, welcher ein Sohn des eingebornen Lelex und der Naïade Kleochareia war, stammen Amyklas und Eurydike, die nachherige Gattin des Akrisios. Von Amyklas und Diomede, der Tochter des Lapithas, stammen Kynortes und Hyakinthos. Letzterer soll ein Liebling des Apollon gewesen sein, den dieser wider Willen mit der Wurfscheibe traf und so tötete. □ Des Kynortes Sohn war Periëres, welcher, wie Stesichoros berichtet, des Perseus Tochter Gorgophone zur Gattin nahm, die ihm den Tyndareos, Ikarios, Aphareus und Leukippos gebar. Aphareus zeugte mit Arene, der Tochter des Oibalos, die Söhne Lynkeus, Idas und Peisos. Viele machen jedoch den Idas zu einem Sohne des Poseidon. Lynkeus zeichnete sich durch sehr scharfes Gesicht aus, so daß er auch das erblickte, was unter der Erde war. Leukippos zeugte Töchter: Hilaeira und Phoibe, welche die Dioskuren raubten und ehelichten. □ Außer diesen zeugte er die Arsinoë, welche infolge einer Zusammenkunft mit Apollon den Asklepios gebar. Einige behaupten jedoch, des Asklepios Mutter sei nicht Arsinoë, des Leukippos Tochter, sondern Koronis, die Tochter des Phlegyas in Thessalia. In diese, sagen sie, habe sich Apollon verliebt und sie sogleich umarmt; sie aber habe gegen ihres Vaters Wunsch vorgezogen, mit Ischys, dem Bruder des Kaineus, als Gattin zu leben. □ Apollon verfluchte den Raben, der ihm diese Botschaft brachte, und machte ihn, der bis dahin weiß gewesen war, schwarz; die Koronis brachte er um. Als sie verbrannt wurde, riß er das Kind aus dem Holzstoß und brachte es zu Cheiron, dem Kentauren. Bei diesem wurde der Knabe auferzogen und in der Heilkunst und Jagd unterrichtet. □

Zum geschickten Wundarzt herangebildet, übte er seine Kunst sehr eifrig und rettete nicht nur einige vom Tode, sondern weckte selbst schon Verstorbene auf. Er hatte nämlich von Athena das aus den Adern der Gorgo geflossene Blut bekommen, wovon er das aus den linken Blutadern geflossene zum Verderben, das aus den rechten zum Heile der Menschen anwandte. Und durch das letztere weckte er die Toten auf. □

Ich habe gefunden, daß einige durch ihn aufgeweckt worden seien: Kapaneus und Lykurgos und, wie Stesichoros in seiner ›Eriphyle‹ sagt, Hippolytos. Von ihm redet auch der Verfasser der Naupaktischen Gesänge. Panyassis nennt Tyndareos; Hymenaios wird von den Orphischen Dichtern genannt; schließlich macht Melesagoras den Glaukos, des Minos Sohn, unter den Wiedererstandenen namhaft. □

Zeus befürchtete, die Menschen könnten durch die Gabe der Heilkunde einander gegenseitig retten, und erschlug deswegen jenen mit dem Donner. Hierüber erbost, tötete Apollon die Kyklopen, welche dem Zeus den Donnerkeil geschmiedet hatten. Zeus wollte ihn dafür in den Tartaros werfen; da aber Leto Fürbitte tat, befahl er ihm, ein Jahr lang bei einem Menschen zu dienen. Demzufolge begab sich Apollon nach Pherai zu Admetos, dem Sohn des Pheres, diente ihm als Hirte und machte, daß alle seine Kühe Zwillingskälbchen warfen. □

Einige behaupten jedoch, Aphareus und Leukippos seien Söhne des Periëres, des Sohnes des Aiolos; Kynortes sei der Vater des Periëres und Oibalos des letzteren Sohn. Von Oibalos und der Naïade Bateia stammen Tyndareos, Hippokoon und Ikarios ab. □

Hippokoon bekam folgende Söhne: Dorykleus, Skaios, Enarophoros, Euteiches, Bukolos, Lykaithos, Tebros, Hippothoos, Eurytos, Hippokorystes, Alkinus, Alkon. Da Hippokoon eine solche Nachkommenschaft hatte, vertrieb er den Ikarios und Tyndareos aus Lakedaimon. □ Sie flohen zu Thestios und leisteten ihm Beistand in seinem Kriege wider die Grenznachbarn. Auch nahm Tyndareos die Tochter des Thestios, Leda, zur Gattin. Späterhin, nachdem Herakles den Hippokoon und seine Söhne getötet hatte, kehrten sie zurück, und Tyndareos übernahm die Herrschaft. □

Ikarios zeugte mit Periboia, einer Naïade, die Söhne: Thoas, Damasippos, Imeusimos, Aletes, Perileos und eine Tochter, Penelope, die nachherige Gattin des Odysseus. – Von Tyndareos und Leda stammt Timandra, welche Echemos ehelichte, und Klytaimnestra, des Agamemnon Gemahlin, schließlich Phylonoë, die von Artemis die Unsterblichkeit erhielt.

Leda wurde von Zeus in der Gestalt eines Schwans und in derselben Nacht von Tyndareos umarmt, und so gebar sie von Zeus den Polydeukes und die Helene, von Tyndareos den Kastor und die Klytaimnestra. □

Einige jedoch behaupten, Helene sei die Tochter von Zeus und der Nemesis; diese nämlich habe sich, um den Zudringlichkeiten des Zeus zu entgehen, in eine Gans verwandelt; Zeus aber habe in Gestalt eines Schwans sie dennoch zu Falle zu bringen gewußt. Infolge dieser Befruchtung habe sie ein Ei gelegt, welches dann ein Hirte auf den Wiesen gefunden und der Leda gebracht habe. Diese habe es in einem Kasten aufbewahrt und die zur ordnungsgemäßen Zeit daraus geschlüpfte Helene wie eine eigene Tochter erzogen. □ Das Mädchen wurde sehr schön und deswegen von Theseus geraubt, der sie nach Aphidnai brachte. Polydeukes aber und Kastor griffen an, als Theseus gerade im Hades war, eroberten die Stadt, nahmen die Helene weg und führten Aithra, des Theseus Mutter, als Gefangene mit sich fort. □

In Sparte versammelten sich jetzt zur Hochzeitsfeier der Helene die Herrscher von Hellas. Die Freier waren folgende: Odysseus, Sohn des Laërtes, Diomedes, des Tydeus, Antilochos, des Nestor, Agapenor, des Ankaios, Sthenelos, des Kapaneus, Amphimachos, des Kteatos, Thalpios, des Eurytos, Meges, des Phyleus, Amphilochos, des Amphiaraos, □ Menestheus, des Peteos, Schedios und Epistrophos, Söhne des Iphitos, Polyxenos, des Agasthenes, Peneleos, des Hippalkimos, Leïtos, des Alektor, Aias, des Oileus Sohn, Askalaphos und Ialmenos, Söhne des Ares, Elephenor, des Chalkodon Sohn, Eumelos, des Admetos, Polypoites, des Peirithus, Leonteus, des Koronos Sohn, □ Podaleirios und Machaon, des Asklepios Söhne, Philoktetes, des Poias, Eurypylos, des Euaimon, Protesilaos, des Iphiklos, Menelaos, des Atreus Sohn, Aias und Teukros, die Söhne des Telamon, und des Menoitios Sohn, Patroklos. Der Anblick einer solchen Menge erregte bei Tyndareos die Besorgnis, es könnten, wenn für einen die Entscheidung gefallen sei, die anderen sich auflehnen. □

Nun versprach Odysseus, wenn jener ihm zur Ehe mit Penelope verhelfen würde, einen Ausweg vorzuschlagen, wie jede Unruhe abgewendet werden könnte; und nun riet Odysseus, alle Freier durch einen Eid zu verpflichten, daß sie dem erkornen Bräutigame beistehen wollten gegen jeden anderen, der ihm etwa wegen dieser ehelichen Verbindung etwas anhaben wollte. Tyndareos hatte dies kaum vernommen, als er den Freiern den Eid abnahm. Nun wählte er selbst den Menelaos zum Bräutigame und warb bei Ikarios für Odysseus um Penelope. □

Menelaos zeugte mit Helene Hermione, nach einigen auch den Nikostratos; mit seiner aitolischen Sklavin Piëris oder, wie sie Akusilaos nennt, Tereïs den Megapenthes; mit der Nymphe Knossia, nach Eumelos, den Xenodamos. □

Von den Söhnen der Leda übte sich Kastor im Kriegswesen, Polydeukes im Faustkampfe. Beide wurden wegen ihrer Mannhaftigkeit Dioskuren genannt. Diese wünschten des Leukippos Töchter zu Gemahlinnen, raubten sie aus Messene und vermählten sich mit ihnen. Polydeukes zeugte mit Phoibe den Mnesileos; Kastor mit Hilaeira den Anogon. □

In Verbindung mit den Söhnen des Aphareus, Idas und Lynkeus, machten sie einst Beute in Arkadia und übertrugen dem Idas die Teilung. Dieser zerstückte einen Stier in vier Teile und bestimmte, daß, wer seinen

Teil zuerst aufgezehrt habe, die Hälfte der Beute, der zweite das übrige haben sollte. Nun verschlang Idas in aller Eile zuerst seinen eigenen, dann seines Bruders Anteil und brachte mit ihm die Beute nach Messene. □ Die Dioskuren aber zogen gegen Messene zu Felde, machten sich, neben der früheren mit neuer reicher Beute beladen, auf den Rückweg und lauerten dem Idas und Lynkeus unter einer Eiche auf. Allein Lynkeus wurde des Kastor ansichtig, machte den Idas auf ihn aufmerksam, und dieser tötete ihn. Jetzt verfolgte sie Polydeukes und streckte den Lynkeus durch einen Wurf mit dem Spieße nieder. Während er aber den Idas verfolgte, wurde er von diesem mit einem Steine an den Kopf geworfen, daß es ihm schwarz vor Augen wurde und er niederstürzte. □ Da erschlug Zeus den Idas mit dem Donner und führte Polydeukes zum Himmel empor. Polydeukes nahm jedoch, da Kastor tot war, die Unsterblichkeit nicht an; deswegen erlaubte Zeus beiden, je einen Tag um den anderen teils bei den Göttern, teils unter den Toten zuzubringen. Nachdem auf diese Weise die Dioskuren zu den Göttern versetzt waren, ließ Tyndareos den Menelaos nach Sparte holen und übertrug ihm die Herrschaft. □

Von Elektra, des Atlas Tochter, und Zeus stammen Iasion und Dardanos. Iasion war in Demeter verliebt und wurde, als er eben die Göttin entehren wollte, vom Blitz erschlagen. Dardanos, betrübt über den Tod des Bruders, verließ Samothrake und begab sich auf das gegenüberliegende feste Land. □ Hier herrschte Teukros, der Sohn des Flusses Skamandros und der Nymphe Idaia, nach welchem auch die in der Gegend umherziehenden Hirten den Namen Teukrer führten. Jener wurde von dem Könige gastfreundlich aufgenommen, bekam einen Strich Landes und seine Tochter Bateia zur Gemahlin, gründete eine Stadt namens Dardanos und nannte nach dem Tode des Teukros die ganze Gegend Dardania. □

Von den Söhnen, die er bekam, Ilos und Erichthonios, starb der erstere kinderlos. Erichthonios übernahm die Herrschaft, vermählte sich mit Astyoche, des Simoeis Tochter, und zeugte den Tros. Als diesem das Reich zugefallen war, nannte er die Gegend nach sich Troia, nahm die Kallirrhoë, des Skamandros Tochter, zur Gattin, zeugte eine Tochter, die Kleopatra, und Söhne, den Ilos, Assarakos und Ganymedes. □ Den letzteren ließ Zeus seiner Schönheit wegen durch einen Adler rauben und übertrug ihm das Mundschenkamt bei den Göttern im Himmel. Von Assarakos und Hiëromneme, des Simoeis Tochter, stammt Kapys; von ihm und Themis, der Tochter des Ilos, Anchises, mit welchem Aphrodite, von Liebeslust entflammt, sich verband, worauf sie den Aineias gebar und den Lyros, der kinderlos starb. □

Ilos begab sich nach Phrygia, wo er gerade zu einem von dem Könige angeordneten Kampfspiele kam, in welchem er beim Ringkampf den Sieg davontrug. Er erhielt als Preis fünfzig Jünglinge und ebensoviele Mädchen, wozu ihm der König, einem Orakelspruche zufolge, noch eine scheckige Kuh gab mit der Bestimmung, daß er da, wo diese sich niederlegen würde, eine Stadt gründen sollte. Ilos folgte der Kuh, □ und als diese bei dem sogenannten Hügel der phrygischen Ate sich legte, gründete er dort eine Stadt und nannte sie Ilion. Er bat nun den Zeus, ihm irgendein Zeichen erscheinen zu lassen, und fand am folgenden Tage das vom Himmel gefallene Palladion vor seinem Zelte liegen. Es war drei Ellen hoch, hatte geschlossene Füße und hielt in der rechten Hand einen erhobenen Spieß, in der anderen Rocken und Spindel. □

Die Geschichte von dem Palladion wird folgendermaßen erzählt: Athena wurde der Sage nach von ihrer Geburt an bei Triton erzogen, der eine Tochter, Pallas, hatte. Eines Tages nun, als die beiden Jungfrauen ihren kriegerischen Übungen oblagen, traten sie zu einem Wettkampfe einander gegenüber. Eben wollte Pallas einen Hieb führen, da hielt Zeus, dadurch erschreckt, die Aigis vor. Jene blickte furchtsam auf, wurde in diesem Augenblick von Athena verwundet und fiel. □ Athena aber, von tiefer Trauer um sie ergriffen, ließ ein sehr ähnliches Bild derselben verfertigen, legte ihm die Aigis, vor der Pallas sich gefürchtet hatte, als Brustharnisch um, stellte das Bild neben die Bildsäule des Zeus und hielt es hoch in Ehren. Als aber späterhin Elektra nach ihrer Entehrung zu diesem Bildnisse ihre Zuflucht nahm, warf Zeus zugleich mit ihr auch das Palladion in die Gegend von Ilion hinab. Ilos aber baute zu dessen Verehrung einen Tempel. – Das ist es, was in Beziehung auf das Palladion erzählt wird. □

Ilos vermählte sich mit Eurydike, der Tochter des Adrastos, und zeugte den Laomedon. Dieser ehelichte des Skamandros Tochter, Strymo, nach Meinung anderer die Plakia, des Otreus Tochter, oder auch, wie einige sagen, die Leukippe und zeugte Söhne, Tithonos, Lampon, Klytios, Hiketaon, Podarkes und die Töchter Hesione, Killa und Astyoche, endlich mit der Nymphe Kalybe den Bukolion. □

Den Tithonos raubte Eos aus Liebe und brachte ihn nach Aithiopia; dort von ihm umarmt, gebar sie die Söhne Emathion und Memnon. Als Ilion von Herakles erobert wurde, wie wir etwas weiter oben erzählt haben, herrschte dort Podarkes, mit dem Zunamen

Priamos. Dieser verehelichte sich zuerst mit Arisbe, des Merops Tochter, von der er einen Sohn Aisakos bekam. Dieser nahm Asterope, die Tochter des Kebren, zur Gattin und wurde nachher, da er ihren Tod bejammerte, in einen Vogel verwandelt. □ Priamos aber trat die Arisbe an den Hyrtakos ab und schritt zu einer zweiten Ehe mit Hekabe, des Dymas oder, anderen Nachrichten zufolge, des Kisseus Tochter. Noch andere nennen als ihre Eltern den Fluß Sangarios und die Metope. Ihr erster Sohn war Hektor. Als die Geburt ihres zweiten Kindes herannahte, hatte sie im Traume die Vorstellung, sie habe ein brennendes Holzscheit geboren, das die ganze Stadt verheere und verbrenne. □

Als Priamos von Hekabe den Traum erfuhr, ließ er seinen Sohn Aisakos holen. Dieser war nämlich Traumdeuter, von seinem mütterlichen Großvater Merops in dieser Kunst unterrichtet. Aisakos erklärte, der Sohn werde das Verderben des Vaterlandes werden, und schlug die Aussetzung des Kindes vor. Priamos gab deswegen das kaum geborene Kind einem Sklaven, um es auf den Ida zu tragen und dort auszusetzen. Der Sklave hieß Agelaos. □ Nach fünf Tagen, während welcher eine Bärin das von ihm ausgesetzte Kind gesäugt hatte, fand er es unbeschädigt. Er hob es auf, nahm es mit sich, erzog es auf seinem Felde gleich einem eigenen Kinde und nannte es Paris. Zum Jünglinge herangewachsen, zeichnete sich dieser durch Schönheit und Körperkraft vor vielen aus und erhielt später den Zunamen Alexandros, weil er die Räuber vertrieb und den Hirten beistand. Nicht lange danach gelang es ihm, seine Eltern zu finden. □

Nach ihm gebar Hekabe Töchter: die Krëusa, Laodike, Polyxene und Kassandra. Der letzteren hätte

Apollon gerne beigewohnt und versprach, ihr dafür die Wahrsagekunst beizubringen. Sie ließ sich darin unterrichten, erhörte aber die Wünsche des Gottes nicht, weswegen Apollon ihren Weissagungen den Glauben der Leute raubte. Wiederum gebar Hekabe Söhne: den Deïphobos, Helenos, Pammon, Polites, Antiphos, Hipponoos, Polydoros, Troilos. Als Vater des letzteren wird Apollon angegeben. □

Von anderen Gemahlinnen bekam Priamos folgende Söhne: den Melanippos, Gorgythion, Pilaimon, Hippothoos, Glaukos, Agathon, Chersidamas, Euagoras, Hippodamas, Mestor, Atas, Doryklos, Lykaon, Dryops, Bias, Chromios, Astygonos, □ Telestas, Euandros, Kebriones, Mylios, Archemachos, Laodokos, Echephron, Idomeneus, Hyperion, Askanios, Demokoon, Aretos, Deïopites, Klonios, Echemmon, Hypeirochos, Aigeoneus, Lysithoos, Polymedon; und die Töchter: Medusa, Medesikaste, Lysimache und Aristodeme. □

Hektor nahm die Andromache, des Eëtion Tochter, zur Gattin; Alexandros die Oinone, die Tochter des Flusses Kebren. Diese hatte von Rhea die Wahrsagekunst gelernt und warnte den Alexandros im voraus, er solle doch nicht Helenes wegen ein Schiff besteigen. Da er ihrem Abraten kein Gehör gab, forderte sie ihn auf, sich an sie zu wenden, falls er verwundet würde, denn sie allein könnte ihn heilen. □ Er entführte jetzt die Helene aus Sparte. Nach der Einnahme von Troia wurde er von Philoktetes durch die Herakleïschen Pfeile verwundet, und kehrte zu Oinone auf den Ida zurück. Doch diese, noch empfindlich über seine Untreue, erklärte, sie heile ihn nicht. Alexandros ließ sich sofort nach Troia bringen und starb. Oinone aber, die indessen anderes Sinnes geworden war, kam jetzt doch mit den zur Heilung nötigen Mitteln herbei, fand ihn aber nicht mehr am Leben und erhängte sich selbst. □

Der Fluß Asopos, ein Abkömmling des Okeanos und der Tethys, nach Akusilaos der Pero und des Poseidon, nach anderen des Zeus und der Eurynome, hatte sich mit Metope, der Tochter des Flusses Ladon, vermählt und mit ihr zwei Söhne, Ismenos und Pelagon, und zwanzig Töchter gezeugt. Eine von ihnen, Aigina, wurde von Zeus entführt. □ Asopos suchte sie und kam nach Korinthos, wo er von Sisyphos erfuhr, daß Zeus der Räuber sei. Allein Zeus traf den Verfolger mit dem Donner und trieb ihn so in das alte Bett zurück. Daher kommt es, daß man noch heutzutage Kohlen im Bette dieses Flusses findet.

Die Aigina brachte Zeus auf die damals so genannte Insel Oinone, jetzt nach dem Mädchen Aigina benannt, genoß ihre Liebe und zeugte mit ihr einen Sohn, Aiakos. □ Da dieser so ganz allein auf der Insel war, schuf Zeus ihm die Ameisen in Menschen um. Zur Gattin nahm Aiakos die Endeïs, des Skeiron Tochter, von der er die Söhne Peleus und Telamon bekam. Pherekydes nennt Telamon den Freund, nicht den Bruder des Peleus, denn dieser wäre nach seiner Meinung ein Sohn des Aktaios und der Glauke, der Tochter des Kychreus. Wiederum ließ sich Aiakos mit Psamathe, der Tochter des Nereus, ein, weshalb sie, um seinen Liebkosungen zu entgehen, sich in eine Robbe verwandelt hatte, und zeugte mit ihr einen Sohn Phokos. □

Aiakos war der gottesfürchtigste Mann seiner Zeit. Hieraus erklärt sich folgende Tatsache: Hellas wurde einst wegen des Pelops von Unfruchtbarkeit heimgesucht. Dieser hatte nämlich in einem Kriege mit dem arkadischen König Stymphalos, da er sich außerstande sah, Arkadia zu erobern, die Maske friedlicher Gesinnungen gebraucht, um den Stymphalos zu morden, und hatte seine zerhackten Glieder umhergestreut. Hierauf gaben die Orakel den Ausspruch, Hellas würde von den gegenwärtigen Übeln befreit werden, wenn Aiakos für dasselbe bäte. Aiakos tat's, und Hellas wurde von der Unfruchtbarkeit befreit. Auch nach seinem Tode steht Aiakos in Ehren bei Pluton und hat die Schlüssel des Hades in Verwahrung.

Die Überlegenheit, welche Phokos in den Kampfübungen an den Tag legte, veranlaßte, wie erzählt wird, seine Brüder Peleus und Telamon, ihm nach dem Leben zu trachten; und Telamon, den das Los traf, eine Kampfübung mit ihm anzustellen, warf ihm die Wurfscheibe an den Kopf, daß er starb. Nun schaffte er ihn mit Hilfe des Peleus weg und verbarg den Leichnam in einem Gehölze. □ Der Mord wurde jedoch ruchbar, und so mußten beide, von Aiakos verbannt, aus Aigina entweichen. Telamon ging nach Salamis zu Kychreus, dem Sohne des Poseidon und der Salamis, des Asopos Tochter. Dieser hatte eine Schlange, welche die Insel verheerte, getötet und so die Herrschaft über sie erlangt. Er starb kinderlos und hinterließ dem Telamon das Reich. □ Dieser vermählte sich mit Periboia, der Tochter des Alkathoos und Enkelin des Pelops, und zeugte mit ihr infolge der Gebete, welche Herakles zu diesem Zwecke für ihn verrichtete, einen männlichen Nachkommen, den er Aias nannte, weil gleich nach jenen Gebeten ein Adler sich hatte sehen lassen. – Er zog auch mit Herakles gegen Troia, erhielt dort als Ehrenpreis die Hesione, des Laomedon Tochter, und bekam von ihr einen Sohn namens Teukros. □

Peleus floh nach Phthia zu Eurytion, dem Sohne des Aktor, wurde von ihm entsündigt und erhielt von ihm neben dem dritten Teil des Landes dessen Tochter Antigone zur Gattin. Er bekam von ihr eine Tochter, Polydora, mit der sich nachher Boros, des Periëres Sohn, vermählte. Von da zog er mit Eurytion auf die Jagd des Kalydonischen Ebers, warf einen Wurfspieß nach dem Schweine, traf aber den Eurytion und tötete ihn so wider Willen. □ Er ergriff deshalb aufs neue die Flucht und kam von Phthia nach Iolkos zu Akastos, von dem er sich entsündigen ließ. Jetzt machte er auch die Kampfspiele mit, die wegen des Pelias veranstaltet wurden, und kämpfte dabei mit Atalante.

Astydameia, des Akastos Gemahlin, verliebte sich hier in Peleus und ließ ihm eine Einladung zu einer geheimen Zusammenkunft zustellen. □ Da aber ihr Vorschlag nicht angenommen wurde, ließ sie seiner Gemahlin die Nachricht bringen, Peleus sei im Begriffe, sich mit Sterope, der Tochter des Akastos, zu verehelichen, worauf sich jene den Würgestrick um den Hals legte. Auch bei Akastos verleumdete sie den Peleus, als habe er ihr Verführer sein wollen. Akastos konnte sich trotz dieser Anzeige nicht entschließen, denjenigen zu töten, welchen er entsündigt hatte; dagegen veranlaßte er ihn, auf dem Pelion zu jagen. □

Da hier wegen der Jagd ein Wettstreit entstand, schnitt Peleus den wilden Tieren, die er in seine Gewalt bekam, die Zungen heraus und legte sie in seine Jagdtasche. Die Begleiter des Akastos, denen diese Tiere nachher in die Hände fielen, lachten den Peleus aus, als hätte er gar nichts erjagt. Er aber zog alle die Zungen, die er hatte, hervor, zeigte sie ihnen und erklärte, so viele Tiere habe er in seine Gewalt gebracht. □ – Nachdem hierauf Peleus auf dem Pelion sich schlafen gelegt hatte, schlich sich Akastos von ihm weg, versteckte ihm sein Schwert in Kuhmist und ging heim. Als jener wieder aufstand und gerade sein Schwert suchte, wurde er von den Kentauren ergriffen, und es fehlte nicht viel, so wäre er umgebracht worden. Doch wurde er von Cheiron noch gerettet, und dieser verhalf ihm auch durch Suchen wieder zu seinem Schwerte. □

Peleus nahm Polydora, die Tochter des Periëres, zur Gattin und bekam von ihr einen Sohn, Menesthios benannt, der aber eigentlich den Fluß Spercheios zum Vater hatte. Er vermählte sich wiederum, nun mit Thetis, des Nereus Tochter, um deren Hand Zeus und Poseidon sich gestritten und erst entsagt hatten, als Thetis prophezeite, deren Sohn würde größer als sein Vater werden. □ Nach Meinung anderer hätte Zeus bereits voll Begier nach ihrer Umarmung gestrebt, als ihm Prometheus noch zu beherzigen gab: der Sohn, den er mit dieser zeugte, würde Herr des Himmels werden. Andere sagen: Thetis habe die Umarmung des Zeus verschmäht, da sie von Hera aufgezogen worden war. Zeus aber habe im Zorn seinen Willen ausgesprochen, daß sie sich mit einem Sterblichen vereheIichen müsse. □

Infolgedessen belehrte Cheiron den Peleus, wie er sie ergreifen und festhalten könne, während sie allerlei Gestalten annehme. Dieser paßte die rechte Zeit ab und ergriff sie schnell, ließ sie auch, obgleich sie bald Feuer, bald Wasser, bald ein wildes Tier wurde, nicht früher los, als bis er sah, daß sie ihre alte Gestalt wieder angenommen hatte. Er vermählte sich mit ihr auf dem Pelion. Dort feierten die Götter das Hochzeitsfest mit Schmausen und Gesang. Auch machte Cheiron dem Peleus ein Geschenk mit einem Spieße von Eschenholz; Poseidon mit zwei unsterblichen Rossen, Balios und Xanthos. □

Als Thetis von Peleus ein Kind bekam, wollte sie es unsterblich machen, verbarg es, von Peleus ungesehen, des Nachts im Feuer und tilgte so, was vom Vater her an ihm sterblich war. Bei Tage salbte sie es mit Ambrosia. Peleus aber belauschte sie einst und schrie laut auf, als er seinen Sohn im Feuer zappeln sah. Thetis, auf diese Weise verhindert, ihr Vorhaben zu Ende zu bringen, verließ den noch unmündigen Knaben und begab sich zu den Nereïden. □ Peleus brachte nunmehr den Knaben zu Cheiron. Dieser nahm ihn auf, nährte ihn mit der Leber von Löwen und wilden Schweinen und mit Bärenmark und hieß ihn Achilleus. Vorher war sein Name Ligyron, weil er seine Lippen nie an eine Brust gebracht hatte. □

Hierauf verband sich Peleus mit Iason und den Dioskuren, zerstörte Iolkos, tötete die Astydameia, die Gemahlin des Akastos, ließ ihre Glieder umherstreuen und führte das Heer über sie hinweg in die Stadt. □

Als nun Achilleus neun Jahre alt war, erklärte Kalchas, Troia könne ohne ihn nicht genommen werden. Thetis, welche voraussah, daß ihm dieser Feldzug den Tod bringen müßte, steckte ihn in Mädchenkleider und verwahrte ihn so als Jungfrau unter den Mädchen des Lykomedes. Während er hier erzogen wurde, beschlief er des Lykomedes Tochter, Deïdameia, und bekam von ihr einen Sohn, Pyrrhos, nachher Neoptolemos genannt. Odysseus suchte den Achilleus, dessen Aufenthalt ihm verraten worden war, bei Lykomedes und entdeckte ihn mittels einer Kriegstrompete, die er blasen ließ. Auf diese Weise kam Achilleus nach Troia. □

Ihn begleitete Phoinix, des Amyntor Sohn. Dieser war von seinem Vater geblendet worden, weil die

Phthia, seines Vaters Beischläferin, ihn fälschlich beschuldigt hatte, er habe sie verführt. Peleus brachte ihn zu Cheiron, der sein Augenlicht wiederherstellte, und machte ihn dann zum Könige der Doloper. □ Gefährte des Achilleus war ferner Patroklos, der Sohn des Menoitios und der Tochter des Akastos, Sthenele, oder der Periopis, des Pheres Tochter, oder nach Aussage des Philokrates der Polymele, des Peleus Tochter. Patroklos hatte noch als Kind in Opus beim Würfelspiele Streit bekommen und den Knaben Kleitonymos, des Amphidamas Sohn, erschlagen. Demzufolge war er in Begleitung seines Vaters flüchtig geworden, hielt sich seitdem bei Peleus auf und wurde der Liebling des Achilleus ... □

Kekrops war der erste Beherrscher Attikas und gab dem Lande statt seines früheren Namens Akte nach sich den Namen Kekropia. Er war ein im Lande Geborener und sein Körper halb der eines Mannes, halb der eines Drachen. □

Unter seiner Regierung, sagt man, gefiel es den Göttern, sich Städte zum besonderen Besitze auszusuchen, in welchen sie jeder besonders geehrt zu sein wünschten. So kam denn Poseidon zuerst nach Attika, stampfte mit dem Dreizack auf den Boden und ließ mitten in der Burg Meerwasser hervorquellen, das man jetzt das Erechtheïsche nennt. Nach ihm kam Athena, nahm den Kekrops zum Zeugen der Besitzergreifung und ließ einen Ölbaum hervorsprossen, der noch jetzt in dem Pandroseion gezeigt wird. □ Da nun Athena und Poseidon über den Besitz der Gegend uneins wurden, legte Zeus den Streit zwischen beiden dadurch bei, daß er Schiedsrichter aufstellte, und zwar nicht, wie einige behaupten, den Kekrops und Kranaos, auch nicht den Erysichthon, sondern die zwölf

Götter. Durch ihren richterlichen Spruch wurde die Gegend der Athena zuerkannt, infolge des Zeugnisses von Kekrops, daß sie zuerst den Ölbaum habe hervorsprossen lassen. Athena benannte nun die Stadt nach sich selbst Athenai. Poseidon aber, grimmig erbost, überströmte die Thriasische Ebene und setzte Attika unter Wasser. □

Kekrops nahm nun die Jungfrau Agraulos, des Aktaios Tochter, zur Gattin und zeugte einen Sohn Erysichthon, welcher kinderlos starb, und Töchter: Agraulos, Herse, Pandrosos. Von Agraulos und Ares stammt Alkippe. Ihr wollte Halirrhothios, der Sohn des Poseidon und der Nymphe Euryte, Gewalt antun, wurde aber von Ares bei der Tat ertappt und getötet. Poseidon erhob deshalb auf dem Areiopagos, wo die zwölf Götter zu Gerichte saßen, Klage gegen Ares; allein dieser wurde freigesprochen. □

Herse und Hermes hatten einen Sohn, Kephalos. Diesen entführte die Eos, die sich in ihn verliebt hatte, genoß seine Liebe in Syria und gebar einen Sohn, Tithonos. Dieser zeugte den Phaëthon, dessen Sohn Astynoos war, der Vater des Sandokos. Der letztere kam aus Syria nach Kilikia, gründete eine Stadt Kelenderis, verehelichte sich mit Pharnake, der Tochter des Megassares, der König über die Hyrier war, und zeugte den Kinyras. □ Dieser kam mit einem Haufen Volkes nach Kypros, wo er die Stadt Paphos anlegte. Dort vermählte er sich mit Metharme, einer Tochter des kyprischen Königs Pygmalion, und zeugte den Oxyporos und den Adonis; außer diesen die Töchter Orsedike, Laogore und Braisia. Diese gaben sich, dem Willen der erzürnten Aphrodite gemäß, fremden Männern zum Genusse preis und kamen in Aigyptos ums Leben. □

Adonis starb noch als Knabe, nach dem Willen der grollenden Artemis von einem Schweine auf der Jagd verwundet. Hesiodos nennt ihn einen Sohn des Phoinix und der Alphesiboia. Panyassis aber gibt ihm den Assyrerkönig Theias zum Vater, der auch eine Tochter Smyrna hatte. Weil diese Mangel an Achtung gegenüber Aphrodite erkennen ließ, wurde sie von der beleidigten Göttin zur Liebe gegen ihren Vater entflammt. Unter Beihilfe ihrer Amme teilte sie zwölf Nächte hindurch ihres Vaters Bett, ohne daß dieser etwas merkte. □ Sobald er es jedoch inne wurde, verfolgte er sie mit gezücktem Schwerte. Als sie sich eingeholt sah, flehte sie zu den Göttern, sie unsichtbar werden zu lassen. Die Götter, von Mitleiden bewogen, verwandelten sie in einen Baum, den man Smyrna nennt. Zehn Monate nachher – so erzählt man – platzte der Baum, und Adonis wurde geboren. Aphrodite, von seiner Schönheit angezogen, verbarg ihn noch als unmündiges Kind, von den Göttern ungesehen, in einer Kiste und stellte ihn der Persephone zu, □ die ihn aber nicht wieder herausgeben wollte, sobald sie ihn erblickt hatte. Durch einen richterlichen Spruch des Zeus wurde nun das Jahr in drei gleiche Teile geteilt, wonach Adonis einen Teil sich selbst leben durfte, einen bei Persephone und den letzten bei Aphrodite zubringen sollte. Seinen eigenen Teil wußte nun Adonis nicht besser zu benützen, als daß er auch diese Zeit über bei Aphrodite blieb. Späterhin starb Adonis, von einem Schweine verwundet, auf der Jagd. □

Nach Kekrops Tode übernahm der im Lande geborene Kranaos die Regierung, während welcher die Deukalionische Flut entstanden sein soll. Dieser holte sich eine Gemahlin in Lakedaimon, die Pedias, des

Mynes Tochter, und zeugte mit ihr die Kranaë, Kranaichme und die Atthis. Nachdem letztere als Jungfrau gestorben war, nannte Kranaos das Land Atthis. □

Den Kranaos verjagte Amphiktyon und ergriff das Ruder des Staates. Ihn nennen einige einen Sohn des Deukalion, andere geben ihn für einen im Lande Geborenen aus. Nach einer Regierung von zwölf Jahren vertrieb ihn Erichthonios. Dessen Abstammung leiten einige von Hephaistos und der Tochter des Kranaos, Atthis, andere von Hephaistos und der Athena her, letzteres unter folgenden Umständen. □

Athena kam zu Hephaistos, um Waffen bei ihm zu bestellen. Da ergriff ihn, der gerade von Aphrodite verlassen worden war, wollüstiges Verlangen nach Athena, und er fing an, ihr nachzulaufen, worauf sie entfloh. Als er, jedoch mit vieler Not, weil er lahm war, sie erreicht hatte, machte er einen Versuch, sie zu umarmen. Sie aber, eine reine, züchtige Jungfrau, duldete es nicht. Dennoch befleckte er die Göttin am Bein. Von Ekel ergriffen, nahm sie ein Stück Wolle, wischte es ab und warf's auf den Boden. Jetzt ergriff sie die Flucht, und aus dem zu Boden Geworfenen entstand Erichthonios. □ Diesen zog Athena ohne Wissen der übrigen Götter auf und wollte ihn unsterblich machen. Sie legte ihn in eine Kiste, übergab diese der Pandrosos, des Kekrops Tochter, zur Verwahrung und verbot ihr, die Kiste zu öffnen. Allein die Schwestern der Pandrosos, von Neugier getrieben, öffneten die Kiste, erblickten das Kind, von einer Schlange umringelt, und wurden sofort, wie einige erzählen, von der Schlange selbst getötet. Nach Meinung anderer wurden sie durch die zürnende Athena in Wahnsinn versetzt und stürzten sich selbst von der Burg herab. □ Erichthonios, von Athena selbst in ihrem Heiligtume erzogen, vertrieb danach den Amphiktyon und herrschte über Athenai. Er stellte das Bildnis der Athena in der Burg auf und stiftete das Fest der Panathenaien. Seine Gemahlin wurde Praxithea, eine Naïade, welche ihm den Knaben Pandion gebar. □

Erichthonios war gestorben und hatte sein Grab in dem Heiligtume der Athena erhalten. Unter der Regierung seines Nachfolgers, Pandion, kamen Demeter und Dionysos nach Attika; Demeter wurde jedoch von Keleos in Eleusis, Dionysos von Ikarios aufgenommen, dem der Gott eine Weinranke zum Geschenke machte. Nachdem Ikarios die Zubereitung des Weins gelernt hatte, □ wollte er den Menschen das Gnadengeschenk des Gottes zuteil werden lassen und kam zu einigen Hirten, welche, nachdem sie den Trank gekostet, den ungemischten Wein voll Lust und in unmäßigen Zügen tranken, dann aber sich vergiftet glaubten und ihn ermordeten. Als sie jedoch am anderen Tage zur Besinnung gekommen waren, begruben sie ihn. Seiner Tochter Erigone, die den Vater suchte, entdeckte ein anhänglicher Hund namens Maira, der den Ikarios begleitet hatte, den Leichnam; und jene, vom Schmerz wegen ihres Vaters überwältigt, erhängte sich selbst. □

Pandion vermählte sich mit Zeuxippe, seiner Mutter Schwester, und zeugte mit ihr Töchter, die Prokne und Philomela, und Zwillingssöhne, den Erechtheus und Butes. Als nun wegen der Landesgrenzen ein Krieg mit Labdakos ausbrach, rief er den Tereus, des Ares Sohn, aus Thrake zu Hilfe und gab ihm nach glücklich unter seiner Beihilfe beendigtem Kriege seine Tochter Prokne zur Ehe. □ Tereus zeugte mit ihr einen Sohn, Itys, verliebte sich aber nun auch in Philomela und wußte sich diese dadurch seinen Wünschen geneigt zu machen, daß er vorgab, Prokne, die er auf seinem Landgute verborgen hielt, sei gestorben. Er schloß also eine zweite Ehe mit Philomela, schnitt ihr aber, nachdem er ihr beigewohnt, die Zunge heraus. Sie wob jedoch einige Worte in einen Schleier und tat auf diese Weise der Prokne kund, was ihr selbst begegnet war. □ Diese suchte nun ihre Schwester auf, tötete den Knaben Itys, kochte ihn und setzte ihn dem nichtsahnenden Tereus zur Speise vor. Darauf ergriff sie samt ihrer Schwester eiligst die Flucht. Sobald es Tereus merkte, nahm er ein Beil und verfolgte sie. Die beiden Frauen, als sie sich zu Daulia in Phokis eingeholt sahen, baten die Götter, sie möchten sie in Vögel verwandeln. Prokne wurde zur Nachtigall, Philomela zur Schwalbe. Auch Tereus wurde in einen Vogel, und zwar in einen Wiedehopf, verwandelt. □

Nach dem Tode des Pandion teilten seine Söhne das väterliche Erbe unter sich. Die Zügel der Regierung ergriff Erechtheus, das Priestertum der Athena und des Erechtheïschen Poseidon bekam Butes. Erechtheus nahm zur Gattin die Praxithea, eine Tochter des Phrasimos und der Diogeneia, des Kephisos Tochter, und bekam von ihr die Söhne Kekrops, Pandoros, Metion und die Töchter Prokris, Krëusa, Chthonia und Oreithyia, die von Boreas geraubt wurde. □

Mit der Chthonia vermählte sich Butes; mit Krëusa Xuthos; und Kephalos, der Sohn des Deïon, mit Prokris. Diese gab dem Pteleon gegen einen goldenen Kranz, den er ihr zum Geschenke machte, ihre Ehre preis. Von Kephalos ertappt, floh sie zu Minos. Dieser verliebte sich in sie und erreichte, daß sie auch seinen Lüsten Genüge tat. Aber eine Frau, die sich mit Minos einließ, war ganz sicher verloren. Pasiphaë nämlich hatte, weil Minos gar vielen Frauen beizuwohnen pflegte, ihm ein Arzneimittel beizubringen gewußt, dessen Wirkung darin bestand, daß, sobald er mit einer anderen schlief, dieser Würmer in den Leib drangen, worauf der Tod erfolgte. □ Nun besaß er einen schnellen Hund und einen gut treffenden Spieß, wofür Prokris ihm ihren Leib preisgab. Vorher hatte sie ihm jedoch von der Kirkeïschen Wurzel zu trinken gegeben, um selbst keinen Schaden zu nehmen.

Jetzt wandelte sie aber eine neue Furcht an, die vor der Gemahlin des Minos; daher begab sie sich nach Athenai, söhnte sich mit Kephalos aus und teilte seine Jagdausflüge, da sie eine geschickte Jägerin war. Während sie nun einst im Verfolgen eines Wildes begriffen war, warf Kephalos, der sie im Dickicht nicht erkannte, einen Wurfspieß, traf und tötete so die Prokris. Er wurde im Areiopagos gerichtet und ewige Verbannung über ihn ausgesprochen. □

Die Oreithyia raubte Boreas, eben als sie über den Fluß Ilissos setzte, und genoß ihrer Liebe. Sie gebar die Töchter Kleopatra und Chione und die Söhne Zetes und Kalaïs, welche beflügelt waren. Letztere nahmen an der Seefahrt des Iason teil und kamen bei der Verfolgung der Harpyien ums Leben. Nach Akusilaos wurden sie in der Gegend der Insel Tenos von Herakles umgebracht. □ Mit Kleopatra vermählte sich Phineus und bekam von ihr die Söhne Plexippos und Pandion. Nachdem ihm Kleopatra diese Söhne geboren hatte, nahm er Idaia, des Dardanos Tochter, zur Gattin. Diese beschuldigte ihre Stiefsöhne bei Phineus fälschlich, sie hätten ihr ungebührliche Anträge gemacht. Phineus glaubte es und blendete beide. Als aber nachher die Argonauten mit Boreas vorbeisegelten, übten sie Rache an ihm. □

Chione ergab sich dem Poseidon und, nachdem sie

ohne Wissen ihres Vaters den Eumolpos geboren, warf sie das Kind ins Meer, damit ihre Schande nicht offenbar würde. Poseidon nahm den Knaben auf und brachte ihn nach Aithiopia, wo er ihn der Benthesikyme, seiner Tochter von der Amphitrite, zur Erziehung übergab. Nachdem dieser in Benthesikymes Behausung herangewachsen war, gab ihm ihr Gemahl die eine von seinen Töchtern zur Gattin. □ Er aber vergriff sich auch an der Schwester seiner Frau und wollte ihr Gewalt antun. Deswegen wurde er verbannt und wandte sich mit seinem Knaben Ismaros zu dem thrakischen Könige Tegyrios. Dieser gab seinem Sohne seine Tochter zur Gattin. Später kam es jedoch an den Tag, daß jener gegen Tegyrios Böses im Schilde führte, und so floh er zu den Eleusiniern, mit denen er ein Freundschaftsbündnis schloß. Nachher, als Ismaros gestorben war, kam er auf Einladung des Tegyrios hin zurück, legte den alten Streit bei und übernahm das Reich. □ Als nun ein Krieg zwischen den Eleusiniern und den Athenern ausgebrochen, wurde er von den ersteren zu Hilfe gerufen und stand ihnen mit einem starken Haufen Thraker kräftig bei. Nun befragte Erechtheus das Orakel, wodurch die Athener den Sieg für sich gewinnen könnten, und erhielt von dem Gotte zur Antwort: Er würde den Krieg zu glücklichem Ende bringen, wenn er eine seiner Töchter schlachtete. Als er nun die jüngste schlachtete, töteten sich die übrigen selbst; sie hatten nämlich, wie einige berichten, einen gemeinschaftlichen Eid geschworen, alle miteinander zu sterben. □

Da nun nach dieser Metzelei die Schlacht losbrach, tötete Erechtheus den Eumolpos. Nachdem aber Poseidon auch das Ende des Erechtheus und seines Hauses herbeigeführt hatte, trat Kekrops, der älteste von den Söhnen des Erechtheus, die Regierung an. Dieser verehelichte sich mit Metiadusa, des Eupalamos Tochter, und zeugte einen Sohn, den Pandion. □

Dieser folgte dem Kekrops in der Regierung, wurde aber von den Söhnen des Metion in einem Aufruhre verjagt. Er begab sich nach Megara zu Pylas und vermählte sich mit dessen Tochter Pylia. Mittels dieser Verbindung wurde er nachher auch wiederum König des Staates. Pylas tötete nämlich seines Vaters Bruder, Bias, und übergab demzufolge das Reich dem Pandion; er selbst begab sich mit einem Haufen Volkes nach der Peloponnesos, wo er die Stadt Pylos gründete. □

Dem Pandion wurden während seines Aufenthalts in Megara folgende Söhne geboren: Aigeus, Pallas, Nisos und Lykos. Einige behaupten jedoch, Aigeus sei der Sohn des Skyrios gewesen und von Pandion nur für den seinigen ausgegeben worden.

Nach Pandions Tode zogen seine Söhne gegen Athenai zu Felde, vertrieben die Metioniden und teilten das Reich in vier Teile, jedoch so, daß Aigeus die Gewalt ungeteilt behielt. □ Er verehelichte sich nun zum ersten Male mit Meta, des Hoples Tochter, zum zweiten mit Chalkiope, der Tochter des Rhexenor. Weil er aber kinderlos blieb, bekam er Furcht vor seinen Brüdern, begab sich zu der Pythia und befragte das Orakel wegen der Geburt von Söhnen. Der Gott gab ihm zur Antwort:

»Früher öffne du nicht des Schlauchs
vorragendes Ende,
Bis du, kräftigster Held, zur Burg der
Athener gekommen.«

Da er nicht wußte, was er aus diesem Orakel machen sollte, trat er den Rückweg nach Athenai an und kehrte auf seiner Durchreise in Troizen bei Pittheus, dem Sohne des Pelops, ein. Dieser erriet den Sinn des Orakels, machte ihn trunken und legte ihn mit seiner Tochter Aithra zusammen. In derselben Nacht aber kam auch Poseidon zu ihr. Aigeus befahl nun der Aithra, falls sie einen Sohn gebäre, ihn aufzuziehen, ohne zu sagen, wer der Vater sei; er ließ auch unter einem Felsen ein Schwert und Schuhe zurück mit der Bemerkung, sie sollte ihm seinen Sohn mit diesen Dingen zusenden, sobald dieser im Stande wäre, das Felsstück abzuwälzen und die Sachen wegzunehmen. □

Er selbst ging nach Athenai und feierte den Festkampf der Panathenaien, in welchem der Sohn des Minos, Androgeos, alle besiegte. Diesen schickte Aigeus gegen den Marathonischen Stier, durch welchen er das Leben verlor. Einige jedoch behaupten, die von ihm besiegten Wettkämpfer haben ihm, als er sich nach Thebai zum Kampfspiele des Laïos begeben wollte, aufgelauert und ihn aus Neid ermordet. □ Minos opferte eben auf Paros den Chariten, als dieses Ende seines Sohnes ihm hinterbracht wurde. Da riß er den Kranz vom Haupte, hieß die Blasinstrumente schweigen, vollendete aber dessenungeachtet das Opfer. Deswegen opfert man noch heutzutage den Chariten auf Paros ohne Blasinstrumente und Kränze.

Nicht lange danach bekriegte dieser mächtige Seeheld Athenai mit einer Flotte, nahm Megara weg, wo Nisos, der Sohn des Pandion, herrschte, und tötete den Megareus, des Hippomenes Sohn, welcher aus der Stadt Onchestos dem Nisos zu Hilfe gekommen war. Auch Nisos starb, von seiner eigenen Tochter verraten. □ Mitten auf seinem Kopfe befand sich nämlich purpurfarbiges Haar, an dessen Erhaltung sein Leben geknüpft war. Seine Tochter Skylla, die sich in den

Minos verliebt hatte, riß dieses Haar ihrem Vater aus, und er starb. So wurde Minos Megaras mächtig, ließ aber die Jungfrau mit den Füßen an das Hinterteil seines Schiffes binden und so untertauchen. □

Der Krieg zog sich indessen doch in die Länge; da er nun Athenai nicht zu gewinnen vermochte, flehte er deshalb zu Zeus, er möchte an den Athenern die Strafe vollziehen, worauf denn Hungersnot und Pest über die Stadt hereinbrachen. Das erste, was unter diesen Umständen die Athener taten, war, daß sie, einem alten Orakelspruche zufolge, die ledigen Töchter des Hyakinthos, Antheïs, Aigleïs, Lytaia und Orthaia, auf dem Grabeshügel des Geraistos, eines Kyklopen, schlachteten. Der Vater dieser Mädchen, Hyakinthos, war aus Lakedaimon nach Athenai gekommen und hatte dort seinen Wohnsitz aufgeschlagen. □

Als aber dies nichts half, befragten sie das Orakel, wie sie des Übels loswerden könnten, worauf ihnen der Gott erwiderte, sie müßten dem Minos die Strafe zahlen, die er selbst bestimmen würde. Sie schickten deswegen Gesandte an Minos und forderten ihn auf, die Genugtuung zu bestimmen. Minos befahl ihnen, sieben Jünglinge und ebenso viele Jungfrauen dem Minotauros zur Speise zu schicken. Dieser war im Labyrinthe eingeschlossen, aus dem niemand, der hineinging, den Weg zurückfinden konnte, weil es durch vielfache Windungen den unbekannten Weg verschloß. □

Daidalos hatte es erbaut, der Sohn des Eupalamos und Enkel des Metion und der Alkippe, ein sehr geschickter Baumeister und der erste Erfinder der Standbilder. Er war aus Athenai geflüchtet, weil er seinen Schüler Talos, den Sohn seiner Schwester Perdix, von der Burg herabgestürzt hatte, aus Furcht, er könnte, vermöge seiner Künstleranlage, ihn übertreffen. Dieser hatte nämlich den Kinnbacken einer Schlange gefunden und damit ein Holz sehr zierlich zersägt. □ Als nun der Leichnam aufgefunden war, mußte sich jener vor das Gericht des Areiopagos stellen, wurde verdammt und floh zu Minos. Hier half er auch der Pasiphaë ihr wollüstiges Gelüste nach einem Stiere des Poseidon befriedigen, indem er eine hölzerne Kuh bildete. Auch baute er das Labyrinth, in welches die Athener jährlich sieben Jünglinge und ebenso viele Mädchen dem Minotauros zum Fraße liefern mußten. □

Theseus nun, der Sohn des Aigeus von der Aithra, wälzte, als er herangewachsen war, das Felsstück weg, hob die Schuhe und das Schwert auf und kam zu Fuße nach Athenai. Die Straße dahin reinigte er von den Bösewichtern, von welchen sie umlagert war. □ Zuerst tötete er in Epidauros den Periphetes, den Sohn des Hephaistos und der Antikleia, der von der Keule, die er trug, den Zunamen Keulenträger erhalten hatte. Schwach auf den Füßen, führte dieser eine eherne Keule mit sich, mit welcher er die Vorübergehenden erschlug. Theseus entriß sie ihm und trug sie von da an selbst. □

Sodann tötete er den Sinis, den Sohn des Polypemon und der Sylea, der Tochter des Korinthos. Er führte den Beinamen Fichtenbeuger. Er hatte sich nämlich auf der Korinthischen Landenge niedergelassen und zwang die Vorübergehenden, Fichten, die er herabbeugte, festzuhalten. Da die Reisenden zu schwach waren, um diese so zu halten, wurden sie von den Bäumen in die Höhe geschleudert und gänzlich zerrissen. Jetzt machte es Theseus mit dem Sinis, wie dieser es mit anderen gemacht hatte, und räumte ihn so aus dem Wege …

VIERTER TEIL

Als dritten tötete er in Krommyon ein Schwein, das Phaia genannt wurde nach der alten Frau, die es aufgezogen hatte. Dieses Schwein sei ein Sprößling der Echidna und des Typhon gewesen, wie einige sagen. □ Als vierten tötete er den Korinther Skeiron, einen Sohn des Pelops oder nach der Ansicht einiger des Poseidon. Dieser nun hielt in der Landschaft Megarike die nach ihm benannten Felsen, die Skeironiden, besetzt, zwang die Vorübergehenden, ihm die Füße zu waschen, und riß sie, während sie das taten, zum Fraß für eine riesengroße Schildkröte, in die Tiefe. □ Theseus aber ergriff ihn an den Füßen und stürzte ihn ins Meer. Als fünften tötete er in Eleusis den Kerkyon, den Sohn des Branchos und der Nymphe Argiope. Dieser zwang die Vorübergehenden, mit ihm zu ringen, und dabei tötete er sie. Theseus hob ihn hoch in die Höhe und ließ ihn dann plötzlich auf die Erde herunterfallen. □ Als sechsten tötete er den Damastes, oder wie einige ihn nennen, den Polypemon. Weil dieser sein Haus an der Straße hatte, stellte er zwei Betten auf, ein kleines und ein großes, und lud die Vorübergehenden gastfreundlich ein. Diejenigen, die klein von Gestalt waren, ließ er auf dem großen Bett schlafen und bearbeitete sie mit dem Hammer, um sie dem Bett anzupassen. Den Großen gab er das kleine Bett und sägte diejenigen Teile des Körpers ab, die überhingen.

Nachdem Theseus so die Straße von Bösewichtern gereinigt hatte, kam er nach Athenai. □ Medeia, die zu der Zeit mit Aigeus verheiratet war, hatte Böses gegen ihn im Sinne und überredete deshalb den Aigeus, sich vor ihm zu hüten, weil er Schlechtes gegen ihn im Schilde führe. Aigeus erkannte seinen eigenen Sohn nicht, und weil er sich vor ihm zu fürchten begann, schickte er ihn gegen den Marathonischen Stier. □ Als Theseus diesen getötet hatte, reichte er ihm ein Gift, welches er am selben Tage von Medeia erhalten hatte. Gerade in dem Moment, in dem ihm der Trank gereicht wurde, übergab dieser dem Vater das Schwert, das Aigeus ja genau kannte, und er schlug ihm den Becher aus den Händen. Als Theseus nun von seinem Vater wiedererkannt war und er auch Medeias böse Absichten erfahren hatte, vertrieb er sie. □

Für die dritte Tributzahlung an den Minotauros wurde er mit ausgewählt. Einige berichten, er habe sich freiwillig gemeldet. Da das Schiff ein schwarzes Segel hatte, gebot Aigeus seinem Sohn, wenn er lebend zurückkomme, das Schiff mit einem weißen Segel auszustatten. □ Als er nun in Krete ankam, verliebte sich die Tochter des Minos, Ariadne, heftig in ihn, und sie versprach ihm Hilfe, wenn er sie zu seiner Frau machen und nach Athenai mitnehmen würde. Als Theseus das unter Schwüren versprochen hatte, bat sie Daidalos, den Ausgang des Labyrinths zu verraten. □ Auf seinen Rat hin gab sie Theseus, als er das Labyrinth betrat, einen Faden. Diesen befestigte Theseus an der Tür und zog ihn beim Hineingehen hinter sich her. Als er den Minotauros im hintersten Teil des Labyrinths aufgespürt hatte, schlug er mit den Fäusten auf ihn ein und tötete ihn so. Mit Hilfe des Fadens, den er hinter sich herzog, gelangte er wieder ins Freie. Und während der Nacht erreichte er mit Ariadne und den Kindern Naxos. Dort raubte sie Dionysos, der in heftiger Liebe zu ihr entbrannt war; er beschlief sie, nachdem er sie nach Lemnos gebracht hatte. Und so zeugte er Thoas, Staphylos, Oinopion und Peparethos. □

Voller Trauer über Ariadne segelte Theseus weiter und vergaß, auf dem Schiff ein weißes Segel zu setzen. Aigeus, der von der Akropolis aus sah, daß das Schiff ein schwarzes Segel gehißt hatte, glaubte, daß Theseus umgekommen sei, stürzte sich selbst hinunter und starb. □ Theseus aber übernahm die Herrschaft über Athenai und tötete die Söhne des Pallas, fünfzig an der Zahl. Genauso wurden alle die von ihm beseitigt, die gegen ihn aufstanden; und nun besaß er allein die ganze Herrschaft. □

Minos nun, als er die Flucht des Theseus und seiner Gefährten bemerkt hatte, sperrte den schuldigen Daidalos im Labyrinth ein, zusammen mit seinem Sohn Ikaros, der ihm von Naukrate, einer Sklavin des Minos, geboren worden war. Daidalos verfertigte für sich und seinen Sohn Flügel. Als dieser sie schon ausgebreitet hatte, gab er ihm folgende Anweisungen: weder zu hoch zu fliegen, damit die Flügel nicht auseinanderfielen, wenn der Leim durch die Sonne geschmolzen war, noch zu nahe über dem Meer zu fliegen, damit nicht die Flügel von der Feuchtigkeit zerstört würden. □ Ikaros aber achtete nicht auf das, was der Vater sagte, hatte sein Vergnügen und wurde immer höher getragen, der Leim schmolz, und er fiel in das nach ihm benannte Ikarische Meer und starb. Daidalos gelangte sicher nach Kamikos in Sikelia. □

Minos aber verfolgte Daidalos; und in jedes Land, das er durchforschte, brachte er ein gewundenes Schneckengehäuse mit und versprach demjenigen großen Lohn, der einen Faden durch das Gehäuse hindurchzöge. Damit glaubte er Daidalos zu finden. Als er nun nach Kamikos in Sikelia zu Kokalos gekommen war, bei dem sich Daidalos verbarg, zeigte er das Gehäuse. Der nahm es, versprach das Einfädeln und gab es dem Daidalos. □ Dieser hängte eine Ameise an den Faden, durchbohrte das Gehäuse und ließ sie durch die Öffnung hindurchkriechen. Als Minos den hindurchgezogenen Faden in Empfang genommen hatte, merkte er, daß sich Daidalos bei Kokalos aufhielt, und sofort forderte er seine Herausgabe. Kokalos versprach, ihn auszuliefern, und nahm Minos gastfreundlich auf. Nach dem Bade wurde dieser von den Töchtern des Kokalos beseitigt; wie einige sagen, starb er, weil er mit kochendem Wasser übergossen wurde. □

Als Theseus zusammen mit Herakles gegen die Amazonen kämpfte, raubte er die Antiope, oder wie einige sagen, Melanippe, Simonides aber sagt, Hippolyte. Deshalb führten die Amazonen gegen Athenai Krieg. Nachdem sie auf dem Areiopagos ein Lager aufgeschlagen hatten, besiegte sie Theseus zusammen mit den Athenern. □ Obwohl er von der Amazone einen Sohn, Hippolytos, hatte, nahm er aus Deukalions Hand Phaidra an, eine Tochter des Minos. Während der Hochzeitsfeierlichkeiten erschien die Amazone, die vorher mit Theseus verheiratet war, zusammen mit ihren Amazonen, bewaffnet, und wollte die Gäste töten. Diese schlossen schnell die Türen und töteten sie. Einige behaupten, daß sie während des Kampfes von Theseus getötet worden sei. □

Phaidra, nachdem sie Theseus zwei Kinder geboren

hatte, Akamas und Demophon, entbrannte in Liebe zu dem Sohn der Amazone, nämlich Hippolytos, und forderte ihn auf, mit ihr zusammenzuliegen. Der aber haßte alle Frauen und floh vor dem Beischlaf. Da Phaidra befürchtete, daß er sie beim Vater verklagte, zerschlug sie die Türen des Schlafzimmers, zerriß ihre Kleider und beschuldigte Hippolytos fälschlich, daß er ihr Gewalt angetan habe. □ Theseus glaubte ihr und betete zu Poseidon, Hippolytos zu verderben. Als dieser nun Hippolytos auf seinem Wagen sah und er nahe am Meer haltmachte, ließ er einen Stier aus der Brandung aufsteigen. Die Pferde scheuten, der Wagen brach, Hippolytos verfing sich in den Zügeln und wurde zu Tode geschleift. Als aber die Leidenschaft der Phaidra doch ruchbar geworden war, erhängte sie sich. □

Da entbrannte Ixion in Liebe zu Hera und versuchte, ihr Gewalt anzutun. Hera berichtete Zeus davon, und weil dieser wissen wollte, ob sich die Sache auch so verhielt, bildete er eine Wolke in Gestalt der Hera nach und legte sie neben ihn. Als sich nun Ixion brüstete, daß er mit Hera geschlafen habe, band Zeus ihn an ein Rad; von diesem wurde er durch die Winde in den Äther getragen. Das war die Strafe, die er abbüßen mußte. Die Wolke wurde von Ixion schwanger und gebar den Kentauros. □

Theseus kämpfte auf seiten des Peirithus, als dieser in einen Krieg gegen die Kentauren verwickelt war. Peirithus, bewirtete nämlich, als er um Hippodameia warb, die Kentauren, weil sie ihre Verwandten waren. Sie tranken reichlich; da sie Wein aber nicht gewohnt waren, wurden sie betrunken. Als nun die Braut hineingeführt wurde, wollten sie ihr Gewalt antun. Peirithus aber, der bewaffnet war, nahm zusammen mit

Theseus den Kampf auf; und Theseus tötete viele von ihnen. □

Kaineus war früher eine Frau. Nach dem Beischlaf mit Poseidon bat sie, ein unverwundbarer Mann zu werden. Deshalb achtete er auch im Kampf mit den Kentauren nicht auf seine Wunden und tötete viele Kentauren. Die übrigen aber umringten ihn und schlugen mit Fichten so lange auf ihn ein, bis sie ihn in die Erde getrieben hatten. □ Theseus hatte mit Peirithus vereinbart, Töchter des Zeus zu heiraten. Für sich raubte er mit Peirithus' Hilfe die Helene aus Sparte. Sie war gerade zwölf Jahre alt. Um für Peirithus um Persephone zu werben, stieg er in den Hades hinab. Die Dioskuren, zusammen mit den Lakedaimoniern und Arkadiern, nahmen inzwischen Athenai ein und führten Helene und mit ihr die Tochter des Pittheus, Aithra, als Kriegsgefangene hinweg. Demophon und Akamas entflohen. Die Dioskuren riefen auch den Menestheus zurück und übergaben ihm die Herrschaft über Athenai. □ Als Theseus mit Peirithus im Hades ankam, wurde er betrogen. Hades, der so tat, als ob er sie gastlich aufnahm, sagte, sie möchten doch zuerst auf dem Thron der Lethe Platz nehmen. Dort wuchsen sie an und wurden durch die Windungen von Schlangen festgehalten. Peirithus nun blieb für immer dort; den Theseus aber holte Herakles wieder herauf und schickte ihn nach Athenai. Von dort wurde er von Menestheus vertrieben und kam zu Lykomedes; dieser stürzte ihn in den Abgrund und tötete ihn. □

FÜNFTER TEIL

Tantalos büßte im Hades, indem er über sich einen Felsen hatte, der drohte, auf ihn herabzustürzen. Bis in alle Ewigkeit stand er in einem See, und in Schulterhöhe sah er zu beiden Seiten Bäume mit Früchten am See wachsen. Das Wasser reichte bis an seine Knie; wenn er es erreichen wollte, um zu trinken, trocknete es ein; wenn er von den Früchten essen wollte, wurden die Bäume mit den Früchten durch die Winde bis an die Wolken emporgehoben. Er wurde bestraft, wie einige sagen, weil er den Menschen die Geheimnisse der Götter verraten und weil er seinen Gefährten von der Speise der Götter abgegeben habe. □

Broteas, ein Jäger, brachte der Artemis keine Ehrerbietung entgegen. Er sagte, daß ihm sogar Feuer nichts anhaben könnte. Er wurde wahnsinnig und stürzte sich selbst ins Feuer. □

Pelops, auf dem Festmahl der Götter geschlachtet und gekocht, wurde noch schöner, als er wieder lebendig geworden war. Wegen dieser Schönheit wurde er ein Liebling des Poseidon, der ihm einen Wagen mit Flügeln schenkte; dessen Achsen wurden nicht naß, auch wenn er durch das Meer fuhr. □ Nun hatte der König von Pisa, Oinomaos, eine Tochter mit Namen Hippodameia. Ob er sie nun so liebte, wie einige meinen, oder ob ihm ein Orakel verkündet hatte, daß er durch die Hand ihres Ehemannes sterben müßte, jedenfalls erhielt sie keiner zur Frau. Zum einen redete ihr der Vater nicht zur Heirat zu, zum anderen wurden die Freier von ihm getötet. □ Weil er Waffen und Pferde von Ares bekommen hatte, stellte er als Kampfpreis für die Freier die Hochzeit in Aussicht. Jeder Freier mußte die Hippodameia in seinen eigenen Wagen nehmen und bis zum Isthmos von Korinthos fliehen; Oinomaos setzte ihm sofort bewaffnet nach, und wenn er ihn einholte, tötete er ihn. Wen er aber nicht einholte, der sollte Hippodameia zur Frau haben. Auf diese Weise tötete er viele Freier; zwölf, wie einige sagen. Die Köpfe der Freier schlug er ab und nagelte sie an sein Haus. □

Da kam nun auch Pelops als Bewerber an. Als Hippodameia seine Schönheit sah, verliebte sie sich in ihn und überredete Myrtilos, den Sohn des Hermes, ihr zu helfen. Myrtilos war der Wagenlenker des Oinomaos. □ Myrtilos, der sie liebte und ihr gefällig sein wollte, steckte keine Nägel in die Radachsen und erreichte so, daß Oinomaos beim Wettlauf unterlag, er verfing sich in den Zügeln und wurde zu Tode geschleift. Nach der Meinung einiger aber wurde er von Pelops getötet. Während er starb, merkte er die Hinterlist des Myrtilos, fluchte diesem und wünschte, daß dieser durch Pelops' Hand zugrunde gehen möchte. □ Pelops nahm nun die Hippodameia mit. Als er unterwegs an einem bestimmten Ort angekommen war – Myrtilos hatte er bei sich –, ging er ein wenig zurück, um für seine dürstende Frau Wasser zu holen. Myrtilos versuchte inzwischen, ihr Gewalt anzutun. Als Pelops das von ihr erfahren hatte, warf er Myrtilos am Geraistischen Vorgebirge in das nach jenem benannte Myrtoïsche Meer. Beim Hinunterfallen stieß dieser Verwünschungen gegen Pelops' Geschlecht aus. □ Pelops gelangte an den Ozean, ließ sich von Hephaistos reinigen und ging zurück nach Pisa in Elis. Er übernahm das Königreich des Oinomaos, unterwarf das frühere Apia und Pelasgiotis und nannte es nach sich Peloponnesos. □

Die Söhne des Pelops waren: Pittheus, Atreus, Thyestes und andere. Atreus' Frau war Aërope, die Tochter des Katreus. Die aber liebte den Thyestes. Einmal gelobte Atreus, das schönste Lamm aus seiner Schafherde der Artemis zu opfern. Als dann ein goldenes Lamm geboren wurde, sagt man, kümmerte er sich nicht um das Gelübde. □ Er erwürgte es, legte es in eine Truhe und bewahrte es dort auf. Aërope gab diese Truhe Thyestes, von dem sie sich zum Ehebruch hatte verführen lassen. Als nun den Mykenern das Orakel gegeben war, einen Pelopiden zum König zu wählen, schickten sie nach Atreus und Thyestes. Da entbrannte ein Streit um die Königsherrschaft, und Thyestes erklärte der Menge, daß demjenigen die Königswürde zufallen müsse, der das goldene Lamm habe. Atreus stimmte zu. Thyestes zeigte das Lamm vor und wurde König. □ Zeus aber schickte Hermes zu Atreus und sagte, er sollte doch mit Thyestes übereinkommen, daß Atreus als König herrschen sollte, wenn Helios seinen Weg in entgegengesetzter Richtung machen würde. Nach Thyestes' Zustimmung ging Helios im Osten unter. So war durch das Schicksal der Betrug des Thyestes bezeugt. Atreus übernahm das Reich und verbannte Thyestes. □

Später aber, nachdem er den Ehebruch entdeckt hatte, schickte er einen Boten zu Thyestes, um sich zu versöhnen. Er heuchelte ihm Freundschaft und schlachtete nach seiner Ankunft die Söhne Aglaos,

Kallileon und Orchomenos, die Thyestes von einer Nymphe hatte, obwohl diese auf dem Altar des Zeus Schutz gesucht hatten. Er zerteilte sie in Stücke, kochte sie und setzte sie dem Thyestes vor, aber ohne die Gliedmaßen. Nachdem dieser gegessen hatte, zeigte er ihm die Gliedmaßen und vertrieb ihn aus dem Land. □ Thyestes versuchte nun auf alle mögliche Weise, sich an Atreus zu rächen. Er befragte deshalb das Orakel und erhielt als Antwort, daß er ein Kind mit seiner eigenen Tochter zeugen müsse. Er tat es und zeugte mit seiner Tochter den Aigisthos. Als dieser, zum Mann herangewachsen, erfahren hatte, daß er ein Sohn des Thyestes war, tötete er Atreus und setzte Thyestes wieder als König ein. □

. . .

Die Amme aber brachte Agamemnon zusammen mit Menelaos zu Polypheides, der über Sikyon herrschte; der wiederum schickte sie zu dem Aitolier Oineus. Nicht viel später führte Tyndareos sie wieder zurück. Sie verfolgten Thyestes, ließen ihn, als er zum Altar der Hera geflohen war, schwören, in Kytheria Wohnung zu nehmen. Dadurch, daß sie seine Töchter heirateten, wurden sie Tyndareos' Schwiegersöhne. Agamemnon heiratete Klytaimnestra, nachdem er ihren Ehemann Tantalos, den Sohn des Thyestes, und ihr neugeborenes Kind getötet hatte. Menelaos heiratete Helene. □

Agamemnon herrschte über die Mykener und heiratete des Tyndareos Tochter Klytaimnestra, nachdem er ihren früheren Mann Tantalos, den Sohn des Thyestes, zusammen mit ihrem Kind getötet hatte. Ihm wurde ein Sohn geboren, Orestes, und die Töchter Chrysothemis, Elektra und Iphigeneia. Menelaos heiratete Helene und herrschte über Sparte, nachdem ihm Tyndareos die Herrschaft übergeben hatte.

SECHSTER TEIL

Später hingegen raubte Alexandros die Helene, wie einige sagen, nach Zeus' Willen, damit seine Tochter, wenn Europe und Asia in einen Krieg verwikkelt wären, berühmt würde, oder wie andere meinen, um das Geschlecht der Halbgötter zu erhöhen. □ Aus einem von diesen Gründen nun warf Eris einen Apfel für Hera, Athena und Aphrodite als Schönheitspreis hinein. Zeus befahl, daß Hermes die drei auf den Ida zu Alexandros führen sollte, damit dieser die Entscheidung träfe. Sie versprachen nun Alexandros Geschenke: Hera versprach ihm die Königsherrschaft über alle, wenn sie den Triumph genießen könnte, Athena versprach Sieg im Krieg und Aphrodite die Helene als Frau. Er entschied daraufhin zu Aphrodites Gunsten und segelte mit einem von Phereklos gebauten Schiff nach Sparte. □ Neun Tage lang war er Gast des Menelaos; als dieser aber am zehnten Tag nach Krete abreiste, um am Begräbnis des Katreus, des Vaters seiner Mutter, teilzunehmen, überredete Alexandros die Helene, mit ihm zu kommen. Sie ließ die neunjährige Hermione im Stich, brachte den größten Teil ihrer Habe an Bord und segelte mit ihm bei Nacht davon. □

Hera schickte ihnen aber einen großen Sturm, von

dem sie gezwungen worden, auf Sidon zuzusteuern. Da Alexandros befürchtete, verfolgt zu werden, blieb er lange Zeit in Phoinike und Kypros. Als er aber glaubte, daß eine Verfolgung nicht mehr möglich war, kam er mit Helene nach Troia. □ Einige aber sagen, daß Helene nach Zeus' Willen von Hermes geraubt, nach Aigyptos gebracht und dem Proteus, dem König über die Aigypter, übergeben worden sei, damit er sie bewache. Alexandros aber sei mit einem Phantombild, das aus Wolken gemacht war, nach Troia gekommen. □ Als nun Menelaos den Raub bemerkt hatte, kam er nach Mykenai zu Agamemnon und verlangte von ihm, ein Heer gegen Troia aufzustellen und Soldaten in Hellas auszuheben. Dieser schickte einen Herold zu jedem der Könige und erinnerte sie an den Eid, den sie geschworen hatten, und mahnte sie, auf die Sicherheit der eigenen Frau zu achten, denn die Tat komme einer allgemeinen Mißachtung von Hellas gleich. Als nun viele zum Kampf Willige gekommen waren, schickte man auch zu Odysseus nach Ithake. □ Der aber wollte nicht in den Krieg ziehen und täuschte Wahnsinn vor. Palamedes, der Sohn des Nauplios, führte den Beweis, daß der Wahnsinn nur vorgetäuscht war. Während sich nun Odysseus wie rasend gebärdete, folgte er ihm nach, riß Telemachos von Penelopes Brust und zog das Schwert, als ob er ihn töten wollte. Odysseus, der um seinen Sohn fürchtete, gestand, daß der Wahnsinn vorgetäuscht war, und zog mit in den Krieg. □ Als Odysseus einen phrygischen Kriegsgefangenen gemacht hatte, zwang er diesen, einen Brief zu schreiben, so als ob er von Priamos an Palamedes gerichtet wäre – also Verrat. Außerdem versteckte er im Zelt des Palamedes eine Goldtafel. Den Brief ließ er im Lager fallen. Nachdem Agamemnon den Brief gelesen und das

Gold gefunden hatte, übergab er den Palamedes den anderen Soldaten, damit sie ihn wie einen Verräter steinigten.

Menelaos kam mit Odysseus und Talthybios zu Kinyras nach Kypros und wollte ihn überreden, mit in den Krieg zu ziehen. Der aber machte dem nicht mit anwesenden Agamemnon Brustspangen zum Geschenk und versicherte mit einem Eid, fünfzig Schiffe zu schicken. Er schickte aber nur eins, welches ... der Sohn des Mygdalion befehligte, die restlichen fertigte er aus Erde und ließ sie ins Meer. □

Die Töchter des Anios, eines Apollonsohnes, nämlich Elaïs, Spermo und Oino, werden die Winzerinnen genannt. Ihnen hatte Dionysos die Gabe verliehen, aus der Erde Öl, Getreide und Wein hervorzubringen. □

Das Heer sammelte sich in Aulis. Die Krieger gegen Troia waren die folgenden: von den Boiotiern zehn Heerführer: sie brachten vierzig Schiffe mit. Von den Orchomeniern vier: sie brachten dreißig Schiffe mit. Von den Phokern vier Heerführer: sie brachten vierzig Schiffe mit. Von den Lokrern kam Aias, der Sohn des Oileus: er brachte vierzig Schiffe mit. Von den Euboiern Elephenor, der Sohn des Chalkodon und der Alkyone: er brachte vierzig Schiffe mit. Von den Athenern Menestheus: er brachte fünfzig Schiffe mit. Von den Salaminiern Telamons Sohn Aias: er brachte zwölf Schiffe mit. □ Von den Argeiern Tydeus' Sohn Diomedes mit seinen Gefährten: er brachte achtzig Schiffe mit. Von den Mykenern Agamemnon, der Sohn des Atreus und der Aërope: einhundert Schiffe. Von den Lakedaimoniern Menelaos, der Sohn des Atreus und der Aërope: sechzig Schiffe. Von den Pyliern Nestor, der Sohn des Neleus und der Chloris: vierzig Schiffe. Von den Arkadiern Agapenor: sieben Schiffe. Von den

Eleiern Amphimachos und seine Gefährten: vierzig Schiffe. Von den Dulichiern Meges, der Sohn des Phyleus: vierzig Schiffe. Von den Kephallenern Odysseus, der Sohn des Laërtes und der Antikleia: zwölf Schiffe. Von den Aitoliern Thoas, der Sohn des Andraimon und der Gorge: er brachte vierzig Schiffe mit. □ Von den Kretern Idomeneus, der Sohn des Deukalion: fünfzig Schiffe. Von den Rhodiern Tlepolemos, der Sohn des Herakles und der Astyoche: neun Schiffe. Von den Symaiern Nireus, der Sohn des Charopos: drei Schiffe. Von den Koern Pheidippos und Antiphos, die Söhne des Thessalos: dreißig Schiffe. □ Von den Myrmidonen Achilleus, der Sohn des Peleus und der Thetis: fünfzig Schiffe. Aus Phylake Protesilaos, der Sohn des Iphiklos: vierzig Schiffe. Von den Pheraiern Eumelos, der Sohn des Admetos: elf Schiffe. Von den Olizonern Philoktetes, der Sohn des Poias: sieben Schiffe. Von den Ainianern Guneus, der Sohn des Okytos: zweiundzwanzig Schiffe. Von den Trikkaiern Podaleirios ...: dreißig Schiffe. Von den Ormeniern Eurypylos, ...: vierzig Schiffe. Von den Gyrtoniern Polypoites, der Sohn des Peirithus: dreißig Schiffe. Von den Magnetern Prothoos, der Sohn des Tenthredon: vierzig Schiffe. Die Gesamtmenge der Schiffe betrug eintausendunddreizehn. Dreiundvierzig Heerführer. Dreißig Abteilungen. □

Das Heer versammelte sich in Aulis. Apollon war ein Opfer gebracht worden, als sich eine große Schlange vom Altar bei der nahen Platane, auf der sich ein Nest befand, schnell in Bewegung setzte. Nachdem sie die acht Sperlinge im Nest zusammen mit der Mutter, also dem neunten Vogel, gefressen hatte, wurde sie zu Stein. Kalchas weissagte ihnen, daß dieses Zeichen nach Zeus' Willen geschähe. Er deutete es und sagte, daß zehn Jahre nötig wären, um Troia einzunehmen. Und sie rüsteten sich, nach Troia zu segeln. □ Agamemnon selbst war der Oberbefehlshaber des gesamten Heeres, der fünfzehnjährige Achilleus der Kommandant der Flotte. □

Da sie den Weg nach Troia nicht kannten, steuerten sie auf Mysia zu und verwüsteten es, in der Annahme, es sei Troia. Telephos, der Sohn des Herakles, herrschte über die Mysier. Als er nun das Land geplündert sah, bewaffnete er die Mysier, trieb die Hellenen auf die Schiffe und tötete viele, unter ihnen auch Thersandros, den Sohn des Polyneikes, weil er sich ihm entgegengestellt hatte. Als Achilleus gegen ihn anstürmte, blieb er nicht stehen und wurde verfolgt. Während der Verfolgungsjagd verfing er sich im Zweig eines Weinstocks und wurde mit dem Speer an der Hüfte verwundet. □

Die Hellenen hatten Mysia verlassen und fuhren auf die hohe See hinaus, als ein heftiger Sturm aufkam. Sie wurden voneinander getrennt und langten wieder in ihrem Heimatland an. Weil nun die Hellenen zurückgekehrt waren, sagte man damals, daß der Krieg zwanzig Jahre dauern werde. Denn im zweiten Jahr nach dem Raub der Helene hatten die Hellenen die Kriegsvorbereitungen beendet, ihre Rückkehr von Mysia nach Hellas war acht Jahre später. Dann waren sie wieder nach Argos aufgebrochen und kamen nach Aulis. □

Als sie sich nach achtjähriger Pause wieder in Argos versammelt hatten, waren sie in großer Verlegenheit wegen des Kurses, denn sie hatten keinen Führer, der in der Lage war, ihnen den Weg nach Troia zu weisen. □ Telephos, dessen Wunde nicht heilte, war in Lumpen gehüllt von Mysia nach Argos gekommen, weil ihm Apollon gesagt hatte, daß er dann Heilung erlangen könnte, wenn derjenige, der ihn verwundet hatte, sein Arzt würde. Er bat Achilleus um Hilfe. Nachdem er versprochen hatte, den Seeweg nach Troia zu zeigen, wurde er geheilt, nachdem Achilleus den Rost von seinem peliadischen Speer abgekratzt hatte. Der Geheilte wies nun den Weg. Zeuge für die Richtigkeit der gewiesenen Richtung war Kalchas durch seine Sehergabe. □

Als sie nun von Argos aufgebrochen waren und zum zweitenmal nach Aulis kamen, hielt Windstille die Fahrt auf. Kalchas sagte, sie könnten ihre Fahrt nur fortsetzen, wenn die schönste von Agamemnons Töchtern der Artemis als Opfer dargebracht würde, denn die Göttin war zornig auf Agamemnon, weil dieser bei der Jagd auf eine Hirschkuh gesagt hatte, daß auch Artemis es nicht hätte besser machen können, und außerdem zürnte sie, weil Atreus ihr nicht das goldene Lamm geopfert hatte. □ Nach diesem Orakel schickte Agamemnon Odysseus und Talthybios zu Klytaimnestra und verlangte nach Iphigeneia, indem er ausrichten ließ, daß er versprochen habe, sie Achilleus zur Frau zu geben als Lohn für seine kriegerischen Taten. So wurde Iphigeneia mitgeschickt. Agamemnon stellte sie neben den Altar und war im Begriff, sie zu opfern, da raubte sie Artemis und machte sie bei den Taurern zu ihrer Priesterin; neben den Altar stellte sie an Iphigeneias Statt eine Hirschkuh. Einige aber sagen, sie habe Iphigeneia unsterblich gemacht. □

Sie brachen von Aulis auf und steuerten Tenedos an. Es wurde regiert von Tenes, dem Sohn des Kyknos und der Prokleia. Andere hielten ihn für einen Sohn des Apollon. Tenes hatte sich hier niedergelassen, nachdem er von seinem Vater verbannt worden war. □ Denn Kyknos hatte von der Prokleia, der Tochter des Laomedon, einen Sohn, eben den Tenes, und die Tochter

Hemithea. Später heiratete er Philonome, die Tochter des Tragasos. Diese verliebte sich heftig in Tenes, und weil sie ihn nicht verführen konnte, klagte sie ihn fälschlich bei Kyknos an, daß er sie entehrt habe. Als Zeugen dafür brachte sie einen Flötenspieler bei mit Namen Eumolpos. □ Kyknos glaubte ihr, sperrte Tenes mit seiner Schwester in einen Kasten und setzte sie auf dem Meer aus. Der Kasten steuerte auf die Insel Leukophrys zu, Tenes stieg aus, siedelte sich dort an und nannte sie nach sich Tenedos. Kyknos erfuhr später die Wahrheit, steinigte den Flötenspieler und begrub seine Frau lebendig in der Erde. □

Als nun die Hellenen vor Tenedos lagen, sah Tenes sie und warf Steine, um sie zurückzudrängen. Er wurde aber von Achilleus mit einem Speer in die Brust getroffen und starb, obwohl Thetis Achilleus vorher gewarnt hatte, Tenes zu töten. Denn er selbst würde von Apollons Hand sterben, falls er Tenes tötete. □ Sie opferten nun dem Apollon. Nach der Opferhandlung kroch vom Altar eine Wasserschlange und biß den Philoktetes. Die Wunde heilte nicht und verbreitete einen üblen Geruch, und so lag das Heer fest. Da setzte ihn Odysseus auf Agamemnons Befehl auf Lemnos aus und gab ihm Pfeil und Bogen des Herakles, die in seinem Besitz waren. Durch die Jagd auf Vögel fristete er dort in der Einöde sein Leben. □

Sie brachen von Tenedos auf und segelten nach Troia und schickten Odysseus und Menelaos, um Helene und ihr Hab und Gut einzufordern. Aber die Troer hatten gemeinsam beschlossen, nicht nur die Helene nicht herauszugeben, sondern auch diejenigen zu töten, die das forderten. □ Die nun – Odysseus und Menelaos – rettete Antenor. Die Hellenen aber, erbost über die Mißachtung durch die Fremden, griffen zu den Waffen und segelten auf sie zu. Thetis befahl Achilleus, nicht als erster von Bord zu gehen. Denn wer als erster von Bord gehe, werde als erster sterben. Als die Fremden die Absicht der Hellenen merkten, stürmten sie mit den Waffen ins Meer und versuchten die Landung zu verhindern, indem sie Steine schleuderten. □

Der erste der Hellenen, der das Schiff verließ, war Protesilaos; nachdem er nicht wenige der Fremden getötet hatte, fiel er durch Hektors Hand. Seine Frau Laodameia liebte ihn auch nach dem Tod, sie verfertigte ein Bild, das dem Protesilaos ähnlich war, und sprach mit ihm. Da hatten die Götter Mitleid mit ihr, und Hermes holte Protesilaos wieder aus dem Hades herauf. Als Laodameia ihn sah und glaubte, er sei aus Troia gekommen, da war sie fröhlich, als er aber wieder in den Hades gebracht wurde, tötete sie sich selbst. □

Nach Protesilaos' Ende ging Achilleus mit den Myrmidonen an Land und schleuderte einen Stein auf das Haupt des Kyknos und tötete ihn so. Als die Fremden ihn tot sahen, flüchteten sie in die Stadt, die Hellenen verließen die Schiffe, und sogleich war die Ebene voller Menschen. Sie schlossen die Troer ein und belagerten sie. Ihre Schiffe zogen sie an Land. □ Weil die Fremden sich passiv verhielten, lauerte Achilleus dem Troilos im Heiligtum des Thymbraïschen Apollon auf und tötete ihn. Bei Nacht kam Achilleus in die Stadt und bemächtigte sich des Lykaon. Er nahm auch einige der Vornehmsten mit sich und begab sich zu den Rindern des Aineias, des Priamos Sohn. Dieser aber floh. Da tötete er die Hirten und den Priamossohn Mestor; die Rinder trieb er weg. □

So nahm er auch Lesbos und Phokaia ein, dann Kolophon, Smyrna, Klazomenai und Kyme. Nach diesen Aigialos und Tenos, die sogenannten hundert Städte, dann Adramytion und Side, Endion und Linaion. Er nahm auch das Hypoplakische Thebai ein und Lyrnessos; ferner Antandros und noch viele andere Städte. □

Als nun neun Jahre vergangen waren, erhielten die Troer Verstärkung; aus den umliegenden Städten kamen: Aineias, der Sohn des Anchises, und mit ihm Archelochos und Akamas, die Söhne Antenors und der Theano; es kamen die Heerführer der Dardanier; von den Thrakern Akamas, der Sohn des Eusoros; von den Kikonen Euphemos, der Sohn des Troizenos; von den Paionern Pyraichmes; von den Paphlagonern Pylaimenes, der Sohn des Bilsates; □ aus Zelia Pandaros, der Sohn des Lykaon; aus Adrasteia Adrastos und Amphios, Söhne des Merops; aus Arisbe Asios, der Sohn des Hyrtakos, aus Larissa Hippothoos, der Sohn des Pelasgos; aus Mysia Chromios und Ennomos, Söhne des Arsinoos; von den Alizonern Odios und Epistrophos, die Söhne des Mekisteus; von den Phrygern Phorkys und Askanios, die Söhne des Aretaon; von den Maionern Mesthles und Antiphos, die Söhne des Talaimenes; von den Karern Nastes und Amphimachos, die Söhne des Nomion; von den Lykiern Sarpedon, ein Sohn des Zeus, und Glaukos, der Sohn des Hippolochos. □

SIEBENTER TEIL

Achilleus zog nicht in den Kampf, weil er zornig war wegen der Briseïs, ... der Tochter des Priesters Chryses. Deshalb wurden die Fremden beherzt und machten einen Vorstoß aus der Stadt. Alexandros und Menelaos lieferten sich einen Zweikampf; als Alexandros unterlag, brachte ihn Aphrodite schnell weg. Pandaros brach den Treueeid, indem er auf Menelaos einen Pfeil abschoß. □ Diomedes tat sich hervor und verwundete die Aphrodite, als sie Aineias zu Hilfe kam. Als er auf Glaukos traf, erinnerte er sich der Freundschaft ihrer Väter und tauschte mit ihm die Rüstung. Hektor forderte den Besten zum Zweikampf heraus, viele kamen, aber das Los fiel auf Aias, und er zeichnete sich sehr aus. Bei Anbruch der Nacht trennten die Herolde die Kämpfenden voneinander. □

Die Hellenen errichteten eine Mauer und einen Graben zum Schutz für den Ankerplatz. Als es nun zu einem Kampf in der Ebene kam, verfolgten die Troer die Hellenen bis zu dieser Mauer, und die schickten Odysseus, Phoinix und Aias als Abgesandte zu Achilleus, die ihn auffordern sollten, am Kampf teilzunehmen, und sie versprachen ihm die Briseïs und noch andere Geschenke. □ Als es Nacht geworden war, schickten sie Odysseus und Diomedes als Späher aus. Diese töteten Dolon, den Sohn des Eumelos, und den Thraker Rhesos, der erst vor einem Tag als Verbündeter der Troer angekommen war, noch nicht mitkämpfte und sich in einiger Entfernung von der troischen Streitmacht und abgesondert von Hektor lagerte, und die zwölf Mann, die um ihn herum im Schlaf lagen; die Pferde führten sie auf ihre Schiffe. □

Am Tage kam es zu einer gewaltigen Schlacht. Agamemnon und Diomedes, Odysseus, Eurypylos und Machaon wurden verwundet. Nachdem sich die Hellenen zur Flucht gewandt hatten, durchbrach Hektor die Mauer, stürmte hinein und warf Feuer auf die Schiffe, als Aias zurückwich. □

Als Achilleus des Protesilaos Schiff brennen sah, schickte er Patroklos in seiner eigenen Rüstung hinaus, zusammen mit den Myrmidonen, und gab ihm die Pferde. Die Troer sahen ihn und meinten, es wäre Achilleus; da wandten sie sich um und flohen. Er verfolgte sie bis zur Mauer und tötete viele, unter ihnen den Sarpedon, den Sohn des Zeus. Er selbst wurde von Hektor umgebracht, nachdem er zuvor von Euphorbos verwundet worden war. □ Um den Toten entstand ein harter Kampf; Aias zeichnete sich darin aus und brachte unter großen Anstrengungen den Leichnam in Sicherheit. Achilleus ließ ab von seinem Zorn und nahm die Briseïs in Empfang und eine Rüstung von Hephaistos. Nachdem er sie angelegt hatte, ging er zum Kampf hinaus und verfolgte die Troer bis zum Skamandros. Dort brachte er viele andere um und tötete auch den Asteropaios, den Sohn des Pelegon, den Enkel des Flusses Axios. Und der reißende Strom stürzte ihm entgegen. Hephaistos aber trocknete die Strömung des Flusses auf, indem er ihn mit einer mächtigen Flamme verfolgte. Achilleus erschlug Hektor in einem Zweikampf, befestigte ihn an den Füßen an seinem Wagen und kam, wobei er ihn hinter sich herschleifte, zu den Schiffen. Und er begrub Patroklos und veranstaltete ihm zu Ehren einen Wettkampf. In diesem siegte Diomedes mit den Pferden, Epeios im Faustkampf, Aias und Odysseus beim Ringen. Nach dem Wettkampf kam Priamos zu Achilleus; gegen ein Lösegeld wurde Hektors Leichnam freigegeben, und Priamos begrub ihn.

ACHTER TEIL

Penthesileia, die Tochter der Otrere und des Ares, die, ohne es zu wollen, die Hippolyte getötet hatte, wurde von Priamos entsühnt. In der Schlacht erschlug sie viele, unter ihnen auch Machaon. Sie selbst starb später durch die Hand des Achilleus, der sich nach ihrem Tod heftig in sie verliebte. Thersites, der ihn deshalb verhöhnte, tötete er. □ Hippolyte war die Mutter des Hippolytos. Sie war auch unter dem Namen Glauke und Melanippe bekannt. Denn als die Hochzeit der Phaidra stattfand, erschien diese bewaffnet zusammen mit ihren Amazonen und kündigte an, die Hochzeitsgäste des Theseus zu töten. In diesem Kampf starb sie. Es sei nun dahingestellt, ob sie zufällig von ihrer Mitstreiterin Penthesileia oder von Theseus getötet wurde oder ob die Gefährten des Theseus, welche die Absicht der Amazonen bemerkt hatten, die Türen schlossen und sie so drinnen festhielten und töteten. □

Memnon, der Sohn des Tithonos und der Eos, kam mit einer gewaltigen Streitmacht von Aithiopiern gegen die Hellenen nach Troia, und nachdem er viele Hellenen getötet hatte, auch den Antilochos, tötete ihn Achilleus. Dieser verfolgte auch die Troer bis zum Skaischen Tor. Dann traf ihn ein Pfeil des Alexandros und des Apollon am Fußknöchel. □ Um den Toten entbrannte ein Kampf. Aias tötete Glaukos und ließ dann die Waffen zu den Schiffen bringen, den Leichnam aber trug er selbst, obwohl die Pfeile nur so um ihn herumschwirrten, mitten durch die Kämpfer hindurch, während Odysseus mit denen kämpfte, die auf ihn losstürmen wollten. □ Nach Achilleus' Tod war das Heer voll von Unglücksahnungen. Sie begruben ihn zusammen mit Patroklos auf der Weißen Insel und vermischten die Gebeine beider. Es wurde aber gesagt, daß Achilleus nach dem Tod auf den Inseln der Seligen mit Medeia zusammenlebte. Ihm zu Ehren veranstalteten sie Wettspiele, in denen Eumelos mit den Pferden siegte, Diomedes beim Wettlauf, Aias beim Diskuswerfen und Teukros beim Bogenschießen. □ Seine Rüstung sollte dem Besten als Siegespreis zuerkannt werden. Aias und Odysseus traten zum Wettkampf an. Schiedsrichter waren die Troer, oder wie einige sagen, die Mitstreiter. Die Entscheidung fiel zu Odysseus' Gunsten aus. Aias, vor Trauer ganz durcheinander, plante bei Nacht einen Anschlag auf das Heer. Athena aber schlug ihn mit Wahnsinn und lenkte ihn, mit dem Schwert bewaffnet, zu den Herden hin. Der Wahnsinnige tötete die Herden samt den Hirten anstelle der Achaier. □ Später, wieder zu sich gekommen, tötete er auch sich selbst. Agamemnon verhinderte, daß sein Körper verbrannt würde. Als einziger von den in Ilion Gefallenen wurde er in einen Sarg gelegt; das Grab befindet sich in Rhoiteion. □

Als der Krieg bereits das zehnte Jahr andauerte und die Hellenen mutlos geworden waren, weissagte Kalchas, daß Troia nur eingenommen werden könnte, wenn des Herakles Pfeil und Bogen mit ihnen kämpfte. Nachdem Odysseus dieses vernommen hatte, brach er mit Diomedes zu Philoktetes nach Lemnos auf. Und durch List in den Besitz des Geschosses gekommen, überredete er ihn, nach Troia zu segeln. Nachdem dieser dort angekommen und von Podaleirios geheilt worden war, erschoß er mit einem Pfeil den Alexandros. □ Nach dessen Tod kam es zwischen Helenos und Deïphobos zum Streit darüber, wer Helene heiraten würde. Als die Entscheidung zu Deïphobos' Gunsten ausfiel, verließ Helenos Troia und blieb für immer auf dem Ida. Als Kalchas aber sagte, daß Helenos die Orakel wüßte, die die Stadt beschützten, lauerte Odysseus ihm auf, überwältigte ihn und brachte ihn ins Lager. □ Und unter Zwang berichtete Helenos, wie Ilios eingenommen werden könnte: erstens, wenn die Gebeine des Pelops zu ihnen gebracht würden, zweitens, wenn Neoptolemos auf ihrer Seite kämpfte und drittens, wenn das vom Himmel gefallene Palladion geraubt würde. Denn solange es innerhalb der Mauern war, konnte die Stadt nicht eingenommen werden. □

Als die Hellenen das vernommen hatten, holten sie die Gebeine des Pelops herbei; Odysseus aber und Phoinix schickten sie zu Lykomedes nach Skyros, die ihn überredeten, den Neoptolemos mit ihnen ziehen zu lassen. Als dieser im Lager ankam, nahm er die Rüstung seines Vaters in Empfang, die Odysseus ihm bereitwillig aushändigte, und tötete viele Troer. □ Später kam den Troern noch Eurypylos, der Sohn des Telephos, mit seiner großen Streitmacht von Mysiern zu Hilfe. Obwohl er sehr tapfer war, tötete ihn Neoptolemos. □ Odysseus ging mit Diomedes bei Nacht zur Stadt. Den Diomedes ließ er dort warten, er aber verunstaltete sich und zog ein ärmliches Gewand an und kam unerkannt als Bettler in die Stadt hinein. Nur

Helene erkannte ihn, und mit ihrer Hilfe raubte er das Palladion, tötete viele von den Wachen und brachte es mit Diomedes' Hilfe zu den Schiffen. □

Später ersann er den Bau eines hölzernen Pferdes und gab dem Epeios den Plan, der war Baumeister. Dieser fällte auf dem Ida Holz und baute ein Pferd, innen hohl und mit Öffnungen an den Seiten. Odysseus überredete fünfzig tapfere Männer hineinzusteigen – oder, wie der Autor der ›kleinen Iliade‹ sagt, dreitausend – die übrigen sollten, sobald es Nacht geworden war, ihre Zelte in Brand stecken, in See stechen und vor Tenedos vor Anker liegenbleiben und nach der folgenden Nacht zurücksegeln. □ Die tapferen Männer gehorchten und stiegen in das Pferd und machten Odysseus zu ihrem Anführer. Dem hölzernen Pferd ließen sie folgende Inschrift aufprägen: Von den Hellenen für ihre Rückkehr nach Hause der Athena als Dankopfer. Nachdem sie nun ihre Zelte in Brand gesteckt und Sinon zurückgelassen hatten, der ihnen ein Feuersignal geben sollte, stachen sie bei Nacht in See und ankerten vor Tenedos. □

Im Morgengrauen sahen die Troer das Lager der Hellenen leer, und sie glaubten, daß diese geflohen wären. Voller Jubel zogen sie das Pferd hinein, stellten es neben den Palast des Priamos und beratschlagten, was zu tun sei. □ Als Kassandra sagte, daß sich in ihm eine Streitmacht aufhielte, und als das außerdem noch der Seher Laokoon bestätigte, waren die einen der Meinung, es zu verbrennen, die anderen, es in den Abgrund zu stürzen. Als aber die meisten meinten, man sollte es als Opfergabe für eine Gottheit aufsparen, hatten sie Freude am Opfer und hielten ein Festmahl. □ Apollon aber schickte ihnen ein Zeichen. Zwei Schlangen waren von den benachbarten Inseln her durch das Meer geschwommen und verschlangen die Söhne Laokoons. □

Als es Nacht geworden war und alle im Schlaf lagen, segelten die Hellenen von Tenedos heran, und Sinon gab ihnen vom Grabe des Achilleus aus ein Feuersignal. Helene aber ging um das Pferd herum und rief die Besten, indem sie die Stimme von eines jeden Frau nachahmte. Als Antiklos antworten wollte, hielt Odysseus ihm den Mund zu. □ Als sie aber glaubten, daß deren Krieger schliefen, öffneten sie das Pferd und stiegen bewaffnet heraus. Als erster starb Echion, der Sohn des Portheus, beim Herunterspringen. Die übrigen hängten sich an ein Seil und ließen sich an den Wänden herab, liefen zu den Toren, öffneten sie und ließen diejenigen herein, die von Tenedos herbeigesegelt waren. □ Sie rückten bewaffnet in die Stadt ein, drangen in die Häuser und töteten die Schlafenden. Neoptolemos erschlug den Priamos, obwohl dieser am Altar des Hausgottes Zeus Zuflucht gesucht hatte. Als Glaukos, der Sohn des Antenor, zu seinem Haus floh, kamen ihm Odysseus und Menelaos, nachdem sie ihn erkannt hatten, mit Waffen zu Hilfe und retteten ihn. Aineias entfloh, seinen Vater Anchises tragend; die Hellenen ließen ihn wegen dieses ehrfürchtigen Verhaltens gewähren. □ Menelaos tötete den Deïphobos und brachte die Helene zu den Schiffen. Auch Aithra, die Mutter des Theseus, und Demophon und Akamas, Theseus' Söhne, führten sie hinweg. Man sagt, daß diese später nach Troia zurückgekehrt seien. Als der Lokrer Aias sah, wie Kassandra das hölzerne Götterbild der Athena umschlang, tat er ihr Gewalt an. Deswegen soll dieses Götterbild den Blick zum Himmel richten. □

Nachdem sie die Troer getötet hatten, steckten sie

die Stadt in Brand und teilten die Beutestücke auf. Sie opferten allen Göttern. Danach stürzten sie den Astyanax von den Burgmauern hinab, die Polyxene opferten sie auf Achilleus' Grab. Agamemnon bekam als besonders ausgesuchtes Beutestück Kassandra, Neoptolemos Andromache und Odysseus Hekabe. Wie aber einige sagen, hat Helenos sie als Anteil erhalten, er setzte mit ihr zur Cherronesos über und begrub die zur Hündin gewordene, wonach die Stelle Grabmal des Hundes genannt wurde. Laodike, die schönste der Priamos-Töchter, verschwand vor aller Augen in einem Erdschlund. Als sie nach der Zerstörung Troias wegsegeln wollten, wurden sie von Kalchas zurückgehalten, der ihnen sagte, daß Athena ihnen wegen der Ruchlosigkeit des Aias zürne. Daraufhin wollten sie Aias töten, ließen ihn aber, da er zum Altar floh, in Ruhe. □

NEUNTER TEIL

Als sie sich danach alle versammelt hatten, stritten Agamemnon und Menelaos miteinander; Menelaos sagte, daß sie wegfahren sollten, Agamemnon aber gebot zu bleiben und der Athena zu opfern. Diomedes, Nestor und Menelaos segelten zusammen weg. Die beiden ersteren hatten gute Fahrt, Menelaos aber geriet in einen Sturm und gelangte, nachdem er die übrigen eingebüßt hatte, mit fünf Schiffen nach Aigyptos. □

Amphilochos, Kalchas, Leonteus, Podaleirios und Polypoites verließen in Ilion das Schiff und gingen zu Fuß nach Kolophon. Und dort begruben sie Kalchas, den Seher. Denn an ihn war das Wort ergangen, daß er sterben werde, wenn er auf einen weiseren Seher, als er selbst sei, treffen sollte. □ Als sie nun von dem Seher Mopsos, der ein Sohn Apollons und der Manto war, gastfreundlich aufgenommen wurden, wetteiferte dieser mit Kalchas in der Weissagekunst. Kalchas fragte, wie viele Feigen der wilde Feigenbaum, der dort stehe, trage. Da antwortete Mopsos: »Zehntausend Stück und einen Scheffel und noch eine Feige dazu.« Und man fand es bestätigt. □ Mopsos hatte eine trächtige Sau, und er fragte Kalchas, wie viele Ferkel sie im Bauch hätte und wann sie werfen würde. Als Kalchas sagte: »acht«, lächelte Mopsos und sagte: »Kalchas ist in der Lage, das Gegenteil einer genauen Voraussage zu geben, ich aber, der ich ein Sohn des Apollon und der Manto bin, verfüge über die vollkommene Scharfsicht der genauen Voraussage, und ich sage voraus, daß sie nicht acht Ferkel im Bauch hat, wie Kalchas sagte, sondern neun, und alle sind männlich und werden morgen früh in der sechsten Stunde geboren werden.« Als das eintraf, war Kalchas sehr bestürzt und starb. Und er wurde in Notion begraben. □

Nach dem Opfer stach Agamemnon in See und steuerte auf Tenedos zu; Thetis kam und überredete Neoptolemos, zwei Tage zu bleiben und zu opfern. Er blieb. Die anderen stachen in See und gerieten bei Tenos in einen Sturm. Denn Athena hatte Zeus gebeten, den Hellenen Sturm zu schicken. Und viele Schiffe versanken. □ Athena schleuderte auf des Aias Schiff einen Blitz, das Schiff zerbrach, aber er rettete sich glücklich auf einen Felsen und sagte, daß er wider die göttliche Vorsehung gerettet wurde. Aber Poseidon schlug mit dem Dreizack auf den Felsen und spaltete ihn. Aias stürzte ins Meer und starb. Als er an den Strand gespült wurde, begrub ihn Thetis in Mykonos. □

Als die anderen bei Nacht bis Euboia gekommen waren, gab Nauplios auf dem Berg Kaphereus ein Feuersignal. Weil sie nun glaubten, es wären einige Gerettete, segelten sie heran, und dabei wurden ihre Schiffe an den Kapheridischen Felsen zerschmettert, und viele fanden den Tod. □ Denn Palamedes, der Sohn des Nauplios und der Katreus-Tochter Klymene, war durch die Listen des Odysseus gesteinigt worden. Als Nauplios das erfahren hatte, fuhr er zu den Hellenen und forderte Sühne für seinen Sohn. □ Aber er mußte unverrichteterdinge wieder umkehren, denn alle standen auf seiten des Königs Agamemnon, mit dem zusammen Odysseus den Palamedes beseitigt hatte. Daraufhin segelte er an den hellenischen Ländern vorbei und stiftete die Ehefrauen der Hellenen zum Ehebruch an: Klytaimnestra mit Aigisthos; Aigialeia mit Kometes, dem Sohn des Sthenelos, und Meda, die Frau des Idomeneus, mit Leukos. □ Aber Leukos tötete diese samt ihrer Tochter Kleisithyra, die im Heiligtum Zuflucht gesucht hatte. Und er ließ zehn Städte abtrünnig werden und machte sich zum Tyrannen über Krete. Als nach dem troïschen Krieg Idomeneus in Krete landete, vertrieb Leukos ihn. □ Das hatte Nauplios schon vorher in die Wege geleitet. Später, als er von der Rückkehr der Hellenen in ihre Heimat erfuhr, zündete er das Feuersignal auf dem Kaphereus an, der jetzt Xylophagos genannt wurde. Die Hellenen fuhren nun schnell dort heran, in der Meinung, es sei ein Hafen, und wurden vernichtet. □

Neoptolemos aber, der auf den Rat der Thetis hin zwei Tage in Tenedos geblieben war, ging mit Helenos zu Fuß zu den Molossern. Phoinix starb unterwegs, und er begrub ihn. Und in einem Kampf mit den Molossern war er siegreich, machte sich zum König und zeugte mit der Andromache den Molossos. □ Helenos gründete in Molossia eine Stadt und ließ sich dort nieder; Neoptolemos gab ihm seine Mutter Deïdameia zur Frau. Als Peleus aus Phthia von den Söhnen des Akastos vertrieben worden war und starb, übernahm Neoptolemos das Königreich seines Vaters. □ Dem wahnsinnigen Orestes raubte er dessen Frau Hermione, die ihm vorher in Troia versprochen war, und deshalb wurde er in Delphoi von Orestes getötet. Einige aber sagen, daß er nach Delphoi gekommen sei, um von Apollon Sühne zu fordern für seinen Vater, und er habe die Weihegeschenke geraubt und das Heiligtum angezündet. Und deshalb sei er von dem Phoker Machaireus erschlagen worden. □

Nach ihrer Irrfahrt gingen die Hellenen an verschiedenen Orten an Land und siedelten sich dort an, die einen in Libye, die anderen in Italia, wieder andere in Sikelia, einige auf den Inseln in der Nähe von Iberia, andere am Fluß Sangarios; auch auf Kypros siedelten sich einige an. Von den Schiffbrüchigen am Kaphereus verschlug es den einen hierhin, den anderen dahin. Guneus nach Libye, Antiphos, den Sohn des Thessalos, zu den Pelasgern; nachdem er das Land in Besitz genommen hatte, nannte er es Thessalia. Philoktetes kam nach Italia zu den Kampanern; Pheidippos ließ sich mit den Koern in Andros nieder, Agapenor auf Kypros und andere anderswo. □

Apollodoros aber und die übrigen sagen folgendes: Guneus verließ seine eigenen Schiffe, kam nach Libye und siedelte sich am Flusse Kinyps an. Meges und Prothoos waren bei der Katastrophe am Kaphereus in Euboia mit dabei ... als Prothoos nun am Kaphereus schiffbrüchig geworden war, verschlug es ihn und die Magneter, die bei ihm waren, nach Krete, und sie wurden dort heimisch. □

Nach Ilions Zerstörung segelten Menestheus, Pheidippos, Antiphos und Elephenors Leute zusammen bis Mimas. Dann ging Menestheus nach Melos und wurde dort König, weil der dortige König Polyanax gestorben war. Antiphos, der Sohn des Thessalos, kam zu den Pelasgern, nahm das Land in Besitz und nannte es Thessalia. Pheidippos wurde mit den Koern nach Andros verschlagen, dann nach Kypros; dort ließ er sich nieder. Nach Elephenors Tod in Troia wurden die Seinen am Ionischen Meer entlang getrieben, und sie ließen sich in Apollonia in Epeiros nieder. Die Leute des Tlepolemos hielten Kurs auf Krete, dann wurden sie von den Winden zu den Iberischen Inseln getrieben und ließen sich dort nieder ... Die Gefährten des Protesilaos trieb es nach Pellene in die Nähe der Ebene von Kanastron. Philoktetes verschlug es nach Italia zu den Kampanern; nach einem Kampf mit den Leukanern ließ er sich in Krimissa in der Nähe von Kroton und Thurion nieder. Weil seine Irrfahrt nun beendet war, stiftete er dem Apollon Alaios ein Heiligtum; diesem weihte er auch seinen Bogen, wie Euphorion sagt. □

Der Nauaithos ist ein Fluß Italias. Er wurde nach Apollodoros und den übrigen so genannt, weil nach der Einnahme Ilions die Töchter des Laomedon, die Schwestern des Priamos, und zwar Aithylla, Astyoche und Medesikaste, zusammen mit den anderen Kriegsgefangenen, die sich dort in Italia befanden, aus Furcht vor der Knechtschaft in Hellas die Schiffe in Brand steckten. Von daher erhielt der Fluß den Namen Nauaithos, und die Frauen wurden Nauprestiden genannt. Die Hellenen, die mit ihnen zusammen waren und nun die Schiffe eingebüßt hatten, siedelten sich dort an. □

Demophon aber nahm mit einigen wenigen Schiffen Kurs auf das Gebiet der thrakischen Bisalter. Dort verliebte sich Phyllis, die Tochter des Königs, heftig in ihn, und ihr Vater gab sie dem Demophon zur Frau und als Mitgift die Königsherrschaft. Er aber wollte zurück in seine Heimat. Nach vielen Bitten und nachdem er geschworen hatte zurückzukehren, ging er weg. Phyllis gab ihm bis zu den sogenannten Neun Wegen das Geleit, überreichte ihm dann eine Kiste, in der etwas der Mutter Rhea Geweihtes enthalten sein sollte, wie sie sagte, und er sollte die Kiste nicht öffnen, nur dann, wenn keine Rückkehr zu ihr mehr möglich wäre. □ Demophon zog nach Kypros und ließ sich dort nieder. Und als die festgesetzte Frist verstrichen war, stieß Phyllis Verwünschungen gegen Demophon aus und nahm sich selbst das Leben. Demophon jedoch öffnete die Kiste, voller Furcht bestieg er dann sein Pferd, trieb es wild an und kam ums Leben, denn das Pferd kam zu Fall, er wurde heruntergeschleudert und stürzte in sein Schwert. – Seine Gefährten ließen sich auf Kypros nieder. □

Nach seiner Ankunft in Delphoi befragte Podaleirios das Orakel, wo er sich niederlassen sollte. Das Orakel gab folgende Antwort: Er werde nichts zu erleiden haben in der Stadt, in die der sie einschließende Himmel niederfalle; daraufhin ließ er sich an einem Ort der karischen Cherronesos nieder, der rundum bis zum Horizont von Bergen eingeschlossen wurde. □

Amphilochos, der Sohn des Alkmaion, der nach Meinung einiger später in Troia eintraf, wurde durch einen Sturm zu Mopsos verschlagen. Wie einige sagen, kämpften sie in einem Zweikampf um die Königsherrschaft. Dabei töteten sie sich gegenseitig. □

Die Lokrer hatten Mühe, ihre Herrschaft aufrechtzuerhalten; als drei Jahre später eine Plage Lokris heimsuchte, empfingen sie ein Orakel, sich die Athena in Ilion geneigt zu machen und für tausend Jahre zwei Jungfrauen zu schicken, die um Schutz flehen sollten. Als erste wurden Periboia und Kleopatra erlöst. □ Als diese in Troia angekommen waren, gingen sie, obwohl sie von den Einwohnern verfolgt wurden, in das Heiligtum hinab. Aber der Göttin näherten sie sich nicht; sie säuberten das Heiligtum und besprengten es, verließen es aber nie. Sie waren geschoren, im bloßen Untergewand und ohne Schuhe. □ Und als die ersten Jungfrauen gestorben waren, schickten sie andere.

Diese gingen nachts in die Stadt, damit sie nicht, außerhalb des heiligen Hains entdeckt, getötet würden. Später schickten sie Säuglinge mit ihren Ammen. Nachdem aber tausend Jahre vergangen waren, nach dem phokischen Krieg, hörten sie auf, Schutzflehende auszusenden. □

Nachdem Agamemnon zusammen mit Kassandra nach Mykenai zurückgekehrt war, wurde er von Aigisthos und Klytaimnestra getötet. Sie gab ihm nämlich ein ärmel- und kragenloses Gewand, und während er es anzog, wurde er umgebracht. Aigisthos herrschte dann über Mykenai. Und sie töteten auch die Kassandra. □

Elektra aber, eine der Töchter Agamemnons, brachte ihren Bruder Orestes heimlich weg und übergab ihn dem Phoker Strophios, damit er ihn aufzöge. Und der zog ihn zusammen mit seinem eigenen Sohn Pylades auf. Nachdem Orestes erwachsen war, kam er nach Delphoi und fragte den Gott, ob er an den Mördern seines Vaters Rache nehmen sollte. □ Der Gott gab dafür die Erlaubnis, und er kam heimlich mit Pylades nach Mykenai und tötete seine Mutter und Aigisthos. Kurze Zeit darauf gelangte er, mit Wahnsinn geschlagen und von den Erinyen verfolgt, nach Athenai und wurde auf dem Areiopagos gerichtet, wie einige sagen auf Veranlassung der Erinyen, nach Meinung anderer des Tyndareos oder der Erigone, der Tochter des Aigisthos und der Klytaimnestra. Aber er wurde auf Grund des einstimmig gefällten Urteils freigesprochen. □

Auf seine Frage, wie er von der Krankheit geheilt werden könnte, gab der Gott zur Antwort, wenn er das hölzerne Götterbild von den Taurern herbeiholte. Die Taurer aber gehörten zu den Skythen, die Fremde töteten und ins heilige Feuer warfen, das im heiligen Hain durch einen Felsen aus dem Hades heraufloderte. □ Als nun Orestes zusammen mit Pylades bei den Taurern anlangte, wurde er entdeckt, gefangengenommen und in Fesseln vor den König Thoas geführt, der sie beide ins Heiligtum sandte. Dort erkannte ihn seine Schwester, die Priesterin bei den Taurern war. Er nahm das hölzerne Götterbild und floh mit ihr zusammen. Das Bild wurde nach Athenai gebracht und hieß nun das Götterbild von Tauropolos. Einige aber sagen, daß er durch einen Sturm auf die Insel Rhodos gelangte ... und das Bild dort geblieben und auf Grund eines Orakels an der Festungsmauer geweiht worden sei. □ Nach seiner Ankunft in Mykenai verband er seine Schwester mit Pylades, er selbst heiratete Hermione oder nach Meinung einiger Erigone; er zeugte den Tisamenos und starb in Oresteion in Arkadia durch einen Schlangenbiß. □

Menelaos nahm mit allen fünf Schiffen, die er hatte, Kurs auf Sunion, ein Vorgebirge Attikas, wurde aber von dort in Richtung Krete abgetrieben, wiederum von den Winden; es verschlug ihn weit weg, und er irrte quer durch Libye, Phoinike, Kypros und Aigyptos und sammelte viele Schätze. Und einige behaupten, daß er dabei bei Proteus, dem König der Aigypter, Helene gefunden habe – bis dahin hatte Menelaos ja nur ein Bild aus Wolken gehabt. Nachdem er acht Jahre lang umhergeirrt war, segelte er nach Mykenai; dort stieß er auf Orestes, der den Vatermord gerächt hatte. Er kam nach Sparte und ergriff Besitz von seinem eigenen Königreich. Nachdem ihm Hera Unsterblichkeit verliehen hatte, gelangte er mit Helene in die Elysische Ebene. □

ZEHNTER TEIL

Odysseus nun irrte umher, wie einige sagen, in Libye, oder in Sikelia nach Meinung anderer. Noch andere behaupteten, auf dem Ozean oder dem Tyrrhenischen Meer. □

Nachdem er von Ilion aufgebrochen war, nahm er Kurs auf Ismaros, eine Stadt der Kikonen; diese nahm er im Kampf ein und plünderte sie, nur Maro, der ein Priester Apollons war, verschonte er. Als die Kikonen, die das Innere des Landes bewohnten, ihn gewahr wurden, gingen sie mit Waffen auf ihn los; nachdem er von jedem Schiff sechs Mann eingebüßt hatte, stach er in See und entfloh. □ Und er betrat das Gebiet der Lotophagen und schickte einige Männer aus, die erkunden sollten, was für Leute dort wohnten. Diese kosteten aber vom Lotos und blieben aus; denn im Lande wuchs eine süße Frucht, Lotos genannt, die denjenigen, der davon kostete, alles vergessen ließ. Als Odysseus das begriff, hielt er die übrigen zurück und die, die schon gegessen hatten, brachte er gewaltsam auf die Schiffe. Darauf segelte er weiter und näherte sich rasch dem Land der Kyklopen. □

Nachdem er die restlichen Schiffe auf der in der Nähe gelegenen Insel zurückgelassen hatte, fuhr er mit nur einem Schiff an das Land der Kyklopen heran.

Mit zwölf Gefährten verließ er das Schiff. Nahe am Meer befand sich eine Höhle; in die ging er hinein. Bei sich hatte er einen Schlauch mit Wein, den ihm Maro gegeben hatte. Es war aber die Höhle des Polyphemos, der ein Sohn Poseidons und der Nymphe Thoosa war, ein riesengroßer wilder Mann, ein Menschenfresser, der nur ein Auge auf der Stirn hatte. □ Sie zündeten nun ein Feuer an, schlachteten einige Zicklein und schmausten. Da kam der Kyklop, trieb seine Herden hinein und legte einen großen Felsbrocken vor die Tür. Und als er sie sah, verschlang er einige. □ Odysseus aber gab ihm von Maros Wein zu trinken. Als er getrunken hatte, forderte er mehr. Und als er zum zweitenmal getrunken hatte, wollte er seinen Namen wissen. Auf die Antwort des Odysseus, daß er Utis, Niemand, genannt würde, versprach er, ihn später zu fressen, die anderen aber vor ihm. Das versprach er, ihm als Gegengeschenk zu geben. Er wurde aber von Trunkenheit überwältigt und schlief ein. □ Odysseus fand nun eine Keule, die dort lag; mit Hilfe von vier Gefährten spitzte er sie an, hielt sie ins Feuer und blendete ihn. Polyphemos rief die benachbarten Kyklopen um Hilfe. Sie kamen und fragten, wer ihm Unrecht tue. Weil er sagte: »Utis«, glaubten sie, er wollte sagen, daß ihm von niemandem Unrecht getan würde, und gingen wieder. □ Als dann die Herden wie gewohnt die Weide aufsuchen sollten, öffnete er die Höhle, stellte sich aber mit ausgebreiteten Händen an die Tür und betastete die Tiere der Herde. Odysseus band nun drei Schafböcke zusammen ..., und er selbst kroch unter den größten und gelangte, verborgen unter dessen Bauch, mit den Herden ins Freie. Er band seine Gefährten los, trieb die Tiere auf die Schiffe, stach in See und rief dann dem Kyklopen zu, daß er Odysseus sei und seinem Zugriff entkommen. □ Dem Kyklopen war von einem Seher prophezeit worden, daß er von Odysseus geblendet würde. Als er nun den Namen erfahren hatte, riß er Felsbrocken los und schleuderte sie ins Meer. Nur mit Mühe entkam das Schiff den Felsbrokken. Seit dieser Zeit zürnte Poseidon dem Odysseus. □

Er segelte los mit allen Schiffen und kam zur Insel Aiolia, deren König Aiolos war. Dieser war von Zeus zum Oberaufseher über die Winde gesetzt worden, sie sowohl zu beruhigen als auch loszulassen. Der nahm Odysseus gastfreundlich auf und gab ihm einen rindsledernen Schlauch, in dem er die Winde gefesselt hielt; er unterwies ihn, wie er auf See mit ihnen umgehen sollte, und band den Schlauch im Schiff fest. Odysseus ging mit den Winden in der erforderlichen Weise um und hatte eine gute Fahrt. In der Nähe von Ithake, er sah schon den Rauch aus der Stadt aufsteigen, schlief er ein. □ Seine Gefährten glaubten, daß er Gold in dem Schlauch mitbrächte, sie machten ihn los und ließen damit die Winde frei. Von den Winden getrieben, fuhren sie wieder zurück. Als nun Odysseus zu Aiolos kam, forderte er, einen günstigen Wind zu bekommen. Der aber verjagte ihn von der Insel, indem er sagte, daß er ihn nicht retten könnte, wenn die Götter Widerstand leisteten. □

Er segelte weiter und ging bei den Laistrygonen vor Anker, und ... sein eigenes Schiff machte er zuletzt fest. Die Laistrygonen waren Menschenfresser, und Antiphates herrschte über sie. Odysseus, der etwas über die Einwohner in Erfahrung bringen wollte, schickte einige auf Erkundung aus. Ihnen begegnete die Tochter des Königs und brachte sie zu ihrem Vater. □ Der packte einen von ihnen und verschlang ihn. Da ergriffen die übrigen die Flucht. Er setzte ihnen nach, wobei er laut brüllte und die anderen Laistrygonen zusammenrief. Sie kamen ans Meer, bewarfen die Schiffe mit Steinen und zerstörten sie so; die Männer fraßen sie auf. Odysseus aber haute das Haltetau seines Schiffes durch und fuhr davon. Die übrigen Schiffe samt Besatzung gingen verloren. □

Mit nur einem Schiff nahm er Kurs auf die Insel Aiaie. Diese bewohnte die Kirke, eine Tochter des Helios und der Perse, die Schwester des Aiëtes. Sie kannte alle Gifte. Er teilte seine Begleiter auf, er selbst blieb mit einem Teil beim Schiff. Eurylochos begab sich mit zweiundzwanzig Begleitern zu Kirke. □ Auf ihre Aufforderung hin traten alle außer Eurylochos bei ihr ein. Sie bereitete ein Mischgetränk aus Käse und Honig, Gerstenmehl und Wein, vermischte es mit Gift und bot es einem jeden. Nachdem sie getrunken hatten, berührte sie sie mit einem Stab und verwandelte ihre Gestalt. Die einen machte sie zu Wölfen, die anderen zu Schweinen, Eseln und Löwen. □ Eurylochos, der das sah, meldete es Odysseus. Der nahm ein von Hermes stammendes Zauberkraut und begab sich zu Kirke; dort gab er das Kraut in das Gift hinein und wurde als einziger durch den Trank nicht verwandelt. Er zog das Schwert und wollte die Kirke töten. Sie aber besänftigte seinen Zorn, indem sie seinen Gefährten die ursprüngliche Gestalt wiedergab. Als sie Odysseus geschworen hatte, daß ihm nichts Böses widerfahren würde, teilte dieser mit ihr das Lager, und ihm wurde ein Sohn Telegonos geboren. □ Nachdem er sich ein Jahr lang dort aufgehalten hatte, segelte er wieder davon; er opferte den Seelen und ließ sich auf Kirkes Rat hin von Teiresias weissagen. Und er erblickte die Seelen, sowohl der Heroen als auch der Heroiden, darunter auch seine Mutter Antikleia und

Elpenor, der in Kirkes Behausung gestürzt und gestorben war. □

Nach seinem Aufenthalt bei Kirke stach er, von jener geleitet, in See und fuhr an der Insel der Seirenen vorbei. Die Seirenen, Töchter des Acheloos und der Melpomene, einer der Musen, waren: Peisinoë, Aglaope und Thelxiëpeia. Die eine von ihnen spielte die Kithara, die andere sang, und die dritte blies auf der Flöte, und damit verführten sie diejenigen, die vorbeisegelten, zum Bleiben. □ Von den Schenkeln an hatten sie die Gestalt von Vögeln. Als Odysseus bei ihnen vorbeifuhr, wollte er den Gesang hören. Wie Kirke geraten hatte, verstopfte er die Ohren seiner Gefährten mit Wachs, sich selbst aber ließ er am Mastbaum festbinden. Als ihn nun die Seirenen zum Bleiben überredeten, forderte er, losgebunden zu werden, aber die Seinen banden ihn noch fester, und so segelte er vorbei. Es war aber nun an die Seirenen die Weissagung ergangen, daß sie sterben sollten, wenn ein Schiff vorbeifuhr. Und so starben sie. □

Danach gab es zwei Wege. Auf der einen Seite befanden sich die Planktischen Felsen, auf der anderen zwei gewaltige Klippen. Auf der einen Seite saß Skylla, die Tochter der Krataiis und des Triënos oder des Phorkos; Gesicht und Brust hatte sie von einer Frau, aber in der Körpermitte hatte sie sechs Köpfe und zwölf Hundepfoten. □ Auf der gegenüberliegenden Seite der Klippe aber saß Charybdis, die dreimal täglich das Wasser einschlürfte und es wieder ausspie. Auf Kirkes Rat hin mied er nun beim Vorbeisegeln die Planktischen Felsen und fuhr an Skyllas Klippe vorbei, wobei er bewaffnet auf dem Heck des Schiffes stand. Skylla erschien, ergriff sechs seiner Begleiter und verschlang sie. □

Von dort aus gelangte er zu der Insel Thrinakia, die dem Helios gehörte. Es waren Rinder auf der Weide, und da Windstille herrschte, blieb er da. Als seine Gefährten einige der Rinder schlachteten und eine Mahlzeit davon bereiteten, weil es an Speise mangelte, zeigte Helios das dem Zeus an. Der warf mit dem Donnerkeil nach Odysseus, als er wieder in See stach. □ Das Schiff brach, und Odysseus, sich am Mastbaum festhaltend, trieb zur Charybdis hinüber. Als die Charybdis den Mastbaum hinunterschlürfen wollte, ergriff er einen wilden Feigenbaum, der über ihm wuchs und wartete dort ab. Als er den Mastbaum wieder auftauchen sah, schwang er sich auf ihn und wurde zur Insel Ogygia hinübergebracht. □

Dort nahm ihn Kalypso, die Tochter des Atlas, auf; er schlief mit ihr, und sie gebar einen Sohn, Latinos. Er blieb fünf Jahre bei ihr. Dann baute er sich ein Floß und fuhr davon. Das Floß wurde auf dem Meer durch Poseidons Zorn zerstört, und er wurde nackt an den Strand der Phaiaken gespült. □ Nausikaa, die Tochter des Königs Alkinoos, die da gerade ihre Kleider wusch, flehte er um Schutz an, und sie führte ihn zu Alkinoos. Der nahm ihn gastfreundlich auf und entließ ihn mit Geschenken und mit Geleit in seine Heimat. Poseidon war zornig auf die Phaiaken, lenkte das Schiff auf einen Stein und umschloß die Stadt mit einem Berg. □

Als Odysseus in seinem Heimatland ankam, fand er sein Haus verwüstet. Weil man ihn für tot hielt, warben Freier um Penelope: und zwar aus Dulichion siebenundfünfzig: □ Amphinomos, Thoas, Demoptolemos, Amphialachos, Eurymos, Paralos, Euenorides, Klytios, Agenor, Eurypylos, Pylaimenes, Akamas, Thersilochos, Hagios, Klymenos, Philodemos, Meneptolemos, Damastor, Bias, Telmios, Polyidos, Astylochos, Schedios, Antigonos, Marpsios, Iphidamas, Argeios, Glaukos, Kalydoneus, Echion, Lamas, Andraimon, Agerochos, Medon, Agrios, Promos, Ktesios, Akarnan, Kyknos, Pseras, Hellanikos, Periphron, Megasthenes, Thrasymedes, Ormenios, Diopithes, Mekisteus, Antimachos, Ptolemaios, Lestorides, Nikomachos, Polypoites und Keraos. □ Aus Same dreiundzwanzig: Agelaos, Peisandros, Elatos, Ktesippos, Hippodochos, Eurystratos, Archemolos, Ithakos, Peisenor, Hyperenor, Pheroites, Antisthenes, Kerberos, Perimedes, Kynnos, Thriasos, Eteoneus, Klytios, Prothoos, Lykaithos, Eumelos, Itanos und Lyammos. □ Aus Zakynthos vierundvierzig: Eurylochos, Laomedes, Molebos, Phrenios, Indios, Minis, Leiokritos, Pronomos, Nisas, Daëmon, Archestratos, Hippomachos, Euryalos, Periallos, Euenorides, Klytios, Agenor, Polybos, Polydoros, Thadytios, Stratios, Phrenios, Indios, Daisenor, Laomedon, Laodikos, Halios, Magnes, Oloitrochos, Barthas, Theophron, Nissaios, Alkarops, Periklymenos, Antenor, Pellas, Keltos, Periphas, Ormenos, Polybos und Andromedes. □ Aus Ithake selbst waren es zwölf Freier, und zwar: Antinoos, Pronoos, Leiodes, Eurynomos, Amphimachos, Amphialos, Promachos, Amphimedon, Aristratos, Helenos, Dulichieus und Ktesippos. □

Diese zogen in den Palast ein und brauchten die Herden des Odysseus mit ihren Gelagen auf. Penelope versprach – unter Zwang – dann zu heiraten, wenn sie das Sterbekleid für Laërtes fertiggestellt hätte. Und daran webte sie schon drei Jahre lang, indem sie tagsüber webte, aber nachts wieder auftrennte. Auf diese Weise wurden die Freier von Penelope getäuscht, bis sie ertappt wurde. □ Als Odysseus erfahren hatte, was in seinem Hause geschah, kam er als Bettler verkleidet zu seinem Diener Eumaios, gab sich dem Telemachos zu erkennen und ging in die Stadt hinein. Da begegnete ihnen der Schafhirt Melanthios, der sein Diener war, und beschimpfte sie. Im Palast angekommen, bettelte er die Freier um Nahrung an, und als er auf einen Bettler mit Namen Iros traf, kämpfte er mit ihm. Er entdeckte sich dem Eumaios und dem Philoitios, und zusammen mit ihnen und Telemachos ersannen sie einen Plan gegen die Freier. □ Penelope händigte den Freiern den Bogen des Odysseus aus, den er einst von Iphitos erhalten hatte, und sagte, daß sie mit demjenigen zusammenbleiben würde, der ihn spannen könnte. Als es keinem gelang, nahm Odysseus den Bogen und tötete damit die Freier, unter Mithilfe von Eumaios, Philoitios und Telemachos. Er tötete auch den Melanthios und die Mägde, die mit den Freiern schliefen. Daraufhin gab er sich seiner Frau und seinem Vater zu erkennen. □

Nachdem er dem Hades, der Persephone und dem Teiresias ein Opfer dargebracht hatte, ging er zu Fuß durch Epeiros und kam zu den Thesprotern, opferte gemäß der Weisung des Teiresias und versöhnte so den Poseidon wieder. Damals war Kallidike die Königin der Thesproter. Sie forderte ihn auf zu bleiben und bot ihm die Königsherrschaft an. □ Und er teilte mit ihr das Lager und zeugte den Polypoites. Nach seiner Heirat mit Kallidike herrschte er als König über die Thesproter und siegte in einer Schlacht gegen die Nachbarn, die ihn angegriffen hatten. Als Kallidike gestorben war, übertrug er das Reich seinem Sohn und machte sich nach Ithake auf. Dort fand er den Poliporthes vor, den ihm Penelope geboren hatte. □

Als Telegonos von Kirke erfahren hatte, daß er ein

Sohn des Odysseus war, segelte er los, um ihn zu suchen. Nach seiner Ankunft auf der Insel Ithake trieb er einige Herdentiere weg, und als Odysseus sie schützen wollte, verwundete Telegonos ihn mit dem Speer, den er in der Hand hielt. Der aber hatte als Spitze einen Stachel.

Und Odysseus starb. □ Als Telegonos ihn aber erkannte, brach er in laute Klagen aus und brachte den Toten zusammen mit Penelope zu Kirke. Dort heiratete er die Penelope, und Kirke schickte sie beide auf die Inseln der Seligen. □

Einige sagen, daß Penelope, von Antinoos geschändet, daraufhin von Odysseus zu ihrem Vater Ikarios zurückgeschickt worden sei. Als sie nach Mantineia in Arkadia kam, wurde sie von Hermes schwanger und gebar den Pan. □ Andere wiederum sagen, daß sie durch die Hand des Odysseus selbst ihr Ende gefunden habe wegen des Amphinomos. Sie sagen nämlich, daß sie von diesem geschändet wurde. □ Wieder andere sagen, daß Odysseus, als er von den Einwohnern wegen der getöteten Freier angeklagt wurde, den Neoptolemos, der über die Inseln von Epeiros herrschte, zum Richter nahm. Dieser entschied auf Verbannung, weil er glaubte, Kephallenia in Besitz nehmen zu können, wenn Odysseus aus dem Wege geräumt wäre. Odysseus kam nach Aitolia zu Thoas, dem Sohn des Andraimon, heiratete dessen Tochter und hinterließ, als er betagt starb, einen Sohn Leontophonos, den sie ihm geboren hatte. □

ANHANG

Nachwort

Das Wort ›mythos‹ bedeutete zuerst und bis in die Zeit der griechischen Klassik hinein ›gesprochenes Wort, Rede, Erzählung‹. Später gewann es die Nebenbedeutung des Erdichteten hinzu, des Märchens, der Lügenerzählung, kurz alles dessen, was nicht den Anspruch auf Wahrheit erheben konnte. Bei der Erörterung von Erziehungsfragen stellt Sokrates in Platons ›Staat‹ fest, daß man zuerst den Kindern ›Mythen‹ erzählte; diese Mythen als das ›Unwahre‹ seien dem ›Wahren‹ entgegengesetzt. Unter den ›Mythenschöpfern‹ versteht Platon-Sokrates unter anderen die Dichter Homer und Hesiod.

Als Mythen bezeichnet man in der Moderne die Überlieferung von Göttern und Helden der Vorzeit, von Götter- und Weltentstehung. In ihnen werden in phantastischer und bildhafter Weise Sachverhalte in Natur und Gesellschaft und im Menschen gedeutet. Ihre Entstehung liegt weit im Dunkel der Frühzeit zurück. Sie sind eine frühgeschichtliche, vorwissenschaftliche Bewußtseinsform, mit der die Menschen die Welt und sich selbst zu begreifen versuchten, eine Form der Daseins- und Lebensbewältigung. Wir bezeichnen diese Mythen als echte Mythen; sie trugen religiösen Charakter und waren von Religion und Riten nicht zu trennen. Der Mythenschatz, der in den Dichtungen Homers und Hesiods vorliegt, enthält den bereits ausgeformten Gesamtbestand der Mythologie. An ihm haben seit frühgeschichtlicher Zeit Generationen und Jahrhunderte weitergewirkt, und es gelingt nur in seltenen Fällen, die Wurzeln eines Mythos oder die Entstehung einer Göttergestalt hypothetisch zu rekonstruieren. Denn dazu bedürfte es einer sicheren Aussage darüber, ob es sich bei einem uns vorliegenden Mythos um einen frühgeschichtlichen, vorwissenschaftlichen Deutungsversuch in einem mythischen Weltbild handelt, der einstmals von der gesamten frühen Gesellschaft akzeptiert worden ist, später der aufgeklärten Erkenntnis wich und unverändert als schöne Geschichte übrigblieb, ob der Mythos spätere Veränderungen und Umdeutungen erfahren hat oder ob es sich schließlich vielleicht um eine relativ junge Schöpfung eines frühen Dichters handelt, eine künstlerische Verarbeitung auf dem Boden der Volksphantasie ohne Bindung an Religiöses.

Zur Illustration seien einige Beispiele angeführt, ohne daß der Anspruch erhoben wird, es handle sich in jedem Falle um ›echte‹ Mythen aus der frühesten Zeit der Weltdeutung.

Als die Menschen der Frühzeit noch nicht in der Lage waren, Naturerscheinungen rational zu erklären, wuchs aus ihrem Unwissen Angst. Daher glaubten sie, eine unbekannte überirdische Macht sei am Werk. Die in der Ägäis häufigen Erdbeben schrieben sie dem Gott Poseidon, dem Erderschütterer, zu, der auch die Stürme auf dem Meer erregte. Die vernichtenden Urkräfte des Vulkanismus, denen der Mensch hilflos gegenüberstand, wurden in der Person des Typhon personifiziert (I, 40). Zeus bezwang ihn im Kampf und wälzte den Ätna auf das Ungeheuer.

In der Frühzeit spielte die Landwirtschaft als Lebensgrundlage eine zentrale Rolle. Die Bauern, auf den Boden orientiert, von Sonne und Regen abhängig, glaubten die Natur von Geistern und dunklen, geheimnisvollen Mächten durchwaltet. Fruchtbarkeit von Boden, Tier und Mensch war eine entscheidende Voraussetzung des Überlebens. Sie wurde in einem mythischen Bild symbolisiert: der Gott des Himmels umarmt die Erde und befruchtet sie; die Vermählung von Himmel und Erde als Analogie zum Akt der Zeugung bei Mensch und Tier.

Die Gefahren eines Ortes, wilde Schluchten, unberechenbare Stürme wurden in der naiven Phantasie zu Ungeheuern und Sturmdämonen, wie sie uns in den Mythen von Odysseus und Theseus begegnen. Vorstellungen von Wetter- und Regenzauber haben sich vermutlich in der Gestalt des Salmoneus verdichtet (I, 89). Wollte man Erscheinungen erklären, deren Ursachen man nicht kannte, glaubte man an das Einwirken höherer Mächte. Dabei werden die Menschen, wie in der Sage von der Deukalionischen Flut (I, 46 ff.), in schuldhafter Verstrickung in das Ereignis mit einbezogen.

Für die Griechen war der Mythos auch ein Mittel der Gestaltung, wenn Probleme des Zusammenlebens von Menschen, von sozialen Gruppen und von politischen Gemeinschaften sinnfällig gemacht werden sollten. Zu den mythischen Denkformen gehören die Vorstellungen, daß Gefühlsregungen, Leidenschaften, Geistiges von göttlichen Mächten erregt und gelenkt werden; psychische und intellektuelle Prozesse sind das Werk von Göttern, die den Menschen beistehen, wie die Göttin Athene dem Odysseus in der ›Odyssee‹. Dadurch können die Menschen auch ihrer Verantwortung enthoben werden: Helena, die Ehefrau des Menelaos, ließ sich willig von Paris entführen, weil die Liebesgöttin Aphrodite sie dem Paris als Frau versprochen hatte und die Menschen gegen die Macht der Götter nichts vermögen. Was wir mit dem Instrumentarium der Psychologie erklären, das wiesen die Menschen der Frühzeit Göttern zu. Sie wendeten Seelisches und Geistiges aus dem Inneren des Menschen nach außen und objektivierten es in einer Gottheit.

Wie gleitend der Übergang von mythischer Weltdeutung zur phantasievollen aitiologischen Sage ist, wird an zwei Beispielen deutlich. Merkwürdige Gebilde in der Natur, die Staunen, aber nicht Angst hervorriefen, wurden in einem Mythos erklärt. Ein schroffer Felsen vor Euböa, der Ähnlichkeit mit einer menschlichen Gestalt zeigte und den die Schiffer mieden, sei ehemals Lichas gewesen. Dieser hatte dem Herakles ahnungslos das Nessosgewand gebracht und war von diesem ins Meer geschleudert worden (II, 157f.). Während dieser Mythos ein Produkt schöpferischer Volksphantasie zu sein scheint, könnten sich hinter einer ähnlichen Sage religiöse Sachverhalte verbergen. Niobe, durch Apollon und Artemis ihrer sämtlichen Kinder beraubt, wurde vor Trauer am Sipylos in Kleinasien in einen Felsen verwandelt, der einer trauernden Frau ähnelte und dauernd Tränen vergoß (III, 45ff.). Im Mythenschatz der Griechen sind auch Sagen erhalten, in denen Rudimente mutterrechtlicher Kultur durchschimmern, so in der Meleagros-Sage (I, 65) und in den Mythen von den Amazonen. Die Ethnologie lehrt uns, daß in den griechischen Mythen auch Elemente aufgehoben sind, die in anderen frühen Kulturen nachgewiesen wurden: Die Sagen von Atalante (III, 105 f.) erinnern an den Brauch des Brautlaufes, die von Ariadne und Helena an den Brautraub. Wenn Tydeus das Gehirn seines erschlagenen Feindes ausschlürft (III, 76), so lebt darin eine Erinnerung daran weiter, daß in frühgeschichtlichen Zeiten die atavistische Vorstellung lebendig war, man könne sich mit dem Verzehr eines Teiles seines Feindes auch dessen Kraft bemächtigen.

Der religiöse Mythos setzt den Glauben an überirdische Mächte, an Götter und kultische Riten voraus. Die griechischen Götter werden von uns meist als fest umrissene Gestalten betrachtet, ihr Erscheinungsbild, ihr Aufgabenbereich, ihre Attribute sind festgelegt. Daß diese Pauschalvorstellungen nicht immer zutreffen, sei nur am Rande vermerkt. Der oberste Himmelsgott Zeus beispielsweise ist gelegentlich auch unbärtig dargestellt worden; Eros, der Gott der Liebe, wurde erst im Laufe der hellenistischen Zeit zum verspielten kleinen Jungen, der in seiner Vervielfachung in den Eroten über die Antike hinaus bis in die Neuzeit weiterlebt.

Was die vorindoeuropäische Bevölkerung zum Mythenschatz der Griechen beigesteuert hat, wird leicht aus dem Auge verloren. Ebenso wird häufig vergessen, daß manche Göttergestalten des griechischen Mythos aus dem vorderen Orient stammen. Adonis ist ein phönikisch-syrischer Gott, der Kult der Kybele wurde aus Phrygien übernommen. Als Große Mutter oder Göttermutter war sie im östlichen Mittelmeerbecken die mächtige Gottheit, die man auch Rhea nannte (I, 2 ff.; III, 33, 154).

Eines der Kennzeichen der griechischen Göttervorstellung ist der Anthropomorphismus. Die Griechen schufen sich ihre Götter nach dem Vorbild des Menschen: Größer an Gestalt, in altersloser Schönheit und seliger Unsterblichkeit, mit übermenschlichen Kräften begabt, dachten und fühlten, handelten und intrigierten sie wie die Menschen; sie waren in Verwandtschaftsbeziehungen eingegliedert und nach Stammbäumen geordnet. Herodot schreibt (2, 53): ›Denn Hesiod und Homer, die nach meiner Meinung vierhundert Jahre vor mir gelebt haben, ... haben den Griechen den Stammbaum der Götter aufgestellt, haben den Göttern Beinamen gegeben, ihre Ehren und Funktionsbereiche geschieden und ihre Gestalten beschrieben.‹ Aus dem oben Gesagten ist deutlich geworden, daß die Textpartie Herodots nicht in dem Sinne zu interpretieren ist, daß die beiden Dichter gewissermaßen aus dem Nichts den Götterhimmel geschaffen haben. Das Verdienst der beiden Dichter bestand darin, daß sie die vorhandenen Göttervorstellungen und die reiche Volksdichtung, die sich um sie rankte, aufgenommen, systematisiert und in ihren Werken dichterisch zu poetischer Schönheit aufgehoben haben. Bereits bei Homer sind die Göttergestalten mit einer so unerhörten Freiheit behandelt worden, daß es schwerfällt, sich vorzustellen, sie könnten jemals Gegenstand religiöser Verehrung gewesen sein. Die Göttin Aphrodite, die mit Ares in einer kompromittierenden Situation von den Göttern überrascht wird, ist Gegenstand der Dichtung. Als Göttin der Liebe und der Liebesleiden, als Verkörperung einer Macht, der sich der Mensch nicht selten hilflos ausgeliefert sah, wurde sie als allmächtige Gottheit verehrt.

Die Götterverehrung erfolgte nach einem Ritus, in einer immer wieder in festgelegter, verbindlicher Form wiederholten Handlung einer Sippe, einer sozialen oder politischen Gemeinschaft. Durch den Mythos wurde der Ritus erklärt und begründet, kultische Merkwürdigkeiten wurden mit ihm gedeutet. So wurde das Schicksal des Adonis (III, 183ff.), der nach seinem Tode einen Teil des Jahres auf die Erde zurückkehren durfte, mit dem Aufsprießen und Welken der Pflanzen verglichen. Zu den Adonisfesten im Sommer feierten besonders die Frauen den gestorbenen und wieder auferstandenen Gott, indem sie schnell wachsende und verwelkende Pflanzen in Töpfe setzten und das Schicksal des Gottes in diesen ›Adonisgärtchen‹ symbolisierten. Im Kult der Getreidegöttin Demeter (I, 29f.) waren an den Thesmophorien Scherzreden üblich. Sie galten als eine Wiederholung dessen, was die Göttin erfahren hatte, als sie, um ihre entführte Tochter trauernd, von einer Frau namens Iambe durch Scherzreden aufgeheitert wurde. Nach dieser Iambe wurde ein volkstümlicher Vers, der Iambus, genannt.

Warum auf der Insel Paros den Chariten ohne Flötenmusik und Kränze geopfert wurde, erklärt die ›Bibliotheke‹ mit einem Mythos (III, 210). Der Versuch des Prometheus, beim Opfer den Zeus zu betrügen, indem er die guten Fleischteile verhüllt, so daß der Gott nur die Knochen erhält, soll nach Hesiod erklären, warum den Göttern nur die weniger wertvollen Teile des Opfertieres dargebracht werden, die guten Fleischstücke aber der menschlichen Ernährung dienen.

Allerdings sind die Beziehungen zwischen Mythos und Kulthandlung nicht immer so einfach und durchsichtig. Uns ist aus der Antike bezeugt, daß häufig Kultformen sinnentleert waren, dennoch aber weiter vollzogen wurden. Gelegentlich wurde auch ein Ritual, dessen magische Bedeutung man nicht mehr kannte, symbolisch umgedeutet und erhielt in einem Mythos einen neuen Sinn. Häufig mögen die Menschen in gläubiger Zuversicht einen Ritus vollzogen haben, ohne daß sie über den Sinn der Handlung und deren Bezug zu der Gottheit reflektierten. Schon Wissenschaftler der Antike, Varro, ein römischer Gelehrter des 1. Jahrhunderts v. u. Z., sei hier stellvertretend genannt, haben sich in ihren Forschungen bemüht, die Wurzeln von Kultgebräuchen zu ermitteln. Sie sind häufig über Spekulationen nicht hinausgekommen. Denn eine Theologie haben die Griechen nicht ausgebildet.

Vor einem falschen Schluß sei an dieser Stelle gewarnt. Die überlieferten Göttermythen sind nicht die wichtigste Informationsquelle für die Erforschung der griechischen Religion. Denn die Bedeutung der Götter und ihrer Kulte für die Menschen erkennt man nicht an den über sie tradierten Mythen. Auskunft über den religiösen Glauben erhalten wir aus anderen Bezeugungen, etwa Inschriften, Kultbauten, Weihegaben und literarischen Werken, die sich mit Fragen der Religion und des Kultes befassen oder in anderem Zusammenhang darüber berichten. Nur in Kombination mit den genannten Zeugen können die Mythen bei der Gewinnung neuer wissenschaftlicher Erkenntnisse hilfreich sein.

Der Götterglaube ist *eine* Wurzel des Mythos. Wie oben bereits dargelegt, haben sich schon weit vor Homer Priester und Dichter an der Erweiterung und Ergänzung des Mythenschatzes beteiligt. Sagen von Helden und aitiologische Sagen vermehrten den Bestand. Homer und Hesiod stehen zwar am Anfang der griechischen Literaturgeschichte, sie sind ein Gipfelpunkt in der Weltliteratur, markieren in der Mythologie jedoch einen gewissen Abschluß. Auf Grund ihrer literarischen Bedeutung hatten sie die Vorstellungen von Göttern, irrationalen Mächten und Helden so nachhaltig geprägt, daß sich eine gewisse Verbindlichkeit daraus ergab. Die Werke der beiden Dichter waren durch schriftliche Überlieferung gesichert und fixiert; die Epen Homers konservierten in ihrer Mythologie alte politische Strukturen der Adelsgesellschaft und prägten hinfort die Mythentradition der Antike entscheidend. Waren in der Vorzeit die von der Volksphantasie geprägten Mythen eine Frühform der Literatur, wurden später namenlose Dichtersänger zu Trägern der mythischen Überlieferung und ihrer weiteren poetischen Ausgestaltung, so haben sich von homerischer Zeit an als historische Personen bekannte Künstler und Dichter aus dem Fundus der Mythologie bedient. Dem Spiel mit dem Mythos entsprach kaum mehr eine religiöse Grundhaltung, Literatur und Kunst hatten sich weitgehend von der Religion getrennt.

Mythologie wird weitestgehend zum Gegenstand der Dichtung. Freilich waren Dichter und Künstler in diesem Prozeß nicht nur passiv aufnehmende Rezipienten. Da die mythischen Gestalten nicht in allen Details ewig gültige Urbilder waren, konnten die Dichter sie nach dem Sinn für ihre eigene Zeit befragen und mit ihnen Probleme ihrer Gegenwart gestalten. Die Mythen blieben interpretationsfähig, sie wurden in das neue historische Umfeld eingebunden. Die reiche Mythologie der Griechen gab den Dichtern und bildenden Künstlern einen nahezu unerschöpflichen Vorrat an Stoffen in die Hand. Trotz der Gebundenheit der Mythen an die historischen Bedingungen ihrer Entstehungszeit konnten mit ihnen menschliche

Grundsituationen gestaltet und Lösungen von Konflikten angeboten werden: das Leben des Menschen und seine Stellung zu Eltern und Kindern, das Verhältnis der Geschlechter zueinander, Individuum und Gesellschaft, soziale Gruppen und politische Gemeinschaften in der Auseinandersetzung mit der Natur oder den Nachbarn, Probleme wie Kampf und Mord, Krieg und Frieden. Zwänge und Konstellationen der genannten Art betreffen Menschen aller Zeiten so zentral, daß ihnen das Signum der Überzeitlichkeit und Modellhaftigkeit aufgeprägt ist.

Unter den Dichtern haben sich besonders die Tragiker in Athen der überkommenen Mythen angenommen, in dichterischer Schöpferkraft damit entscheidende Probleme auf die Bühne gebracht und große Lebensfragen der Gemeinschaft künstlerisch gestaltet. Durch die Dramenaufführungen erreichten sie alle freien Bürger ihrer Stadt Athen. Da die Armen unter ihnen ein Theorikon (›Schaugeld‹) zum Besuch des Theaters an den Dionysien, den Tagen der Theateraufführungen, erhielten, konnten die Dichter mit zahlreichem Publikum rechnen. Die drei großen Tragiker Aischylos, Sophokles und Euripides haben teilweise die gleichen Mythen gestaltet und sind an ihrer freien Verarbeitung und Fortentwicklung beteiligt. Homers Epen waren Lernstoff der Elementarschule, Homer war *der* Dichter schlechthin, mit ihm wuchs die Jugend heran.

Die Kenntnis Homers gehörte zur Allgemeinbildung; damit war zugleich die Mythologie geistiger Besitz jedes Griechen, der eine Schulbildung erhalten hatte. Mit dem Namen mythischer Personen waren beim Hörerpublikum und bei Theaterzuschauern feste Vorstellungen von deren Charakter, von entscheidenden Handlungsverläufen und den daraus entstehenden Konflikten verbunden. Dies schuf Vorverständnis. Nicht auf eine Exposition angewiesen, konnten die Griechen mit Sachverstand dem Gang der Ereignisse folgen und ihn kritisch begleiten. Eine neue Variante, die Umformung eines Mythos, die neue künstlerische Gestalt vermittelten ästhetischen Genuß. In der Spannung von Historizität und Aktualität haben die Dichter den Zeitbezug gesucht. Noch war damals die Gefahr des Persereinfalls nicht vergessen, das Leid und die Bedrängnisse des Peloponnesischen Krieges spiegelten sich auf der Bühne in Dramen aus dem trojanischen Sagenkreis und um den Bruderkampf zwischen Eteokles und Polyneikes. Wie Athen zum Hort der Zuflucht für Bedrängte und Verfolgte wurde, wie die Göttin Athene selbst auf dem Areopag den Gerichtshof für Blutgerichtsbarkeit einsetzte, wurde in eigenen Dramen den Zuschauern sinnfällig vorgeführt.

Unter den drei großen attischen Tragikern hat Euripides am tiefsten in die mythische Überlieferung eingegriffen. Die Ausformung der Medea-Sage zum Beispiel ist das Werk dieses Dichters. Erst bei ihm wird die Kolcherin zur Mörderin ihrer eigenen Kinder, um damit ihren ungetreuen Gatten zu treffen. Ein Grabkult für die Kinder der Medea in Korinth hat Euripides zu dieser Neuerung veranlaßt. Mit bohrenden Fragen dringt er weit in Bereiche des Seelischen vor, wirft Fragen nach der sittlichen Entscheidung bei Handlungen auf, die im Mythos vorgegeben waren, beispielsweise beim Muttermord des Orestes. Stark geprägt von der griechischen Aufklärung, fragt er nach dem Wesen der Götter und beurteilt ihre Handlungen und Entscheidungen nach dem moralischen Maßstab, der für die

Menschen gilt. In der Verantwortung und im freien Willen des Menschen sieht er die Möglichkeit, die im Mythischen vorgegebenen Konflikte im Sinne der menschlichen Vervollkommnung zu lösen.

Hier sind die erzieherischen Möglichkeiten sichtbar, die den Dramendichtern gegeben waren. Sie haben an der Humanisierung der Gesellschaft durch ihr Dichterwort mitgewirkt.

An zwei herausragenden Gestalten der Mythologie sei kurz skizziert, wie die jeweilige Aktualität die Mythen und ihre Varianten prägte. In der Gestalt des Prometheus (I, 45; II, 119f.) wurde die schöpferische, selbstbewußte Tätigkeit des Menschen verkörpert. Er hatte das Feuer zu den Menschen gebracht, ihnen noch andere Kulturgüter geschenkt; ihm als einem Freund und Helfer der Menschen gehörten die Sympathien des Aischylos. Aischylos war ein Athener. In seiner Heimatstadt blühte das Handwerk. Töpfer und Schmiede verehrten den Feuerbringer Prometheus als ihren Schutzgott und veranstalteten jedes Jahr einen Fackellauf von seinem Altar durch die Stadt. Anders Hesiod: Im ländlichen Böotien lebend, dessen Gesellschaft noch von Strukturen der bäuerlichen Wirtschafts- und Sozialordnung geprägt war, hatte er im Feuerraub des Prometheus und im Opferbetrug einen Frevel erkannt. Der trotzig aufbegehrende Prometheus hatte gegen die von Zeus repräsentierte göttliche Weltordnung rebelliert und war zu Recht an den Felsen geschmiedet worden.

Die historische Dimension von Mythen wird auch an der Entwicklung des Theseus-Mythos deutlich. Erinnert sei daran, daß die Mythen mit dem Anspruch auftraten, Geschichte zu sein. Die Zerstörung Trojas zum Beispiel wurde von dem alexandrinischen Wissenschaftler Eratosthenes auf das Jahr 1184/83 v. u. Z. festgesetzt. In der Pseudochronologie der Mythen erfolgte die Argonautenfahrt vor dieser Zeit. Zwar sind über Herakles und Theseus, die beiden bedeutendsten Helden der griechischen Sage, Heldenepen nicht überliefert. Sie werden aber von der Forschung angenommen; man hat Rekonstruktionen versucht. Wir besitzen jedoch von Theseus in vielen Werken unterschiedlicher literarischer Genera eine reiche Überlieferung in mannigfachen Varianten. Sein Lebenslauf ist typisch für einen Helden: Er wurde von einem Gott gezeugt (III, 208), kämpfte in seiner Jugend mit wilden Tieren und befreite die Menschen von Unholden, ähnlich wie Herakles. Sogar in die Unterwelt drang er ein (II, 124). Als der gute König von Attika wurde er in den Augen der Athener zum eigentlichen Stadtgründer, der den sogenannten Synoikismos, die ›Zusammensiedlung‹ bisher nicht verbundener Gemeinden, vollzogen hat. Sie verbanden ihre Lieblingsgestalt mit politischen Zuständen, die für ihre eigene Gegenwart charakteristisch waren: In der Regierungszeit des Theseus herrschte eine Demokratie, wie sie für die Zeit der attischen Tragiker typisch war. Der Mythos wurde zum Medium, in dem sich die Vorzüge der attischen Demokratie bewiesen. Diese Tradition prägte die weitere Überlieferung, wie sich an der Lebensbeschreibung des Theseus bei Plutarch um 100 u. Z. zeigt. Die attische Version bemühte sich darum, Theseus dem Herakles ebenbürtig zu machen und die grausigen Züge der Sage zu eliminieren. Die mächtige Stadt Athen beanspruchte den Helden ganz für sich und drängte schwächere Nachbarn aus der Sage; da die Stadt Troizen an der Nordküste der Peloponnes der Geburtsort des Theseus war, erfolgte im Mythos ein Ausgleich in der Form, daß der Held nach Athen wandert und auf diesem Wege einen Teil seiner Abenteuer besteht. Die Ausschmückung des Theseus-Mythos endete auch in historischer Zeit nicht. Plutarch weiß zu berichten, daß nicht wenige griechische Kämpfer in der Schlacht von Marathon die Erscheinung des bewaffneten Theseus sahen, wie er gegen die Perser zog. So nimmt es nicht wunder, daß nicht lange danach die Athener die vermeintlichen Gebeine des Theseus von der Insel Skyros nach Athen überführten und im Zentrum der Stadt beisetzten. Durch die Translation der Gebeine versicherte sich die Bürgerschaft der Hilfe des Heros.

Die Historisierung der Mythen von Göttern und Helden, wie wir sie an Theseus gezeigt haben, wird als Euhemerismus bezeichnet. Euhemeros war ein um 300 v. u. Z. lebender griechischer Philosoph, der in einem Reiseroman mit dem Titel ›Heilige Aufzeichnung‹ die Götter Uranos, Kronos, Zeus und andere als Herrscher der Frühzeit bezeichnete, die ihrer Verdienste als Regenten wegen im Volksglauben nach ihrem Tode zu Göttern erhoben worden seien. Daß die durchgreifende rationalistische Mythendeutung aber lange vor der Zeit des Euhemeros schon erfolgen konnte, dafür sei dem Theseusmythos ein berühmtes Beispiel an die Seite gestellt. Herodot, der ›Vater der Geschichtsschreibung‹, der sich des qualitativen Unterschiedes zwischen Mythos und Geschichte bewußt ist, liefert es uns am Anfang seines Werkes. Io, von Zeus zu seiner Geliebten gemacht, daher von dessen Gattin Hera mit Eifersucht verfolgt und in eine Kuh verwandelt, sei schließlich nach gefahrvoller Flucht in Ägypten zur Ruhe gekommen (II, 5). Herodot deutet die Sage in rationalistischer Reflexion: Io sei die Tochter des Königs Inachos von Argos gewesen. Phönikische Kaufleute hätten in Argos am Strand ihre Waren zum Verkauf angeboten und einen Teil der Frauen, die zum Kauf an den Strand gekommen waren, geraubt, unter ihnen auch Io. Auf diese Weise sei Io später nach Ägypten gelangt.

Es bleibt die Frage nach dem ›historischen Kern‹ einer Sage. Erinnert sei an die deutsche Heldensage, die ihren Ursprung in den Ereignissen der Zeit der Völkerwanderung hat. Auch in der griechischen Sage erkennt man einen Widerschein von großen Auseinandersetzungen, vom Wechsel von Dynastien. Die Wissenschaft hat ermittelt, daß die Heldensagen der Griechen mit wichtigen Orten aus der kretisch-mykenischen Zeit des 2. Jahrtausends v. u. Z. verbunden sind. Auf Kreta herrscht Minos, Agamemnon ist Herr von Mykene, der Burg, deren gewaltige Mauern mit dem Löwentor noch heute eine machtvolle Herrschaft bezeugen. Der greise Nestor stammt von Pylos in Messenien, bei dessen Ausgrabung ein mykenischer Herrensitz freigelegt wurde und die Ausgräber viele Tontäfelchen mit Linear-B-Texten gefunden haben. Herakles ist wie Oidipus mit Theben verbunden. Die sagenbildende Kraft von Ruinen hat die Entstehung von Mythen gefördert. Man darf in ihnen Rudimente historischer Ereignisse sehen, sei aber gewarnt, voreilig die Sagen als Geschichtsquellen zu interpretieren, wie es zum Teil die antiken Geschichtsschreiber unternahmen. Der bedeutendste unter ihnen, Thukydides, betont deshalb auch in seinem Werk, er stelle die historischen Ereignisse ›nicht in der Art eines Mythos‹ dar. Die Ilias ist kein Geschichtswerk, warnt die Wissenschaft.

Nicht nur die Historiographie, sondern auch die Philosophie sah sich bei der Erklärung von Natur, Welt und Gesellschaft mit dem Mythos konfrontiert.

Vom Euhemerismus war bereits oben gesprochen worden. Die Philosophen interpretierten die Mythen auch als Ausdruck von Vorgängen in der Natur. Eine wichtige Form, die Mythen mit den fortgeschrittenen Denkformen zu verbinden, war die allegorische Deutung der Mythen. Besonders die Homerallegorese suchte in den Dichtungen einen tieferen, verborgenen Sinn, als ihnen bei wörtlicher Auffassung zukam. Damit war es auch möglich, moralisch anstößige Partien und die gelegentlich allzu menschlichen Reaktionen der Götter zu beseitigen. Besonders die Stoiker pflegten die allegorische Ausdeutung: Hera war die Luft, Apollon und Artemis Sonne und Mond, der Kampf der Götter wurde zum Kampf der Elemente.

Die Tradierung der antiken Mythen brach am Ende des Altertums nicht ab. Das Band zwischen Mythologie und religiösen Vorstellungen war bereits in der Antike zerrissen; in der Literatur aufgehoben, wurden die Mythen dem Mittelalter und der Neuzeit vermittelt. Auch das Christentum ist an der Tradierung des Mythenschatzes beteiligt, galt es doch, die Göttergeschichten aus christlicher Position zu deuten. Dabei spielte die allegorische Ausdeutung eine zentrale Rolle. Ein großer Schatz von Geschichten über Götter und Helden, von Bildern und Vorstellungen ging als antikes Erbe prägend in die Weltkultur ein. Da die Bedingungen für ihre Rezeption erfüllt waren, daß nämlich in den Mythen Grundsituationen poetisch überhöht gestaltet waren und diese damit eine gewisse Modellhaftigkeit besaßen, konnte auch ein jahrtausendaltes Sujet in neuen Werken künstlerisch verarbeitet werden. An der Malerei zum Beispiel wird besonders sinnfällig, wie die Künstler antike Götter und Helden in die Kleidung ihrer eigenen Zeit hüllten.

Da in den vergangenen Jahrhunderten der Unterricht in Latein und Altgriechisch ein konstitutiver Bestandteil der höheren Schulbildung war, wurden die jungen Menschen durch die Lektüre lateinischer und griechischer Werke mit der antiken Literatur und damit auch mit der antiken Mythologie vertraut. In der Gegenwart haben sich die Voraussetzungen für die Rezeption mythologischer Stoffe wesentlich verändert. Latein und Griechisch stehen als Schulfächer nicht mehr im Zentrum der Bildung. Damit ist die Kenntnis antiker literarischer Werke und auch der Mythologie spürbar geringer geworden. Die antiken Götter und Helden sind heute nicht mehr oder nur schemenhaft bekannt. Dadurch ist das Verständnis für die Kunstwerke erschwert. Dieser Sachverhalt betrifft Dichtung ebenso wie Werke der Malerei und der bildenden Kunst.

Die Rezeption der antiken Mythologie erfolgt auf zwei Wegen. Einmal können die Mythen durch überlieferte Werke des Altertums rezipiert werden; antike Statuen und Schöpfungen der Vasenmalerei gehören zu den kostbaren Schätzen der Museen. Literarische Kunstwerke der Antike in Poesie und Prosa werden in Übersetzungen vorgelegt. Informierende Einleitungen und besonnene Kommentierungen als Verständnishilfen können die Barriere mangelnder Vertrautheit mit dem Stoff überwinden. Allerdings werden Grenzen sichtbar, wenn die Komprimierung mythischen Stoffes zu groß ist. Sechzehn Taten des Herakles in siebzehn Versen der ›Metamorphosen‹ Ovids oder eine Häufung mythischer Exempla in einem Gedicht können den Kunstgenuß eines Lesers in erheblichem Maße beeinträchtigen.

Die Dramen der Antike waren trotz ihrer mythischen Sujets mit den Problemen der Entstehungszeit verbunden. Die Voraussetzungen der Zuschauer, von denen wir oben sprachen, waren jedoch grundlegend anders als die der Zuschauer heute. Bevor wir die Frage nach dem gegenwärtigen Selbstverständnis und seinem Bezug zu den überlieferten Stoffen, ihrer sozialen Wirklichkeit und ihren Konflikten beantworten können, müssen wir den mythischen Kontext kennen, in den die dramatische Handlung eingebettet ist und aus dem heraus allein sie verständlich wird. Soll heute ein antikes Drama aufgeführt werden, muß im Hinblick auf den darin gestalteten Mythos mancherlei bedacht werden: Wie ist das Spannungsfeld zwischen Historizität und Aktualität, zwischen Distanz und Identifikation zu berücksichtigen? In welchem Maße kann die Adaptation, die ›Anverwandlung‹ stattfinden? Wie verhält man sich zum antiken Chor, der die Handlung kommentierend, mahnend, warnend und ratend begleitet? Vor Fragen dieser Art sind die Theaterschaffenden immer wieder gestellt, auch wenn sie ein Stück inszenieren, dessen humanes Grundanliegen keiner aufwendigen inhaltlichen Belehrung bedarf, da sich spontan Betroffenheit über die Gleichartigkeit der Erfahrungen einer längst vergangenen Zeit und der eigenen einstellt.

Der zweite Weg der Rezeption antiker Mythologie führt über die Verarbeitung von mythischen Stoffen, Gestalten und Motiven durch Schriftsteller und Künstler späterer Zeit. Hierher gehört auch, was vermittelt über die Renaissance oder die deutsche Klassik Eingang in Werke der Gegenwart gefunden hat. Der Prozeß der Modifizierung, der differenzierenden Interpretation und Weiterbildung, der bereits in der Antike begann, setzt sich bis in die Gegenwart fort. Auf dem

Mutterboden der Phantasie, auf dem die antiken Mythen einmal wuchsen, gedeihen auch heute poetische Werke und Werke der bildenden Kunst. Beim Rückgriff auf die Antike wird das mythische Sujet nicht photographisch genau abgebildet, sondern es erfolgt meist eine kritische Aneignung der mythischen Vorgaben. Das Ergebnis dieses komplizierten Vorganges kann die Identifikation mit einer Gestalt, mit einer Lebenshaltung, mit einer Entscheidung sein. Nicht selten werden jedoch Zweifel angemeldet, Kritik wird artikuliert, es erfolgt eine Interpretation gegen die tradierte Version. Geprägt durch persönliche Erfahrungen, hat manch ein Schriftsteller die gleiche mythische Tradition in verschiedenen Zeiten in differenzierter Weise gestaltet. Ansatzpunkte für solche Modifizierung waren häufig in den Varianten der antiken Mythenüberlieferung bereits angelegt. Prometheus bleibt zumeist der in der Einsamkeit des Kaukasus an den Felsen geschmiedete Helfer des Menschen, der Unrecht erleidet. Die Überlieferung vom zu Recht bestraften Verächter der Götter wird nicht übernommen. Odysseus erscheint als der erfindungsreiche, immer um einen Ausweg bemühte, vielduldende Spätheimkehrer oder aber als der verschlagene Grieche, der seine Gegner mit List übertölpelt, doch auch als der Mann, der nach seiner Heimkehr erneut aufbricht, ein Symbol für den Aufbruch der Menschheit.

Die soziale Gebundenheit einer Sagengestalt war bereits im Altertum deutlich geworden: Herakles, der Befreier der Menschen von Ungeheuern, erfreute sich der Sympathie der unteren Bevölkerungsschichten und der kynischen Philosophen. Dieser Herakles ist es, den die Künstler und Schriftsteller aufgreifen, nicht der unbeherrschte, gewaltige Kraftprotz, der seinen

Lehrer erschlägt, unmäßig ißt und trinkt und an allen Enden der Welt Kinder zeugt.

Häufig werden nur einzelne markante Züge der mythischen Gestalten herausgearbeitet und wenige charakteristische Komponenten der Sage aufgegriffen; der mythische Kontext bleibt ausgespart. Beim Mythos von Ikaros (IV, 12f.) werden Flug und Absturz übernommen. Daß sich Ikaros mit den von seinem Vater Daidalos kunstvoll gefertigten Flügeln in die Luft schwingt, ist noch bekannt. Vergessen wird meist, daß für Vater und Sohn allein durch den Flugapparat die Flucht möglich war und der Vater darin seine Rettung fand. Der Sohn stürzte sich zu Tode, weil er den Rat seines Vaters mißachtete und der Sonne zu nahe kam. Von der Sage des Sisyphos (I, 85) ist im allgemeinen nur die Vorstellung von schwerer, sinnloser, nie ans Ziel führender Arbeit aufgegriffen worden. Das Thema wird aber auch in der Weise modifiziert, daß Sisyphos zur Symbolgestalt einer sich immer wiederholenden, aber sinnvollen und notwendigen Arbeit wird. In einer modernen bildkünstlerischen Version befreit sich Sisyphos von seiner sinnlosen Arbeit, indem er vor dem drohend über dem Tal hängenden Felsen davonläuft, in einer anderen stößt er im Verein mit anderen Menschen den Felsen zu Tal. Sisyphos wird zum Symbol des aktiv sein Schicksal selbst gestaltenden Menschen, der sich vom Ausgeliefertsein an eine als sinnlos erkannte Arbeit durch die Kraft gemeinsamer Tätigkeit befreit.

Als Denkanstoß, nicht als rhetorische Frage sei die folgende Überlegung angefügt: In welchem Umfang kann eine Umdeutung von Mythen erfolgen, ohne daß beim Spiel mit der Überlieferung durch Aufgabe konstitutiver Züge der substantielle Kern verlorengeht?

In jedem Falle liegt der Reiz der Modifikation darin, die Veränderung auf dem Hintergrund des antiken Mythos zu erkennen.

Der Originaltitel des hier in der Übersetzung vorgelegten Werkes lautet ›Bibliotheke‹. Die sogenannte Bibliothek Apollodors entstand vermutlich im 1. oder 2. Jh. u. Z. Apollodor von Athen, unter dessen Namen das Werk fälschlich überliefert worden ist, war ein berühmter Gelehrter im 2. Jh. v. u. Z. Er lebte in Athen und Alexandria, den Zentren von Wissenschaft und Philosophie, und verfaßte unter anderem Schriften zur Chronologie. Als sein bedeutendstes Werk bezeichnete man die 24 Bücher ›Über die Götter‹. Sie sind nur in Fragmenten erhalten und zeichneten sich durch solide, wissenschaftlich fundierte Darstellung der griechischen Religion und des religiösen Brauchtums aus. Das mag der Grund dafür gewesen sein, daß sich der Autor der ›Bibliotheke‹ unter den Namen Apollodors als eines Qualitätssiegels flüchtete.

Zweifel an der Verfasserschaft des Apollodor sind geäußert worden, wie man bereits in der Textausgabe von C. G. Heyne, Göttingen 1783 und 1803, erkennen kann. Den Nachweis dafür erbrachte erst die Arbeit von C. Robert, De Apollodori bibliotheca, Dissertation Berlin 1873. Das Werk war dem Photios, dem im 9. Jh. in Konstantinopel lebenden Gelehrten, Politiker und Patriarchen, noch vollständig bekannt. Die nachfolgenden Jahrhunderte hat nur ein Kodex überdauert. Diese Handschrift war leider nicht vollständig. 17 Blätter, etwas über die Hälfte des Werkes, wurden 1555 in Rom von B. Aegius herausgegeben. Im Jahre 1885 fand R. Wagner in einem vatikanischen Codex Auszüge aus der ›Bibliothek‹ aus dem 14. Jahrhundert und gab sie im Jahre 1891 heraus (Epitoma

Vaticana). Ein anderer Auszug wurde 1887 in einer Handschrift des Jerusalemer Klosters des Heiligen Sabbas gefunden (Fragmenta Sabbaitica). Durch den glücklichen Fund konnte der letzte Teil der ›Bibliothek‹ ergänzt werden.

Das Werk stellt aus den einzelnen Mythen eine fortlaufende Erzählung zusammen. Die Götter- und Heldensagen sind meist chronologisch geordnet. Am Anfang steht die Geschichte von Uranos und Gaia, mit deren Verbindung die Götterwelt ihren Anfang nahm. Das Werk ist in knappem, schlichtem Stil geschrieben und informiert, seinem Anliegen entsprechend, mythologische Kenntnisse zu vermitteln, nüchtern und ohne künstlerische Ambitionen. An vielen Stellen seines Werkes nennt der Verfasser seine Quellen namentlich. Es handelt sich um epische Dichter wie Homer und Hesiod, aber auch um den Jahrhunderte später lebenden Apollonios von Rhodos, um Tragödiendichter der griechischen Klassik, aber auch um namentlich nicht genannte Tragiker, Dichter von Chorlyrik wie Stesichoros und andere. Häufig werden die Mythographen Akusilaos von Argos (um 500 v. u. Z.) und Pherekydes von Athen genannt (5. Jh. v. u. Z.). Nicht selten spricht das Werk von ›einigen anderen‹ oder ›anderen‹ und erweckt so den Eindruck, als habe der Verfasser alle angegebenen Werke eingesehen und seine Mythen aus dem Original abgeschrieben. Skepsis ist jedoch angeraten. Man spricht der Schrift wenig Quellenwert zu. Der Verfasser fußte vermutlich auf einem späthellenistischen Handbuch. Ob er auch Originalwerke eingesehen hat, ist noch umstritten. Eine wissenschaftliche Darstellung der Mythologie zu schreiben und eine textkritische Sichtung der Tradition vorzunehmen lag jedenfalls nicht in der Absicht des Verfassers.

Mythologische Handbücher begannen bereits im 5. Jh. v. u. Z. die mythische Überlieferung in Poesie und Prosa einschließlich aller Varianten zu sammeln und teilweise zu deuten. Dabei konnten ihre Verfasser weder Vollständigkeit erreichen noch strebten sie diese an. Häufig beschränkten sie sich auf die gängige Tradition. Die Materialien wurden im Hellenismus erweitert, kultur- und religionsgeschichtliche Informationen über Götteropfer, Tempel, Feste und Merkwürdigkeiten bereicherten die Handbücher. Die Werke waren als Informationsquellen und zum Nachschlagen gedacht. Die Römer übernahmen und verfaßten in lateinischer Sprache mythologische Handbücher, natürlich mit den Sagen der Griechen. Hier stellt sich die Frage nach den Benützern dieser Wissensspeicher und auch der ›Bibliotheke‹, die als das bekannteste Werk dieses Genres der Antike gilt. Bücher dieser Art dienten zuerst einmal dem Gebrauch in der Schule, in der alle die Kenntnisse vermittelt wurden, die man zum Verständnis und zur Erklärung von Literatur und Kunst benötigte. Die Schüler wurden angehalten, Mythen in Nacherzählungen vorzutragen. Auch die Dichter, die Popularphilosophen, Wanderprediger und Redner griffen zu diesen Handbüchern. Sie waren gewissermaßen das Handwerkszeug dessen, der seine Rede oder seine Dichtung mit Exempeln aus der Götterwelt oder der Welt der Heldenzeit schmücken und seine Argumente beweiskräftig und poetisch untermauern wollte. Die Mythographen waren also keineswegs nur die sammelnden und aufbewahrenden Hüter der Mythen; ihre Werke boten ihrerseits auch wichtiges Ausgangsmaterial für die Weiterentwicklung des Mythos entsprechend der poetischen Absicht des Dichters. Einen Beweis für den lebendigen Wechselbezug liefert Ovid. Auch er hat auf die Hilfe mythologischer Handbücher nicht verzichtet, als er die ›Metamorphosen‹ dichtete. Die bequeme Belehrung durch das Handbuch zog man ganz besonders dort vor, wo man sich einer eng begrenzten Thematik zuwandte. So hat der Dichter Parthenios aus Nikaia, der als Gefangener nach Rom kam, für den römischen Elegiendichter Cornelius Gallus eine Stoffsammlung von Beispielen unglücklicher Liebender, ›Erotika pathemata‹, zusammengestellt, damit dieser sie in seinen Dichtungen gestalten könnte. Ein anderer beliebter Themenkreis waren Sternbilder und Versternung (›Katasterismos‹) von Göttern und Helden. Auch hier konnten Handbücher hilfreiche Dienste leisten.

Die Bedeutung der ›Bibliothek‹ für unsere Zeit erstreckt sich auch auf weitere Gebiete. Geschichts- und Religionswissenschaftler benutzen sie, weil in ihr Sagen von Jahrhunderten aufgehoben sind. Nicht selten ist eine wichtige Nachricht allein hier überliefert, da Apollodor den reichsten Bestand an Mythenversionen zusammengestellt hat und mit dem Römer Hyginus (wohl 2. Jahrhundert u. Z.) der wichtigste erhaltene Mythograph der Antike ist. Ein großer Vorzug seiner Schrift ist der Umstand, daß sich der Verfasser nicht mit physikalischen Interpretationen, allegorischen Ausdeutungen der Göttergestalten und ihrer Handlungen und Umdeutungen befaßt hat, sondern seine Sagenversionen getreu nach der jeweiligen Vorlage und ohne verdunkelnde Harmonisierungsversuche in sein Kompendium aufgenommen hat.

Wer nach einem persönlichen Zugang zu den griechischen Mythen und deshalb nach einem Buch über griechische Mythologie sucht, der tut das aus dem gleichen Grunde wie der antike Leser: Er möchte sich

Kenntnisse erwerben, die ein vertieftes Verständnis von Werken des kulturellen Erbes der Menschheit ermöglichen. Mit der ›Bibliothek‹ wird er zufrieden sein. Große Partien des Buches sind gut lesbar und erschließen ihm kurzweilig und anregend die Welt der antiken Götter und Helden.

Ilse Becher

Zu dieser Ausgabe

›Apollodors Mythologische Bibliothek‹ (vgl. die Teile I–III unserer Ausgabe) erschien in der Übertragung C. G. Mosers im Verlag der Metzler'schen Buchhandlung, Stuttgart 1828, innerhalb der verdienstvollen Reihe ›Griechische Prosaiker in neuen Übersetzungen‹, herausgegeben von G. L. F. Tafel, C. N. Osiander und G. Schwab.

Für unsere Neuausgabe wurde diese Übersetzung an Hand des griechischen Textes revidiert, der, herausgegeben von R. Wagner, in der ›Bibliotheca Teubneriana‹ im Verlag B. G. Teubner, Leipzig 1926, erschien.

Dorothea Vollbachs Neuübersetzung der sogenannten Epitome, der Kurzfassung der Schlußteile des als Fragment erhaltenen Gesamtwerkes (vgl. die Teile IV bis X unserer Ausgabe), fußt auf der zweisprachigen griechisch-englischen Edition ›Apollodorus, The library‹, herausgegeben von J. G. Frazer in ›The Loeb Classical Library‹, London, New York 1946, Band II. Die sieben Teile der ›Epitome‹ wurden der Einheitlichkeit halber in unserer Ausgabe als Teile IV–X der ›Bibliotheke‹ angehängt.

Die Eigennamen erscheinen, im Sinne eines einheitlichen Gesamtbildes, grundsätzlich entsprechend der vollen griechischen Lautung (Hesiodos; Sikelia,

Delphoi, Aigyptos); moderne bzw. geläufige deutsche Kurzformen wurden also nicht benutzt. Die mythologischen Stammtafeln wurden aus dem reichen Anhang der Moser-Ausgabe ausgewählt und neu gestaltet.

STAMMTAFELN

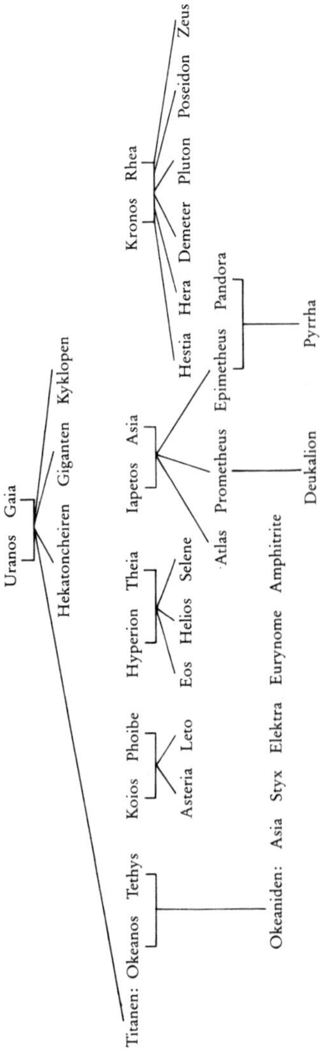
Uranos
Gaia
Hekatoncheiren
Giganten
Kyklopen
Titanen: Okeanos
Tethys
Koios
Phoibe
Hyperion
Theia
Iapetos
Asia
Kronos
Rhea
Asteria
Leto
Eos
Helios
Selene
Atlas
Prometheus
Epimetheus
Pandora
Hestia
Hera
Demeter
Pluton
Poseidon
Zeus
Okeaniden: Asia
Styx
Elektra
Eurynome
Amphitrite
Deukalion
Pyrrha

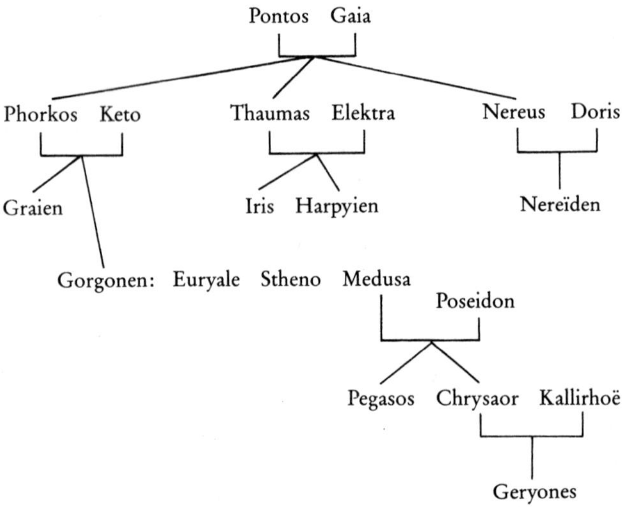
Pontos Gaia
Phorkos Keto
Thaumas Elektra
Nereus Doris
Graien
Iris Harpyien
Nereïden
Gorgonen: Euryale Stheno Medusa
Poseidon
Pegasos Chrysaor Kallirhoë
Geryones

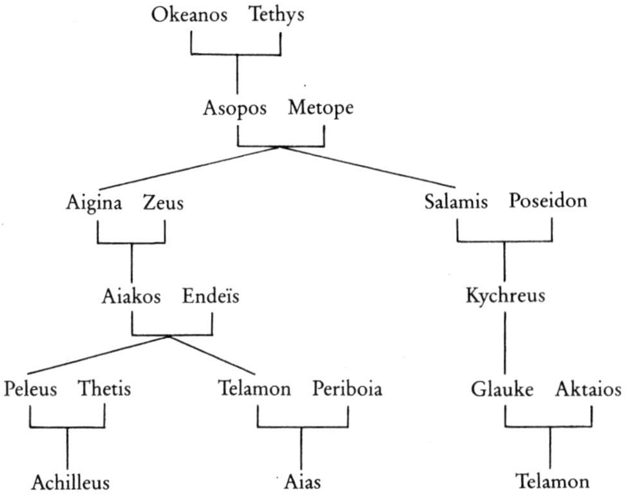
Okeanos Tethys
Asopos Metope
Aigina Zeus
Salamis Poseidon
Aiakos Endeïs
Kychreus
Peleus Thetis
Telamon Periboia
Glauke Aktaios
Achilleus
Aias
Telamon

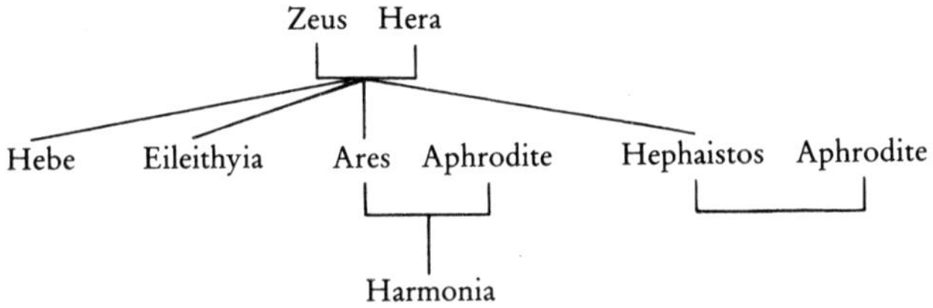
Zeus Hera
Hebe
Eileithyia
Ares Aphrodite
Hephaistos Aphrodite
Harmonia

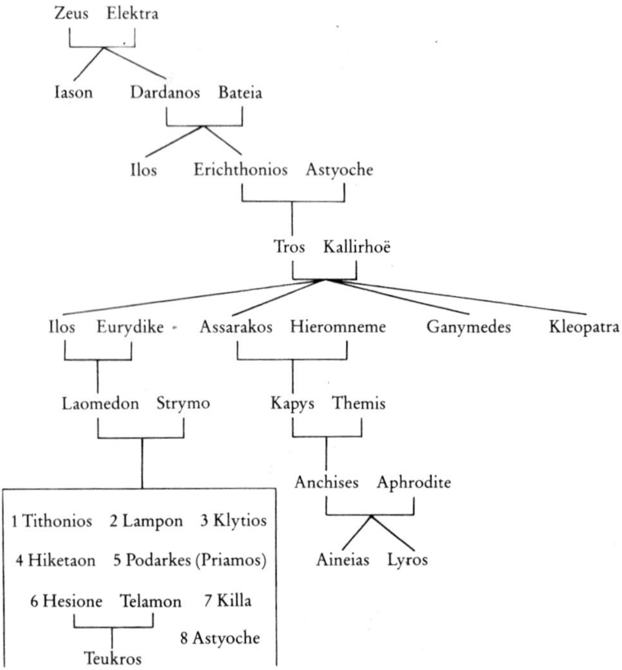
Zeus Elektra
Iason
Dardanos Bateia
Ilos
Erichthonios Astyoche
Tros Kallirhoë
Ilos Eurydike
Assarakos Hieromneme
Ganymedes
Kleopatra
Laomedon Strymo
Kapys Themis
Anchises Aphrodite
Aineias Lyros
1 Tithonios 2 Lampon 3 Klytios
4 Hiketaon 5 Podarkes (Priamos)
6 Hesione Telamon 7 Killa
8 Astyoche
Teukros

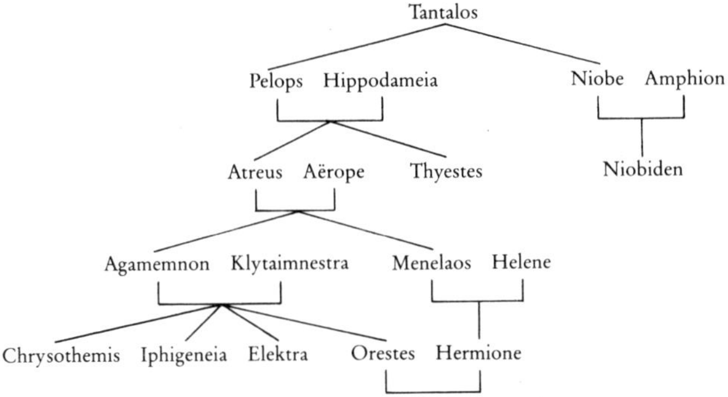
Tantalos
Pelops
Hippodameia
Niobe
Amphion
Atreus
Aërope
Thyestes
Niobiden
Agamemnon
Klytaimnestra
Menelaos
Helene
Chrysothemis
Iphigeneia
Elektra
Orestes
Hermione

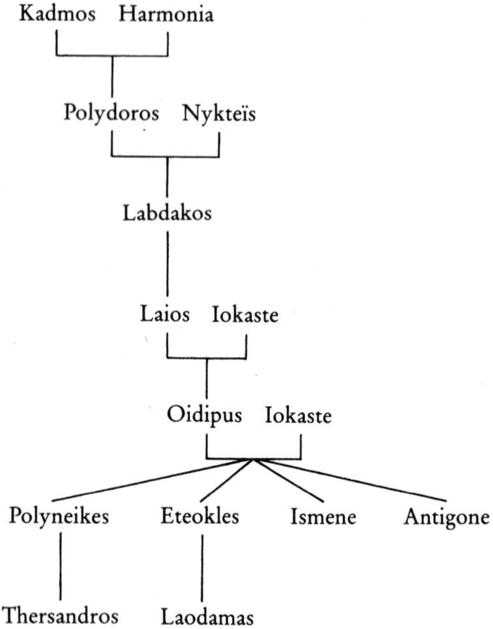
Kadmos
Harmonia
Polydoros
Nykteïs
Labdakos
Laios
Iokaste
Oidipus
Iokaste
Polyneikes
Eteokles
Ismene
Antigone
Thersandros
Laodamas

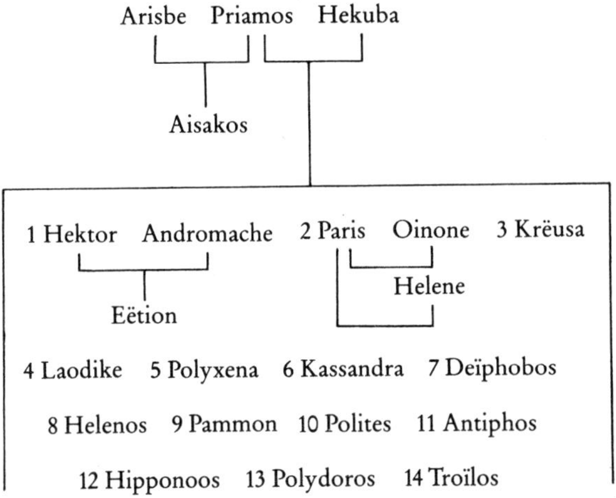
Arisbe
Priamos
Hekuba
Aisakos
1 Hektor
Andromache
2 Paris
Oinone
3 Krëusa
Helene
Eëtion
4 Laodike
5 Polyxena
6 Kassandra
7 Deïphobos
8 Helenos
9 Pammon
10 Polites
11 Antiphos
12 Hipponoos
13 Polydoros
14 Troïlos

Anmerkungen

I 10 *Harpyien:* häßliche Sturmdämonen, halb vogel-, halb menschengestaltig.

30 *Thesmophorien:* herbstliches Fest zu Ehren der Fruchtbarkeitsgöttin Demeter und ihrer Tochter Persephone, nur von Frauen gefeiert.

33 *Kore:* grch., Jungfrau, hier und häufig für Persephone.

Granatapfelfrucht: Der Granatapfel hatte duftende, feuerrote Blüten und wurde deshalb zum Symbol für Liebe, Ehe und Fruchtbarkeit. Hera, die Beschützerin der Ehe, wurde mit einem Granatapfel dargestellt.

48 *ihren Namen erhalten:* ein Wortspiel Apollodors mit dem griechischen Wort laoi-Leute und laas-Stein. Der etymologische Bezug, den Apollodor hier herstellen will, ist aber nicht möglich.

64 *über den Graben gesprungen:* Moser vermutet, daß es sich um einen Graben handelt, den Oineus zum Schutze seiner Weinrebenpflanzung angelegt hatte.

87 *noch einmal zurückkommen:* Vgl. dazu III 117.

103 *Epigonen:* grch., Nachkommen, hier die Nachkommen der sieben gegen Theben gefallenen Heroen. Siehe auch III 80.

139 *Anaphe:* eine der Sporaden.

II 23 *›Nostoi‹:* ›Rückkehrer‹, bruchstückhaft erhaltenes Epos über die Rückkehr der griechischen Helden von Troia.

38/39 An der Nahtstelle befindet sich im griechischen Original eine verdorbene Stelle.

38 *Helm des Hades:* Er wurde von den Kyklopen verfertigt und macht seinen Träger, wie die Tarnkappe der ›Nibelungen‹, unsichtbar.

73 *zehn Arbeiten:* Nach anderen Quellen sind zwölf Arbeiten bekannt.

120 *Herakles, als fügte er sich, erklärte:* durch Moser eingefügte Ergänzung einer lückenhaften Stelle des Originals.

133 *des Ikaros Vater:* wurde von Moser ergänzt.

136 *Priamos:* Der Name heißt übersetzt ›der Losgekaufte‹.

143 *Oionos:* Der Name wurde von Moser ergänzt.

158 *und schoß einen Speer von Boiotia ab:* Eine andere Lesart dieser im Original verdorbenen Stelle lautet: und warf ihn ins Meer.

172 *dritte Frucht ... des Geschlechts:* Gemeint ist die dritte Generation.

dem Engpasse: muß sich auf ein zweites, oben im Text ausgefallenes Orakel beziehen.

173 *Naupaktos:* Der Name heißt übersetzt ›Schiffswerft‹.

III 1 *oben:* Vgl. II 10.

7 Dieser Minos ist der Enkel des gleichnamigen Königs.

23 *Spartoi:* grch., ›Gesäte‹.

32 *so den herrlichen Leib:* verdorbene Stelle im griechischen Original. Sie scheint aus den Versen mehrerer Dichter zusammengesetzt zu sein.

41 *Beide:* Gemeint sind Lykos und Nykteus.

66 *Archemoros:* Der Name heißt übersetzt ›erster Toter‹.

88 *Entsühnung:* Das Wort wurde in einer Lücke des Textes ergänzt.

101 *Arktos:* das Gestirn mit dem Namen des Bären.

103 *Auge, von Herakles schwanger:* Vgl. II 146/147.

113 *Stäbchen:* grch., Plektron, lat., Plectrum.

143 *Palladion:* Bild der Pallas.

144f. *Aigis:* ein Schild aus Ziegenfell, der mit Nacht, Donner und Blitz schreckte.

158 *Phokos:* abgeleitet von grch. ›Phoke‹, Robbe.

162 *Aias:* hier abgeleitet von grch. ›Aietos‹, Adler.

168 *Peleus nahm Polydora:* In Mosers Übersetzung lautet die Stelle: ›Die Tochter des Peleus, Polydora, nahm Boros, der Sohn des Perieres, zur Gattin und bekam ...‹ Diese Übersetzung paßt gut zu III 163, läßt sich aber vom griechischen Text her nicht vertreten.

171 *Ambrosia:* grch., ›Unsterblichkeit‹. Bezeichnung für die Speise der Götter und ihrer Rosse, aber auch das feine Salböl, das die Götter benutzten.

176 Am Ende dieses Abschnitts hat der griechische Text eine Lücke.

178 *Pandroseion:* Tempel der Pandrosos, der Tochter des Kekrops.

180 *Areiopagos:* grch., ›Hügel des Ares‹, gegenüber der Akropolis von Athen gelegen, wo der höchste Gerichtshof der Stadt seine Sitzungen abhielt.

184 *Smyrna:* grch., ›Myrrhe‹ oder ›Myrte‹.

189 *stürzten sich selbst von der Burg herab:* Im griechischen Text steht für das Wort Burg ›Akropolis‹, Burgberg von Athen, 154 m hoch.

190 *Panathenaien:* großes, alle vier Jahre Mitte August stattfindendes Fest der Athener zu Ehren der Athena Polias, bestehend aus Wettkämpfen, Spielen und einer Prozession mit Opfertieren. Das Standbild der Göttin im Erechtheion bekam ein neues, safranfarbiges Gewand. Darstellung der Prozession auf dem Parthenonfries.

208 *erriet den Sinn:* Der Zusammenhang zwischen der Handlungsweise des Pittheus und dem Orakel wird nicht recht deutlich.

215 *Hier half er auch der Pasiphaë:* Die folgende Stelle scheint unecht zu sein, da sie ohne Grund Früheres wiederholt.

IV 9 *mit ... den Kindern:* Gemeint sind die Jungen und

Mädchen, die als Tribut für den Minotauros bestimmt waren.

V 15 Dieser Abschnitt stört den logischen Ablauf des Geschehens.

VI 2 *warf Eris einen Apfel ... hinein:* in den Hochzeitssaal von Peleus und Thetis.

9 *Sohn des Mygdalion:* Der Name fehlt im griechischen Original.

14 *Podaleirios ... Eurypylos:* Die Namen der Väter fehlen im griechischen Text.

VIII 2 *Hochzeit der Phaidra:* Vgl. die Version dieses Berichts in IV 17.

10 *Palladion:* Vgl. III 143–145 und Anm.

IX 10 *Heiligtum:* vermutlich das Heiligtum der Athena.

14 *Sühne ... für seinen Vater:* Gemeint ist für dessen Tod.

15b *Apollon Alaios:* grch., ›Wanderer‹, Beschützer der Umherirrenden.

15c *Nauaithos:* grch., ›Schiffanzünder‹.
Nauprestiden: grch., ›Schiffanzünderinnen‹.

27 Lücke im Text: Die folgende Ergänzung ist eine Übersetzung des von Bücheler rekonstruierten möglichen Originals.

X 3 *Lotophagen:* grch., ›Lotosesser‹.

4 *Kyklopen:* grch., ›Rundaugen‹.

25 *umschloß die Stadt mit einem Berg:* das heißt, kein Schiff kann mehr anlegen.

Register

1. Gestalten des Mythos

2. Geographische Namen und von ihnen abgeleitete Begriffe

Bei bekannten Namen erscheint im Register die vom Griechischen abweichende deutsche Bezeichnung in Klammern.

3. Autoren, auf die sich Apollodor beruft

ISBN 3-7350-0012-6

Erste Auflage 1988
Lizenz Nr. 387/190/112/88 LSV 7388
Gesamtherstellung: Druckhaus Aufwärts, Leipzig
III/18/20 · 316/88
Schrift: Garamond-Antiqua
Gesamtgestaltung: Renate Schiwek
Printed in the German Democratic Republic
Bestell-Nr. 786 275 9
01080